普通高等教育土建学科专业"十一五"规划教材
全国高职高专教育土建类专业教学指导委员会规划推荐教材

房地产基本制度

(房地产经营与估价专业适用)

滕永健 主　编
袁　嫒 副主编
陈锡宝 主　审

中国建筑工业出版社

图书在版编目（CIP）数据

房地产基本制度/滕永健主编. ——北京：中国建筑工业出版社，2010

普通高等教育土建学科专业"十一五"规划教材. 全国高职高专教育土建类专业教学指导委员会规划推荐教材. 房地产经营与估价专业适用

ISBN 978-7-112-11854-0

Ⅰ. 房… Ⅱ. 滕… Ⅲ. 房地产业-经济制度-中国-高等学校：技术学校-教材 Ⅳ. F299.233.1

中国版本图书馆 CIP 数据核字（2010）第 031889 号

普通高等教育土建学科专业"十一五"规划教材
全国高职高专教育土建类专业教学指导委员会规划推荐教材

房地产基本制度

（房地产经营与估价专业适用）

滕永健　主　编
袁　媛　副主编
陈锡宝　主　审

*

中国建筑工业出版社出版、发行（北京西郊百万庄）
各地新华书店、建筑书店经销
北京嘉泰利德公司制版
北京市书林印刷有限公司印刷

*

开本：787×1092 毫米　1/16　印张：13¾　字数：343 千字
2010 年 7 月第一版　2012 年 1 月第二次印刷
定价：26.00 元
ISBN 978-7-112-11854-0
（19055）

版权所有　翻印必究
如有印装质量问题，可寄本社退换
（邮政编码 100037）

《房地产基本制度》是高职高专房地产经营与估价专业的一门主干课程，本教材是根据全国高职高专教育土建类专业教学指导委员会工程管理类专业指导分委员会制定的房地产经营与估价专业教育标准和培养方案编写的。《房地产基本制度》从房地产业实际出发，对房地产开发、经营、管理等各方面的法律法规进行了较为详细的介绍。本书共分十二章，以房地产法律基础知识和房地产相关法律知识作为基础，根据房地产开发、经营、管理的工作过程和项目管理进程逐步展开。其内容包括：建设用地基本制度、城市房屋拆迁制度、房地产开发经营管理制度、房地产交易管理制度、房地产权属登记制度、房地产中介服务管理制度、住房公积金制度、房地产税收制度、物业管理制度以及房地产纠纷处理制度等。

本书内容全面、体例完整，反映最新房地产法律、法规、政策精神，可作为各房地产类专业的教材，也可以作为房地产行业的培训教材，还可以作为准备参加全国房地产估价师、全国房地产经纪人执业资格考试的辅导教材。

* * *

责任编辑：张　晶　朱首明
责任设计：崔兰萍
责任校对：王金珠　兰曼利

教材编审委员会名单

主　任：吴　泽

副主任：陈锡宝　范文昭　张怡朋

秘　书：袁建新

委　员：（按姓氏笔画排序）

马　江　王林生　甘太仕　刘　宇　刘建军　汤万龙

吴　泽　张怡朋　李永光　陈锡宝　范文昭　胡六星

郝志群　倪　荣　夏清东　袁建新

序 言

全国高职高专教育土建类专业教学指导委员会工程管理类专业指导分委员会（原名高等学校土建学科教学指导委员会高等职业教育专业委员会管理类专业指导小组）是建设部受教育部委托，由建设部聘任和管理的专家机构。其主要工作任务是，研究如何适应建设事业发展的需要设置高等职业教育专业，明确建设类高等职业教育人才的培养标准和规格，构建理论与实践紧密结合的教学内容体系，构筑"校企合作、产学结合"的人才培养模式，为我国建设事业的健康发展提供智力支持。

在建设部人事教育司和全国高职高专教育土建类专业教学指导委员会的领导下，2002年以来，全国高职高专教育土建类专业教学指导委员会工程管理类专业指导分委员会的工作取得了多项成果，编制了工程管理类高职高专教育指导性专业目录；在重点专业的专业定位、人才培养方案、教学内容体系、主干课程内容等方面取得了共识；制定了"工程造价"、"建筑工程管理"、"建筑经济管理"、"物业管理"等专业的教育标准、人才培养方案、主干课程教学大纲；制定了教材编审原则；启动了建设类高等职业教育建筑管理类专业人才培养模式的研究工作。

全国高职高专教育土建类专业教学指导委员会工程管理类专业指导分委员会指导的专业有工程造价、建筑工程管理、建筑经济管理、房地产经营与估价、物业管理及物业设施管理等6个专业。为了满足上述专业的教学需要，我们在调查研究的基础上制定了这些专业的教育标准和培养方案，根据培养方案认真组织了教学与实践经验较丰富的教授和专家编制了主干课程的教学大纲，然后根据教学大纲编审了本套教材。

本套教材是在高等职业教育有关改革精神指导下，以社会需求为导向，以培养实用为主、技能为本的应用型人才为出发点，根据目前各专业毕业生的岗位走向、生源状况等实际情况，由理论知识扎实、实践能力强的双师型教师和专家编写的。因此，本套教材体现了高等职业教育适应性、实用性强的特点，具有内容新、通俗易懂、紧密结合工程实践和工程管理实际、符合高职学生学习规律的特色。我们希望通过这套教材的使用，进一步提高教学质量，更好地为社会培养具有解决工作中实际问题的有用人才打下基础。也为今后推出更多更好的具有高职教育特色的教材探索一条新的路子，使我国的高职教育办的更加规范和有效。

全国高职高专教育土建类专业教学指导委员会
工程管理类专业指导分委员会

前　言

　　本书是根据全国高职高专教育土建类专业教学指导委员会工程管理类专业指导分委员会制定的房地产经营与估价专业培养目标和培养方案及主干课程教学基本要求编写的。该教材的体系与内容，也是经过该教学指导委员会讨论研究确定的。

　　我国改革开放以来，特别是随着社会主义市场经济体制的初步确立，国民经济得到了飞速发展。与此同时，房地产业的兴起，促进了房地产相关产业的发展，也促进了房地产法律、法规、规章等房地产法律体系的逐步建立与完善。二十多年来，国家出台了一系列房地产的法律、法规、规章等规范性文件以及宏观调控政策，也相继出版了许多房地产法律法规解读书籍及相应教材。作者认为采用"房地产基本制度"的教材名称能集房地产法律、法规、规章等规范性文件以及政策于一体。

　　房地产基本制度作为房地产经营与估价专业的主干课程，教材以房地产法律基础知识和房地产相关法律知识作为基础，根据房地产开发、经营、管理的工作过程和项目管理进程逐步展开。着重阐述了建设用地、城市房屋拆迁、房地产经营管理、房地产交易管理、房地产权属登记、房地产中介服务管理、住房公积金管理、房地产税收、物业管理及房地产纠纷处理等制度。

　　本教材在编写过程中，以三个针对性为编写原则：一是要针对房地产行业的实际，尽可能体现房地产工作过程的主要环节和主要内容，使学生对房地产行业有个较为全面的了解；理论知识不能与行业实际脱节，教学内容更应体现其针对性；二是要针对房地产基本制度的教学实际，教学内容一定要体现高职的特点，体现理论够用，重在能力培养的教学目的与要求；三是要针对房地产经营与估价专业学生的实际，教学内容理论知识部分应体现通俗易懂，但又要给学生较大的空间，以利于更好培养高技能应用型人才。因此在教材编写过程中，我们请教了房地产行业的资深专家、学者和行业主管；力求做到语言精练，通俗易懂；力求在内容和选材上体现学以致用，理论联系实际。

　　本教材由滕永健设计并编写大纲，并由集体合作，分头撰稿。本教材共十二章，由滕永健担任主编，袁媛担任副主编，陈锡宝教授担任主审。各章的编写人员及分工如下：滕永健（第三章、第六章、第十一章、第十二章）；袁媛（第四章、第八章、第十章）；白如雪（第一章、第二章）；金秋平（第五章）；刘嘉（第七章）；金秋平、刘嘉（第九章）。全书由滕永健统稿。

　　本教材在编写过程中得到上海城市管理职业技术学院、天津国土资源和房屋职业学院、中国建筑工业出版社有关领导和同志的指导和帮助，并参考了有关书籍，在此表示衷心感谢。

　　由于编者学术水平有限，书中难免存在错漏与不足之处，恳请有关专家和广大读者批评指正。

目录 CONTENTS

第一章 房地产法律基础知识 1
第一节 法的概述 1
第二节 房地产概述 7
第三节 房地产法律概述 11

第二章 与房地产相关的法律知识 16
第一节 民法 16
第二节 物权法 25
第三节 合同法 33

第三章 建设用地基本制度 43
第一节 我国土地制度概述 43
第二节 集体土地征收 46
第三节 国有土地使用权出让 50
第四节 国有土地使用权划拨 55

第四章 城市房屋拆迁制度 59
第一节 城市房屋拆迁概述 59
第二节 城市房屋拆迁管理体制 61
第三节 城市房屋拆迁补偿与安置 64
第四节 城市房屋拆迁纠纷的处理 70

第五章　房地产开发经营管理制度 ······ 75
第一节　房地产开发经营概述 ······ 75
第二节　房地产开发管理 ······ 78
第三节　房地产经营管理 ······ 85

第六章　房地产交易管理制度 ······ 89
第一节　房地产交易管理概述 ······ 89
第二节　房地产转让管理 ······ 92
第三节　房地产抵押管理 ······ 97
第四节　房屋租赁管理 ······ 102

第七章　房地产权属登记制度 ······ 108
第一节　房地产权属登记概述 ······ 108
第二节　土地登记制度 ······ 110
第三节　房屋登记制度 ······ 116

第八章　房地产中介服务管理制度 ······ 125
第一节　房地产中介服务概述 ······ 125
第二节　房地产中介服务管理 ······ 128
第三节　房地产中介服务行业信用档案管理 ······ 137

第九章　住房公积金制度 ······ 142
第一节　住房公积金概述 ······ 142
第二节　住房公积金缴存、提取和使用 ······ 145
第三节　违反住房公积金管理规定的行为和处罚 ······ 148

第十章　房地产税收制度 ······ 150
第一节　税收制度概述 ······ 150
第二节　房地产主要税收 ······ 154
第三节　房地产相关税收 ······ 163
第四节　廉租房、经济适用房和住房租赁税收政策 ······ 168

第十一章　物业管理制度 ······ 170
第一节　物业管理概述 ······ 170
第二节　物业管理主体 ······ 176
第三节　物业服务合同和管理规约 ······ 183
第四节　物业服务收费 ······ 185

第十二章 房地产纠纷处理制度 ······ 190
 第一节 房地产纠纷概述 ······ 190
 第二节 房地产行政复议和行政诉讼 ······ 193
 第三节 房地产纠纷的仲裁和民事诉讼 ······ 200

参考法律法规 ······ 206
参考文献 ······ 207

第一章
房地产法律基础知识

房地产是社会生活中重要的物质生活资料之一，在市场经济不断完善的今天，房地产业已成为国民经济和社会发展中的基础性、先导性的产业，因此，学习房地产法律法规，掌握国家有关房地产基本制度就显得尤为重要。本章主要介绍法律的基本知识、房地产的特征、房地产业的内容、房地产法的调整对象以及房地产法律体系等内容。

第一节 法的概述

一、法的概念和特征

（一）法的概念

法是指由国家制定或认可并以国家强制力保证实施的，以权利义务为主要内容的具有普遍约束力和严格程序的行为规范的总称。现代意义的法律有广义和狭义两种：广义上它是指包括宪法、法律、行政法规、地方性法规等在内的一切规范性法律文件的总称；狭义上它是指由全国人民代表大会及其常务委员会制定、颁布的规范性文件的总称。为了区别起见，一般都把广义上的法律称为法。

（二）法的特征

1. 法是调整人们行为的一种特殊社会规范

法律规范是一种规定人们可以做什么、应该做什么、不能做什么的行为准则。法只调整人们的行为，不调整人们的思想。那些对社会产生一定的影响并与另一社会主体发生某种关系的行为，法律才干预、才介入。

2. 法是由国家制定或认可的社会规范

法由国家制定或认可，这是法区别于道德、宗教等其他社会规范的重要特征之一。国家制定，是指相应的国家机关根据社会生活发展的需要，依照法律规定的程序，制定出规范性文件的行为。国家认可，是指国家机关把社会生活中原来已经存在的某种行为规则（如习惯、风俗等），以一定形式承认并赋予其法律效力，使其成为人们必须遵守的行为规范的行为。由于法是由国家制定或认可的，因此，也就决定了法具有不可侵犯的权威性。

3. 法是以国家强制力为最后保障的

法与别的行为规则不同，法的制裁是以国家强制力来保证实施的。法以军队、警察、法庭、监狱等强力部门作为后盾，无论人们的主观愿望如何，都必须遵守法律，否则将招致国家强制力的干涉。如果没有国家的强制力，法就不可能在全社会范围内得到实施，法就会成为一纸空文。国家强制力只是保障法实施的最后手段，在大多数情况下，法的实施靠说服、宣传、教育，使人们自觉地遵守。

4. 法具有普遍约束力

法是在国家权力管辖范围内全体社会成员都必须遵守的社会规范，具有普遍的约束力。在国家权力范围内，任何人的合法行为都受到法律保护，任何人的违法行为都要受到法律制裁。其他社会规范，则只对一定范围内的一定成员具有约束力。如宗教规范只对其教徒适用，特定的职业道德规范只对其特定职业或行业适用。

5. 法是以权利和义务为基本内容的行为规范

法通过规定权利与义务，把一定的行为具体化，指引人们的行为，调整社会关系。法具体规定了人们的权利以及侵犯这种权利所应受到的法律制裁；同时，法还规定了人们必须履行的义务以及拒绝履行这种义务所应受到的法律制裁。所以，法律上的权利和义务是相对应的，每个人既享有权利，又承担义务，在享有权利的同时，必须承担相应的义务。

二、法的基本职能

法的职能是指法律在社会生活中所承担的任务或作用。法主要有以下几个方面的基本职能：

（一）法的规范职能

法的规范职能是指法作为行为规则直接作用于人的行为所产生的影响。其主要内容包括以下几个方面：

1. 指引作用

法的指引作用是指法通过授权性行为模式（权利）和义务性行为模式（禁止性行为和命令性行为）的规定，指引人们做出一定行为或不做出一定行为。指引作用的对象是每个人自己的行为。它不同于个别指引，是一种规范指引，具有连续性、稳定性和高效率的优势，是建立社会秩序必不可少的条件和手段。

2. 评价作用

评价作用是指法作为一种行为标准和尺度，在对他人行为进行评价时所起到的作用。评价作用的对象是他人的行为。法的评价是用法的规范性、统一性、普遍性、强制性等标准来评价人们的行为，这是由法的评价标准和评价重点决定的。

3. 预测作用

预测作用是指人们根据法可以预先估计相互间将怎样行为以及行为的后果等，从而对自己的行为作出合理的安排。法的规范性、确定性的特点告知人们如何行为，使人们可以进行相互行为的预测。加之法的内容的明确性，并在一定时期内保持连续性，就给人们进行行为预测提供了可能的前提。

4. 警示作用

警示作用是指法以其所包含的强制性、责任性的信息给人以启示和教育，从而提高人们的法制观念和责任意识，达到预防违法和犯罪的目的。警示作用的对象是人们今后的行为。法一经颁布就会发生警示作用，它无需通过法的实际运行。这种作用主要是通过禁止性规范和法律后果（特别是罚则部分）而形成的，它实际上已经包含了规范教育和规范强制的意义。

（二）法的社会职能

法的社会职能是指法为达到一定的社会目的或政治目的而对一定的社会关系产生的影响。其主要内容包括两个部分：

1. 法的政治作用

法的政治作用，即法在调整各种政治关系（不同阶级、利益集团之间的统治与被统治、管理与被管理等之间的关系），维护政治统治秩序方面的作用。

2. 法的执行社会公共事务职能

法的社会公共作用，即法在维护人类基本生活条件，确认技术规范等方面对社会公共事务管理的作用。其中包括组织和管理经济建设与社会化大生产，推进教育、科学和文化事业等的发展，维护社会的正常生产与交换秩序，保护人类生存的环境和条件等。

三、法的分类和法的渊源

（一）法的分类

法按不同的分类方法，一般可分为以下几种类型：

1. 按法所适用的范围不同，分为国内法和国际法

国内法是指由国内有立法权的主体制定的，其效力范围一般不超出本国主权范围的法。

国际法是由参与国际关系的两个或两个以上国家或国际组织间制定、认定或缔结的确定相互关系中权利和义务的，并适用于它们的法。其主要表现形式是国际条约。

2. 按法所规定的内容不同，分为实体法和程序法

实体法是指以规定法律关系主体之间权利、义务关系或职权、职责关系为主

要内容的法，如《中华人民共和国城市房地产管理法》（以下简称《城市房地产管理法》）、《中华人民共和国城乡规划法》（以下简称《城乡规划法》）等。

程序法是指以保证主体的权利和义务得以实现或保证主体的职权和职责得以履行，所需程序或手续为主要内容的法，如《中华人民共和国民事诉讼法》、《中华人民共和国行政诉讼法》等。

3. 按法的效力范围不同，分为特殊法和一般法

从法的空间效力看，适用于特定地区的法为特殊法，适用于全国的法为一般法；从时间效力看，适用于非常时期的法为特殊法，适用于平常时期的法为一般法；从对人的效力看，适用于特定公民的法为特殊法，适用于全国公民的法为一般法。

（二）法的渊源

法的渊源是指法的创制方式和外部表现形式。它包括四层含义：第一，法律规范创制机关的性质及级别；第二，法律规范的外部表现形式；第三，法律规范的效力等级；第四，法律规范的地域效力。我国现行法的渊源是指我国法律规范的外部表现形式，其特点是：国家机关制定的规范性文件才是我国法的主要渊源。我国法的渊源主要有：宪法、法律、行政法规、地方性法规（自治条例）、部门规章、地方政府规章、国际条约等。

1. 宪法

宪法是由国家最高权力机构——全国人民代表大会按照特别程序制定和修改的，综合性地规定国家、社会和公民各项基本制度的、具有最高法律效力的国家根本大法。一切法律、行政法规、地方性法规和行政规章等，都必须根据宪法所规定的基本原则制定，不得和宪法的规定相抵触，否则无效。

2. 法律

法律是由全国人大及其常务委员会经过一定的立法程序制定的规范性文件。前者制定的是基本法律，后者制定的是基本法律以外的其他法律。法律具有权威性、稳定性、严肃性以及效力低于宪法、高于行政法规和地方性法规等特点。

3. 行政法规

行政法规是由国家最高行政机关——国务院根据宪法和法律在其职权范围内制定发布的有关国家行政管理和管理行政事务的规范性文件。行政法规的效力低于宪法和法律，高于地方性法规、行政规章。

4. 地方性法规、民族自治条例和单行条例

地方性法规是由省、自治区、直辖市的人大会及其常委会，省、自治区人民政府所在地的市的人大及其常委会，经国务院批准的较大市和经济特区所在地的市的人大及其常委会制定的规范性文件。地方性法规只能在本行政区域适用，不得同宪法、法律、行政法规相抵触。

民族自治条例和单行条例是由民族自治地方的人大，依照当地民族的政治、经济和文化的特点制定或批准的规范性文件。它们须报上一级人大批准方能生效，其内容必须符合宪法，符合法律的基本原则，同时不能与国务院制定的关于民族

区域自治的行政法规相抵触。

5. 部门规章

部门规章是由国务院各部委根据法律和行政法规制定的规范性文件，又称部门行政规章。它有两种形式：一是以部长令形式发布的部门规章；二是由国务院有关部委以联合部令或联合发文形式发布的部门规章。

6. 地方政府规章

地方政府规章是由省、自治区、直辖市的人民政府，省、自治区人民政府所在地的市的人民政府，国务院批准的较大市和经济特区所在地的市的人民政府，根据法律、行政法规、部门规章、地方性法规制定的规范性文件。地方规章只在本行政区域生效。

7. 国际条约

我国政府与外国签订或者我国批准加入的国际条约、协定，对我国国内的国家机关、企事业单位、社会团体和公民有约束力，因此也是我国法的渊源之一。

四、法的实施

法的实施是指法律规范在社会生活中的具体运用和实现，它包括执法、司法、守法和法律监督。法律实施的实质，是将法律规范中设定的权利和义务关系转化为现实生活中的权利和义务关系，进而把法律规范落实到人们的行为上。

（一）法的适用

法的适用，通常是指国家司法机关根据法定职权和法定程序，具体应用法律处理案件的专门活动。由于这种活动是以国家名义来行使的，因此也被称为"司法"。法的适用是实施法律的一种方式。

1. 我国社会主义法的适用要求

（1）准确。准确就是在适用法律时做到事实清楚，证据确凿，案件定性要准确，制裁要得当。

（2）合法。合法就是指司法机关在处理案件时要严格依照法定权限和法定程序办事。

（3）及时。及时就是要求司法机关在准确、合法的前提下，提高办案效率，及时办案，及时结案。

（4）公正。公正是指法律的运用要符合广大人民公平正义的观念，符合法律运用所追求的价值取向。

上述要求是统一的，不可分割的，不能片面强调某一个方面。

2. 我国社会主义法的主要适用原则

（1）以事实为根据，以法律为准绳。

（2）公民在法律面前一律平等。

（3）司法机关依法独立行使职权。

（4）实事求是，有错必纠。

（二）法的遵守

1. 社会主义法的遵守概述

（1）社会主义法的遵守概念。社会主义法的遵守是指一切国家机关、社会团体、企事业单位和全体公民严格遵守法律法规，依法办事。

（2）社会主义法的遵守的构成要素。主要包括法的遵守主体、法的遵守范围、法的遵守内容和法的遵守状态四方面内容。

1）法的遵守的主体。是指一定的法的遵守行为的实施者，即要求谁守法、谁应该守法。根据宪法的规定，中国法的遵守的主体包括以下几类：一切国家机关、社会组织；中华人民共和国公民；在中国领域内的外国组织、外国人和无国籍人。

2）法的遵守的范围。是指法的遵守的主体应当遵守的法律规范的种类，即由一定的国家机关制定或认可的，一切具有法律效力的文件。

3）法的遵守的内容。是指法的遵守的主体依法进行活动的具体形态，包括：①行使法律的权利。这是指人们通过一定的行为，或者是要求他人实施或抑制一定的行为来保证自己合法权利得以实现；②履行法律的义务。这是指人们按照法律的要求作出或不作出一定的行为。履行法律的义务又可分为作为与不作为两种形式。

4）法的遵守的状态。是指法的遵守主体的行为的合法程度。法的遵守的状态可以分为三个层次：①法的遵守的低级状态。即不违法犯罪，主要为履行法律规定的义务。②法的遵守的中间状态。即能做到依法办事，违法必究，不但能履行法律的义务，还能行使法律赋予的权利，不过尚未进入完全自觉的状态。③法的遵守的高级状态。即法的遵守的主体已完成了法律的内化过程，其行为无论是从外在的表现还是内在的动机都符合法律的精神和要求。

2. 违法

违法是指公民、法人或其他社会组织违反国家现行法律、法规的规定，造成某种危害社会的有过错的行为。

根据违法的性质及其对社会危害程度的不同，违法行为可分为以下几种：

（1）刑事违法行为。即通常所说的犯罪，它是指触犯刑事法律规范，依法应受刑法处罚的行为。刑事违法对社会造成的危害性最大，是违法行为中最严重的一种。

（2）民事违法行为。它是指违反了民事法律规范，应当追究其民事责任的行为。民事违法属于一般违法，这种违法行为的主体比较广泛，除公民外，还包括国家机关、企事业单位、各社会组织等。

（3）行政违法行为。它是指违反国家行政管理法规的行为。行政违法行为包括公民和法人违反行政管理法规的行为和国家公职人员在执行职务时的违法行为。行政违法行为和民事违法行为都是一般违法行为。

（4）违宪行为。它是指国家机关及其领导者的活动违反或破坏宪法原则的行为。如相应国家机关制定的法律和法规，作出的决议、决定或命令同宪法的内容和原则相抵触；国家机关、社会组织及其领导人实施了违反宪法内容和原则的行为，均属违宪行为。

违法行为必须承担一定的法律责任。法律责任是同违法行为联系在一起的，二者之间是一种因果关系。

3. 法律责任

法律责任是指人们对违法行为所应承担的带有强制性的法律上的责任。

根据违法行为的不同，法律责任相应的有以下几种：刑事法律责任、民事法律责任、行政法律责任。对违法行为也有不同的制裁，分别有：刑事制裁、民事制裁和行政制裁三种。

（三）法的监督

为了保证法的统一实施，我国还有法的监督制度。

法的监督通常有狭义和广义两种含义。从狭义上讲，是指专门国家机关依照法定权限和法定程序对法的实施的合法性所进行的监督；从广义上讲，是指一切国家机关、社会组织和公民对法的实施的合法性所进行的监督。它包括国家机关的监督和社会力量的监督，构成法的实施的监督体系。一般的，法的监督是指广义而言。

根据我国的具体情况，我国的法的监督主要有以下几种：

1. 权力机关的监督

包括各级人大特别是最高国家权力机关的监督。国家权力机关的监督主要是通过全国人大及其常委会对宪法和法律实施的监督，以及对政府、检察、审判工作的监督。国家权力机关有权对立法、执法、司法活动进行监督。

2. 行政机关的监督

即行政监督。是指上级行政机关对下级行政机关、政府各部门之间以及行政机关对企事业单位和公民执行和遵守行政法律、法规的监督。

3. 司法机关的监督

包括审判机关的监督和检察机关的监督两种。我国审判机关的监督表现在二审程序、审判监督程序、死刑复核程序三个方面。我国检察机关的监督包括对国家机关及其工作人员守法、公安人员侦查活动的合法、监狱看守和劳改机关活动的合法及审判工作的合法等方面的监督。

4. 社会监督

是指广大人民群众以多种形式、手段和途径广泛参与对法的实施的监督。根据我国宪法和法律的规定，社会监督包括群众监督、社会团体监督和舆论监督三个方面。

第二节 房地产概述

一、房地产概念和特征

（一）房地产概念

房地产是指能满足于人们从事生产、生活等活动，能在市场上依法进行交易的房屋和土地的综合体。包括各类住宅、商务用房、工业厂房仓库、文化教育体育娱乐等用房以及与之相配套的地面道路和地上地下基础设施等建筑物及构筑物。

根据房地产基本概念，对房地产概念的把握应当包括以下几方面：

(1) 房地产应当是房屋和土地的综合体。也就是说房地产包括两个基本要素，即房屋和土地。两者在物质形态上紧密联系，房依地建，地为房载；它们的经济内容和运行过程也具有内在联系，离开其中一个要素，就很难成为完整的房地产。

(2) 房地产的基本作用应是满足人们生存和发展的需要。房地产的生产和流通应围绕人们从事生产、生活和社会交流等活动而进行。它是以社会民生为主导的一种经济，是人类赖以生存和生活的基本条件，是一切经济活动的载体和基础。

(3) 从产业划分角度理解，能够成为房地产的房和地，应是符合法律规定的，能在市场上进行正常交易的房和地的综合体。房地产不仅具有实物性，它还具有法律意义上的物权属性，它的设立、变更和消灭均需按法律规定的程序进行。

(二) 房地产的特性

房地产作为一种商品，与一般商品一样，具有二重性，即商品价值和使用价值。

从商品价值角度，房地产从项目开发、建造到经营、销售都凝结了人的无差别的一般劳动，蕴涵着人们的劳动价值；从商品使用价值角度，房地产这一商品能够满足人的不同使用要求。例如，就居住房地产而言，它能满足人的基本生存条件——"衣""食""住""行"中的"住"的需要，同时，"衣""食""行"等基本条件也要借助于"住"的空间才能进行。

与一般商品相比，房地产还有着自身的特性，这些特性主要有：

1. 产品的有限性

在房地产中，土地是自然生成物，不可能通过人的劳动而获得，具有不可再生性，属于不可再生资源。尽管在某些特定情形下，土地经过人的努力是有可能扩大的，如人们可以填海造田而形成新的土地，可以对未利用土地进行开发利用等；同时，土地也会因自然的力量而增加，如河流入海口每年会因泥沙的淤积而形成新的土地。但就总体而言，土地依然是有限的，人们不可能从根本上改变土地给付有限性这一限制人类发展的属性。正是由于土地的有限性，从而决定了房地产供给的有限性，即房地产的供给无法完全满足人类对房地产的需求。随着社会经济的发展和人类生活水平的提高，房地产的供给与需求的矛盾将日益突出。

2. 产品的位置固定性

房地产包括房产和地产两部分，而两者的基础都是土地，土地在地域上是不可移动的，其开发、使用和转让都是在固定的地域上进行和完成的。因此，土地及固定于其上的房屋不能像其他商品一样，通过产品移动去满足异地需要。虽然房地产可以进入市场进行流转，房地产的权利主体会不断发生变化，但房地产本身的空间位置却不会移动，这就决定了在房地产投资中，空间位置的选择十分重要。

3. 产品具有永久性

房地产具有永久性，是指房地产及其使用价值不会因其利用而被消耗掉，而是能够长期存在。就地产而言，土地具有不可毁灭的永久性，一些自然灾害虽然可能会给土地造成一定的毁坏，但只能破坏它的特定用途，土地仍然可修复或改为其他用途。就房产而言，其一经建造即可以使用几十年甚至上百年。如北京故宫、上海外滩的雄伟建筑群等。因而，同其他的商品比起来，房地产的寿命是比较长的。

4. 产品价值量大

房地产相对于一般商品来说价值很大。表现之一是单位价值高，如一平方米土地或一平方米建筑面积房屋的价格少则几千元，多则上万元，甚至更高；表现之二是总体价值更大，对于普通居民来说，购买一套商品房常常要倾其一生的积蓄。由于房地产价值量大，因此，房地产交易双方（尤其是购买者）在决策上都持小心谨慎的态度。购买房地产商品不仅需要金融机构的支持，同时也需要房地产经纪人、房地产估价师、律师等专业人士提供专业的服务与帮助。

5. 产品易受到政策调控和限制

由于房地产具有不可移动、相互影响的特性，世界上任何国家和地区对房地产的使用和支配都有一些限制，甚至是严格的控制。我国政府为了增进公众安全、健康、道德和利益，可以直接对房地产的开发建设和转让作出限制。如通过城市规划对建筑高度、建筑密度和容积率、绿化率等作出规定，限制在居住区内建设某些工业或商业设施等；还可通过立法对某些房地产权利转让作出限制；政府为了调节房地产市场和提高财政收入，可以对房地产征税、提高或减少房地产税收；政府为了公共利益的需要，如修公路、建学校等，可以依法征收公民和法人的房地产，但要对被征收的公民和法人给予公正合理的补偿；政府还可以在房地产业主死亡或消失而无继承人的情况下，无偿收回房地产。

6. 产品价值具有差异性

房地产价值的差异性，是指不同地区的房地产在价值上存在着很大的差别。就地产而言，土地因其位置固定不变，故其价值受自然环境、社会条件的影响相当大，不同地理位置的土地在价值上会有很大差别。例如，在不同的城市、在同一城市的不同地段，区位好的土地与区位差的土地在价值上会明显不同。同时，不同用途的土地，其价值也会存在很大差别。例如，建设用地与农业用地、商业用地与公共用地、已开发利用的土地与未利用土地等，在价值上都会存在很大不同。就房产而言，即使是外形、年代、风格、建筑标准完全相同的数幢建筑物，建筑在不同的位置，处在不同的环境，其价值也是不同的；甚至同一幢建筑物中不同的单元，由于所处的楼层、朝向的不同，价值也不相同。

二、房地产业概述

房地产业在我国是一个新兴行业，是第三产业的重要组成部分，随着城镇国有土地有偿有期限使用和住房商品化的推进，房地产业对国民经济的发展越来越起到举足轻重的作用。

（一）房地产业概念

房地产业是指从事房地产投资、开发、经营、管理和服务的行业。其中，投资和开发是基础，经营是投资和开发的产品得以实现的手段，而管理和服务是开发和经营顺利进行的保证。房地产开发经营同社会生产与生活密不可分，住宅业、工业、商业、文教与卫生等行业，都需要有房屋与开发完成的可使用土地作为基本活动场所，它们是城乡经济发展都离不开的基本载体。特别是在人群聚居的城市区域，需要开发新城区，改造旧城区，因此，房地产开发不仅是社会生产、生活的基础性产业，而且成了推动国民经济各行业蓬勃发展的先导性产业。房地产业主要的经济活动领域包括：土地开发和再开发、地产经营、房屋开发、房产经营、房地产中介服务、物业管理服务、房地产金融服务等。

1. 房地产开发行业

房地产开发行业是指在依法取得国有土地使用权的土地上，进行基础设施建设、房屋建设的企业的总称。所谓基础设施建设，是指给水、排水、供电、供热、通信和道路等设施建设和土地的平整等活动。通过基础设施建设和土地平整将自然状态的土地变为可建造房屋和其他建筑物的土地，这一过程即土地开发。房屋建设即在完成基础设施建设的土地上建设房屋等建筑物的活动，包括住宅楼、工业厂房、商业楼宇、写字楼以及其他专门用房建设。房地产开发具有资金量大、回报率高、风险大、附加值高、产业关联性强等特点。

2. 房地产中介服务行业

房地产中介服务业是指围绕房地产产品而进行的一系列咨询、策划、租售、居间、代理、价格评估活动的服务行业。我国《城市房地产管理法》规定了三类房地产中介服务，即房地产咨询、房地产价格评估和房地产经纪。房地产咨询是指为从事有关房地产活动的当事人提供法律法规、政策、信息、技术等方面服务的经营活动，例如接受当事人的委托进行房地产市场调查研究、房地产开发项目可行性研究、房地产开发项目策划等。房地产价格评估，简称房地产估价或房地产评估，是指对房地产进行测算，评定其经济价值和价格的活动。房地产经纪是指以收取佣金为目的，为促成他人房地产交易或合作而从事居间、代理等经纪业务的经济活动，例如，代理房地产的买卖、代理房地产的租赁等。

3. 物业管理行业

物业管理行业是指由业主选聘的，按照物业服务合同约定，对房屋及配套的设施设备和相关场地进行维修、养护、管理，维护相关区域环境卫生和公共秩序的企业的总称。

物业管理是一种与房地产综合开发现代化生产方式相配套的综合性管理；是随着住房制度改革的推进而出现的与产权多元化格局相衔接的统一管理；是与建立社会主义市场经济体制的要求相适应的社会化、专业化、市场化的管理。物业管理的目的是为了保证和发挥物业的使用功能，使其保值增值，并为物业的所有人和使用人创造和保持整洁、文明、安全、舒适的生活和工作环境，最终实现社会、经济、环境三个效益的统一和同步增长,提高城市的现代文明程度。

(二)房地产业作用

房地产业与国民经济有着密切的联系,两者相互依存、相互促进。房地产业的发展既受到国民经济的制约(国民经济发展水平决定房地产业的发展水平),又能促进国民经济的发展,使国民经济持续快速健康发展。房地产业在国民经济中的重要作用具体表现在以下几个方面。

(1)可以为国民经济的发展提供重要的物质条件。房地产是国民经济发展的一个基本的生产要素,任何行业的发展都离不开房地产。

(2)房地产业关联度高、带动力强,可以带动建筑、建材、化工、轻工、电气等相关产业的发展,促进国民经济持续快速健康增长。

(3)房地产发展可以改善人民的住房条件和生活环境。

(4)有利于优化产业结构,改善投资硬环境,吸引外资,加快改革开放的步伐。

(5)可以加快旧城改造和城市基础设施建设,改变落后的城市面貌。通过综合开发,避免分散建设的弊端,有利于城市规划的实施。

(6)可以扩大就业。特别是房地产经纪行业和物业管理行业,属于服务型行业,需要的从业人员较多。

(7)房地产发展可以增加政府的财政收入。

随着国民经济和房地产业的进一步发展,房地产业在国民经济中必将发挥更广泛、更重要的作用。

第三节 房地产法律概述

一、房地产法的概念及调整对象

(一)房地产法的概念

房地产法是国家制定和认可的、调整房地产关系的法律规范的总称。房地产关系是指人们取得、开发、利用、经营和管理土地、房屋而形成的社会关系。受房地产法调整的社会关系中,有着极为广泛的法律关系的主体;在众多的法律关系的主体中,国家和有关国家机关处于特殊的地位,其他法律关系主体的活动,受国家的干预特别多;在各种具体的法律关系中,房地产权属关系处于基础性的地位,其他所有的法律关系的具体法律规定,均是对以权属为基础的房地产权利的限定、规范。房地产关系按其性质可分为民事性质的关系和行政管理性质的关系。民事性质的房地产关系,指的是平等主体之间基于土地、房屋而发生的所有、使用、转让、抵押、租赁等经济关系;行政管理性质的房地产关系,指的是不平等主体之间基于土地、房屋的征收、拆迁,土地用途管制,建设立项审批,房地产税征收以及行政调解有关纠纷等经济关系。

(二) 房地产法的调整对象

如前所述,房地产法是用来调整房地产开发、经营、管理和服务等活动中所发生的社会关系的法律规范的总称。这种社会关系极其广泛、复杂,按其性质可以分为三个大类:

1. 房地产民事法律关系

房地产民事法律关系是指平等主体之间发生的有关房地产的社会关系。具体包括:①房地产开发设计关系;②房屋拆迁关系;③基础设施建设与房屋建设关系;④房地产交易关系(包括房地产转让、抵押、租赁等关系);⑤土地使用与经营关系;⑥房地产相邻关系;⑦与房地产有关的物权关系;⑧房地产融资关系;⑨物业管理与服务关系;⑩房地产中介服务关系;⑪其他与房地产有关的民事法律关系。

2. 房地产行政法律关系

房地产行政法律关系是指行政机关基于其行政职权与管理相对人发生的有关房地产的法律关系。具体包括:①土地利用规划和房屋建设规划关系;②土地使用和房地产开发建设审批关系;③土地征收关系;④房地产产权产籍管理关系;⑤房地产市场主体管理关系;⑥房地产市场秩序和市场规则管理关系;⑦其他与房地产有关的行政关系。

3. 双重性质的房地产法律关系

双重性质的房地产法律关系是指国家(或国家机关)基于国有房地产所有者的身份与法人或公民发生的有关房地产的社会关系。这是一种介乎于经济行政法律关系和民事法律关系之间的法律关系。具体包括:①国有土地使用权的出让和受让关系;②公有住房售卖或租赁关系;③国有资产(其中有关房地产部分)经营管理关系;④其他与房地产有关的双重性质的关系。

二、房地产法的基本原则

法的原则是指体现法的本质和内容的、法的基本出发点和指导思想。房地产法的基本原则是指房地产立法力图贯彻的,在执行上具有普遍意义的法律准则。

1. 坚持社会主义土地公有制的原则

社会主义土地公有制是我国土地制度的核心。我国目前的土地所有形态表现为两种所有,即国家所有和集体所有。在土地所有权上的表现,也分为国家土地所有权和集体土地所有权。宪法规定了全民所有的财产和集体所有的财产神圣不可侵犯的原则,即任何组织或个人未经批准,不得侵占、买卖、出租或者以其他形式非法转让土地。

2. 坚持土地有偿、有期限使用的原则

在计划经济体制下,国家用行政手段无偿、无期限划拨、调剂土地,土地使用价值的商品化未能得到发挥,一方面影响政府收入,另一方面使得土地利用率低,使用效益差,土地浪费严重且非法占地和违章建筑、买卖土地,非法出租和变相买卖土地现象层出不穷。在我国建立和完善市场经济体制的过程中,借鉴国际经验,在坚持土地所有权属于国家的前提下,国家将土地使用权有偿、有期限出让给使用者,由土地使用者向国家支付土地使用权出让金,然后按照土地使用权出让合同的约定开发经营土地,而国家通过土地使用权的出让获取财政收入,用这部分收入去发展经济,进行城市基础设施建设或进行其他方面的建设,从而使国民经济得到飞速发展,最终达到改善提高人民生活水平的目标。

3. 合理节约用地和切实保护耕地的原则

《中华人民共和国宪法》(以下简称《宪法》)第十条明文规定:"一切使用土地的组织和个人必须合理地利用土地。"土地是十分宝贵的资源和资产。我国耕地人均数量少,总体质量水平低,后备资源也不富裕。保护耕地就是保护我们的生命线。必须认真贯彻"十分珍惜和合理利用每一寸土地,切实保护耕地"的基本国策,必须采取治本之策,扭转在人口继续增长情况下耕地大量减少的失衡趋势,我国政府已把保护耕地、合理节约用地提到了前所未有的高度。

4. 符合城市规划的原则

城市规划是城市发展的纲领,也是房地产开发和城市各项建设的依据。我国法律规定,各项建设用地必须符合土地利用总体规划和城市总体规划,并纳入年度土地利用计划。城市规划、发展和建设的原则是:严格控制大城市的用地规模,特别要严格控制中等城市和小城市的用地。城市的建设和发展要严格按照经批准的城市总体规划,从实际出发,量力而行,分步实施。城市建设总体规划要与土地利用总体规划衔接,用地规模不得突破土地利用总体规划,要加强对用地的集中统一管理,不得下放规划管理权和用地审批权。

5. 坚持经济效益、社会效益和环境效益统一的原则

坚持经济效益、社会效益和环境效益统一的原则,是保持房地产业强大生命力的根本保证。经济效益是房地产业赖以生存和发展的必要条件,房地产业发展的特点就是要按照市场经济的客观要求,采用灵活多样的经营手段和经营方式,积累和融通建设资金,提高投资回报率,为投资者带来可观的经济效益。社会效益是房地产业得以持续发展的重要条件,房地产开发不单单解决住房问题,还要通过全面规划、合理布局、综合开发、配套建设,完善城市基础设施和公共服务设施,提高城市的综合服务功能。环境效益是房地产业能为城市建设作出贡献、造福人民、造福后代,恢复和保持城市的生态平衡,改善城市形象的重要途径。

坚持经济效益、社会效益、环境效益相统一的原则,作为房地产投资者必须树立全局观念、长远观念,服从全社会的整体利益,严格执行"全面规划、合理布局、综合开发、配套建设"的指导方针,自觉遵守城市规划的各项法规、技术规范;作为政府管理部门要通过一系列的法规去规范房地产投资者的行为,克服单纯追求经济效益的倾向,特别是当房地产开发经济效益与社会效益、环境效益有矛盾时,政府管理部门应该首先维护社会整体利益,并对此进行合理的引导,以求得房地产开发商的经济效益不损害社会效益和环境效益。

6. 维护房地产权利人合法权益的原则

随着我国住房制度改革、住房商品化和人民居住需求的日益增长,个人所有

的房屋越来越多，维护房地产权利人的合法权益不受侵犯，应是房地产法的基本任务，也是房地产立法执法的出发点和最终归宿。房地产权利人的合法权益是其进行房地产交易和正常生产、生活的前提和基础。同时，保护房地产权利人的合法权益也是维护正常的房地产市场秩序，促进社会主义市场经济发展的必要条件。《城市房地产管理法》第五条规定："房地产权利人的合法权益受法律保护，任何单位和个人不得侵犯。"也就是说，保障房地产权利人的合法权益是房地产立法的一项重要原则。另外，在《城市房地产管理法》和其他法律、法规中也有许多保障房地产权利人合法权益的规定，从中也可以看出这一原则的重要性。

三、房地产法律体系

房地产法律体系是指各种不同层次的调整房地产法律关系的法律法规，按照一定的内在联系而组成的一个共同的有机整体。从立法层次上看，主要包括下列内容：

1. 《宪法》

《宪法》是房地产立法和司法必须遵循的基本依据。对于房地产法，《宪法》作出了原则性规定，如《宪法》第十条明确了土地的所有权权属关系："城市的土地属于国家所有。农村和城市郊区的土地，除由法律规定属于国家所有的以外，属于集体所有；宅基地和自留地、自留山，也属于集体所有。"该条也同时规定了关于土地的转让问题："任何组织或者个人不得侵占、买卖或者以其他形式非法转让土地。土地的使用权可以依照法律的规定转让。""一切使用土地的组织和个人必须合理地利用土地。"这两条规定为房地产立法提供了宪法依据。《宪法》的第十条还对土地征收或征用和利用作了原则性规定。

2. 房地产法律

1995年1月1日起施行的《中华人民共和国城市房地产管理法》，是规范城市范围内取得房地产开发用地，从事房地产开发和交易，实施房地产管理的法律，它为城市房地产业的健康发展提供了基本的法律依据和法律保障。《中华人民共和国土地管理法》，是全国人大常务委员会于1986年通过的，并于1998年8月29日、2004年8月28日修订。此外《中华人民共和国民法通则》（以下简称《民法通则》）、《中华人民共和国城乡规划法》、《中华人民共和国合同法》、《中华人民共和国担保法》、《中华人民共和国民事诉讼法》等法律中的有关规定，也是房地产法律的组成部分。

这些法律的地位和效力仅次于宪法，是房地产法律体系中的最重要的法律规定，是制定有关房地产法规、规章的依据和基础。

3. 房地产行政法规

房地产行政法规是由国务院根据宪法和法律制定的房地产管理方面的规范性文件，对于在全国范围内贯彻执行宪法和法律，完成国家基本任务和职能具有重要的作用。如《中华人民共和国城市房地产开发经营管理条例》（以下简称《城市房地产开发经营管理条例》）、《中华人民共和国物业管理条例》（以下简称《物业管理条例》）、《中华人民共和国土地管理法实施条例》（以下简称《土地管理法实施条例》）、《外商投资开发经营成片土地暂行管理办法》以及《中华人民共和国住房公积金管理条例》(以下简称《住房公积金管理条例》)等,是我国房地产法律体系的重要组成部分。

4. 房地产地方性法规、民族自治条例和单行条例

房地产地方性法规、民族自治条例和单行条例是地方立法机关制定或认可的,调整本行政区域内房地产法律关系的规范性文件。如《上海市房地产登记条例》、《辽宁省城镇房地产交易管理条例》、《河南省城市房地产开发经营管理条例》、《湘西土家族苗族自治州国土资源开发保护条例》、《海北藏族自治州土地管理条例》、《延边朝鲜族自治州土地资产管理条例》等。

5. 房地产部门规章

房地产方面的部门规章包括国务院各部委制定的规范性文件。主要是指原建设部制定的规章,如《商品房销售管理办法》、《城市房屋权属登记管理办法》、《城市房地产转让管理规定》、《城市房地产中介服务管理规定》等,原建设部制定的现行有效的房地产方面的部门规章有20多件。另外,国家发改委、国土资源部也颁布了一些房地产方面的部门规章,如《关于印发〈经济适用住房价格管理办法〉的通知》、《物业服务收费明码标价规定》等。

6. 房地产地方政府规章

根据各个地区的实际情况,地方政府颁布了一些关于房地产方面的规章,如上海市人民政府于2006年颁布的《上海市城市地下空间建设用地审批和房地产登记试行规定》、广东省广州市人民政府于2008年1月颁布的《广州市房屋租赁管理规定》、北京市人民政府于2003年颁布的《北京市城市房地产转让管理办法》等。

7. 司法解释

最高人民法院和最高人民检察院在处理房地产案件中就司法实践中出现的问题作出的权威解释,也是房地产法的组成部分。如最高人民法院《关于审理商品房买卖合同纠纷案件适用法律若干问题的解释》、最高人民法院《关于审理建设工程施工合同纠纷案件适用法律问题的解释》等。

另外,有关房地产的技术规范及一些规范性文件,也可纳入广义的房地产法律体系的范畴。

复习思考题

1. 什么是法?
2. 法的特征和基本职能是什么?
3. 简述我国现行法的渊源。
4. 法的实施包括哪些内容?
5. 什么是房地产?房地产具有哪些特征?
6. 什么是房地产法?房地产法调整的对象包括哪些关系?
7. 房地产法包括哪些基本原则?
8. 简述房地产法律体系。

第二章
与房地产相关的法律知识

随着我国房地产经济的飞速发展，在房地产开发经营管理过程中，特别在房地产交易过程中会涉及一系列法律法规。要学好"房地产基本制度"，必须掌握与房地产相关的法律法规知识。其中《中华人民共和国民法通则》（以下简称《民法通则》）、《中华人民共和国物权法》（以下简称《物权法》）、《中华人民共和国合同法》（以下简称《合同法》）、《中华人民共和国土地管理法》（以下简称《土地管理法》）等法律，应作为学习房地产基本制度的先导知识。熟悉并掌握这些与房地产相关的法律法规，对学习房地产经营管理，从事相关房地产工作，起到举足轻重的作用。由于教材的篇幅有限，本章只能简要介绍民法、物权法和合同法的基本内容。

第一节 民 法

一、民法的概念和基本原则

（一）民法的概念

我国《民法通则》第二条从民法的对象和任务的角度，给民法下了一个定义：即我国民法是调整平等主体的公民之间、法人之间、公民和法人之间的财产关系和人身关系的法律规范的总和。所谓财产关系是人们在产品的生产、分配、交换、消费过程中形成的具有经济内容的关系。财产关系包括财产所有关系和财产流转关系。所谓人身关系是基于人格和身份所产生的，没有直接财产内容的社会关系。

（二）我国民法的基本原则

民法的基本原则，作为民法的基本精神的体现，是民法所调整的社会关系的集中反映。

1. 平等原则

平等原则的含义是指参与民事活动的民事主体，无论是自然人还是法人，无论其经济实力强弱，无论法人的所有制性质，其法律地位一律平等；民事主体平等地享受权利承担义务；民事主体的合法地位受法律平等保护，任何人因他人的行为使自己的权利遭受侵害，都有权要求他人依民法的规定承担责任。

2. 自愿原则

自愿原则是指民事主体在从事民事活动时，应当充分表达其真实意志，根据自己的意志设立、变更和终止民事法律关系。自愿原则是民事主体意志独立、利益独立的必然要求，也是平等意志的表现和延伸。自愿原则在《合同法》上体现得尤为明显。具体而言，只要不违反法律的强制性规定，当事人在明辨利弊的基础上达成一致（合意），即可以使他们之间的合同具有法律效力，受到法律保护。

3. 公平原则

公平原则也是民法的一项基本原则。公平原则要求民事主体在民事活动中应以社会公平的观念指导自己的行为、平衡各方的利益，要求以社会公平的观念来处理民事主体之间的纠纷。它包括民事主体参加民事活动机会均等，民事主体之间依法设定的权利和义务应当基本公平对等，承担的民事责任也应基本相当。

4. 诚实信用原则

诚实信用是一切正当社会行为所应遵守的道德准则，是道德规范在法律上的表现。诚实信用原则是指民事主体在民事活动中应诚实，守信用，善意地行使权利和履行义务。它强调民事主体在行为时应讲究信用、恪守诺言、诚实不欺，在不损害他人和社会合法权利的前提下追求自己的利益。诚实信用原则作为市场活动的基本规则，是协调各方当事人之间的利益，保障市场有秩序、有规则地运行的重要法律原则。

5. 民事权益受法律保护原则

制定《民法通则》的目的之一就是保障公民、法人的合法民事权利。这一原则具体体现为：民法要运用平等的方法对各类民事主体享有的民事权利实行全面的、充分的保护；在保护公民和法人的合法权益的同时，要求民事主体行使权利并履行义务，不得滥用民事权利，损害他人利益。

6. 公序良俗原则

公序良俗即公共秩序和善良风俗。公序良俗原则是指民事主体在民事活动中不得违反公共秩序和善良风俗，不得违反社会公德，不得损害社会利益和国家利益，不得违反法律的强行性或禁止性规定。

二、民事法律关系

（一）民事法律关系的概念

人的社会生活是在相互交往的基础上进行的。人在相互交往过程中，会形成各种社会关系，如财产关系、买卖关系、婚姻关系等。法律关系是法律规范在调整人们之间的社会关系过程中形成的一种特殊的社会关系，即法律上的权利义务关系。由于调整各种社会关系的法律不同，因此，所形成的法律关系也就不同。民事法律关系是指由民法确认和保护的社会关系。

（二）民事法律关系的要素

民事法律关系的要素是指构成民事法律关系的必要因素，包括主体、内容、客体三个要素，这三者是缺一不可的。

1. 民事法律关系的主体

民事法律关系的主体又称民事主体或者民事权利义务的主体，是指参加民事法律关系，享有民事权利，承担民事义务的人。这里的"人"包括自然人和法人。

（1）自然人

自然人也称公民，自然人是基于自然规律出生而取得民事主体资格的人。其外延包括本国公民，也包括外国公民和无国籍人。

1）自然人的民事权利能力

自然人的民事权利能力，是指自然人依法享有民事权利和承担民事义务的资格。具有这种资格，就具有法律上的人格，就可以作为民事法律关系的主体。

自然人从出生时起到死亡时止，具有民事权利能力。我国公民的民事权利能力一律平等。

2）自然人的民事行为能力

自然人民事行为能力，是指自然人依法通过自己的行为享有民事权利和承担民事义务的资格。根据我国《民法通则》规定：我国公民的民事行为能力，依其年龄和精神形态，可区分为以下三类：①完全民事行为能力的人：18周岁以上的成年人；16周岁以上不满18周岁的未成年人，以自己的劳动收入为主要生活来源的。②限制民事行为能力的人：10周岁以上的未成年人和不能完全辨认自己行为的精神病人。③无民事行为能力的人：不满10周岁的未成年人和不能辨认自己行为的精神病人。

限制民事行为能力的人，可以进行与其年龄、智力或精神健康状况相适应的民事活动；其他民事活动由其法定代理人代理，或者征得其法定代理人的同意。无民事行为能力的人，需要由法定代理人代理其民事活动。

（2）法人

1）法人的概念

法人是指具有民事权利能力和民事行为能力，依法独立享有民事权利和承担民事义务的组织。法人是和自然人相对称的另一类重要的民事主体。与自然人相比：法人的民事权利能力和民事行为能力受其范围限制；法人的民事权利能力和民事行为能力同时产生，同时终止，具有一致性；法人的民事行为能力通常由法人的机关或者法人机关委托的代理人来实现；不同的法人，其民事权利能力各不相同。

2）法人的分类

在《民法通则》中法人被分为企业法人、机关法人、事业单位法人和社会团体法人。①企业法人，是指以盈利为目的，独立从事生产、流通、科技、服务等活动的社会经济组织。企业法人是最主要的市场经济主体。②机关法人，是指从事国家管理活动的各级各类的国家机关。③事业单位法人，是指为了社会公益事业目的，由国家机关、其他组织或者自然人投资举办的，从事文化、教育、卫生、体育、新闻等公益事业的法人。④社会团体法人，是指自然人或法人自愿组成，为实现会员共同意志，按照其章程开展活动的非盈利性法人。

3）法人成立的条件

要成立法人，通常需要具备以下条件：①依法成立；②有自己的名称、组织机构和场所；③有必要的财产或经费；④能独立承担民事责任。

2. 民事法律关系的客体

民事法律关系的客体是指民事权利和民事义务所共同指向的对象，包括物、行为、智力成果等。民事权利和民事义务如果没有具体的对象，就将成为无法落实、毫无意义的东西。在民法上，客体也称为"标的"，如果客体为物，则习惯上称之为"标的物"。

（1）物

民法上的物是指能够满足人类生活、生产需要，可以为人类所控制，具有一定经济价值的物质资料。民法上的物应满足如下条件：一是有体物；二是人力可以控制或支配；三是不包括人体本身。

（2）行为

行为是指人的活动以及活动的结果。在债的法律关系中，行为作为法律关系的客体，如提供服务、保管、运输等合同法律关系所指的行为。

（3）智力成果

它是指脑力劳动所创造的精神财富，如发明创造、文学作品等。智力成果是一种无形资产，是知识产权法律关系的客体。

3. 民事法律关系的内容

民事法律关系的内容是指民事主体所享有的民事权利和承担的民事义务。在民事法律关系中，权利和义务是相互对立、相互联系在一起的，权利的内容要通过相应的义务表现，而义务的内容则应由相应的权利限定。

三、民事法律行为和代理

（一）民事法律行为

民事法律行为是指公民或法人设立、变更、终止民事权利和民事义务的合法行为。民事行为是自然人、法人和其他组织自愿实施的欲发生民事法律后果的行为，但民事主体自愿实施的民事行为只有符合法律规定的条件（即合法），才能产生设立、变更、终止民事权利和民事义务的后果。可见民事法律行为是民事主体实施的发生民事法律后果的合法行为。

1. 民事法律行为的有效条件

民事行为有效即发生法律效力。因为只有合法的民事行为才能发生效力，而合法的民事行为就是民事法律行为，所以民事行为的有效条件也就是民事法律行为应具备的条件。

(1) 行为人具有相应的民事行为能力

行为人具有相应的民事行为能力，是指行为人具有实施该行为的相应的意思表示的能力。限制民事行为能力的人只能独立实施与其年龄、智力或精神健康状况相适应的民事法律行为，其他的行为只能由法定代理人代理或经其同意；无民事行为能力的人通常不能独立实施民事行为，由他的法定代理人代理进行民事行为。民事法律行为的主体只有取得了相应的民事行为能力以后，所做出的民事行为法律才能认可。

(2) 行为人意思表示真实

意思表示真实，包括两方面的含义：一是指行为人的内在意志与外部的表示行为相一致的状态；二是指当事人是在意志自由的前提下，进行意思表示的状态。

(3) 不违反法律或者社会公共利益

不违反法律或者社会公共利益，是指当事人的行为不得与法律、法规的禁止性规定相抵触，不违反社会公序良俗。

2. 民事法律行为的形式

民事法律行为主要有如下形式：

(1) 口头形式

是指以对话的形式所进行的意思表示。

(2) 书面形式

是指以书面文字的形式所进行的意思表示。

(3) 视听资料形式

是指以录音、录像等视听资料所进行的意思表示。

(4) 推定形式

是指当事人通过有目的、有意义的积极行为将其内在意思表示表现于外部，使他人可以根据常识、习惯或相互间的默契，推知当事人已作某种意思表示，从而使民事行为成立。

(5) 默示形式

是指不直接以语言文字而是通过行为所作的意思表示。

3. 无效民事行为与可变更或可撤销的民事行为

无效民事行为，是指因根本不具备民事法律行为的条件，从行为开始起不能发生法律效力的民事行为。因此无效的民事行为，从行为开始就没有法律约束力。无效民事行为主要有以下七种：①无民事行为能力人实施的民事行为；②限制民事行为能力人依法不能独立实施的民事行为；③一方以欺诈、胁迫的手段损害国家利益所为的民事行为；④恶意串通，损害国家、集体或者第三人利益的民事行为；⑤违反法律或者社会公共利益的民事行为；⑥经济合同违反国家指令性计划的民事行为；⑦以合法形式掩盖非法目的的民事行为。

可变更或可撤销的民事行为，是指虽已成立并生效，但因意思表示不真实，当事人可以请求人民法院或者仲裁机构予以变更或撤销的民事行为。被撤销的民事行为从行为开始起无效。

一方有权请求人民法院或仲裁机关予以变更或撤销的民事行为包括：①行为人对行为内容有重大误解的民事行为；②显失公平的民事行为；③一方以欺诈、胁迫的手段或者乘人之危，使对方在违背真实意思的情况下所作的民事行为。

4. 无效民事行为与可变更或可撤销的民事行为的后果

可变更或可撤销的民事行为经当事人请求变更的，应按变更后的内容履行；经请求后被撤销的，该民事行为无效。

民事行为被确认无效或被撤销，从行为开始就没有法律效力。

无效民事行为、被撤销民事行为发生如下法律后果：

（1）返还财产

返还财产是指恢复到无效或被撤销民事行为发生之前的状态，借以消除无效或被撤销民事行为所造成的不应有后果。返还财产的范围，以全部返还为原则，如原物存在则原物返还，如不存在则作价偿还；如原物有损坏应修复后返还或付给相当补偿。

（2）赔偿损失

民事行为被确认无效或被撤销，如给当事人造成损失的，有过错的一方应当赔偿对方所受到的损失，双方都有过错的，应当各自承担相应的责任。

（3）收缴财产归国家或者返还财产给集体、第三人

双方恶意串通，实施民事行为损害国家、集体或第三人利益的，应当追缴双方取得的财产，收缴国家所有或者返还集体、第三人。这里指的双方取得的财产，应当包括双方当事人已经取得和约定取得的财产。

（二）代理

1. 代理的概念

代理是指代理人在代理权限内，以被代理人的名义实施民事法律行为，被代理人对代理人的代理行为承担民事责任。代理是一种特殊的民事法律关系。在代理关系中，它由三方当事人构成：被代理人（亦称本人）、代理人和第三人（即相对人）。

2. 代理的特征

（1）代理人必须以被代理人的名义实施代理行为；

（2）代理人必须在代理权限内实施代理行为；

（3）代理人在代理权限内可以独立地进行意思表示或接受意思表示；

（4）代理人实施代理的法律后果直接由被代理人承受。

3. 代理的类型

代理的类型，常见的主要有以下几种：

（1）委托代理

委托代理是基于被代理人的委托而发生的代理。如公民委托律师代理诉讼即属于委托代理。

委托代理可采用口头形式委托，也可采用书面形式委托，如果法律明确规定必须采用书面形式委托的，则必须采用书面形式。如委托签订房地产转让合同、房屋租赁合同等就必须采用书面形式。

在实际生活中，委托代理应注意如下问题：

1）被代理人应慎重选择代理人。因为代理活动要由代理人来实施，而实施结果是要由被代理人承受的。

2）委托授权的范围要明确。如果由于授权不明确而给第三人造成损失的，则被代理人要向第三人承担责任，代理人承担连带责任。

3）委托代理的事项必须合法。如果委托代理事项是违法活动，那么被代理人、代理人要承担连带责任。

(2) 法定代理

法定代理是根据法律的直接规定而发生的代理。如父母作为监护人代理未成年人进行民事活动就是属于法定代理。

(3) 指定代理

指定代理是根据人民法院或有关单位的裁定或者决定而确定的代理。指定代理人按照人民法院或者指定单位的指定行使代理权。

4. 代理权行使的原则

代理权的行使是指代理人在代理权限内实施代理行为。代理权的行使应遵循以下原则：

(1) 代理权应为维护被代理人的最大利益而行使

即代理人应当在代理权限范围内，从被代理人的利益出发，争取在对被代理人最有利的情况下完成代理行为。代理人为代理行为时应尽量注意，以免给被代理人造成损失。如委托代理人不得擅自变更被代理人的指示；不得擅自转托他人代理；代理人应及时向被代理人报告代理的情况，并将在代理中收到的利益及时转交给被代理人等。代理人不履行或不适当履行职责而给被代理人造成损害的，应该承担民事责任。

(2) 代理人应合法行使代理权，不得滥用代理权

根据有关法律的规定，代理人不得有以下滥用代理权的行为：

1）代理人以被代理人的名义与自己实施民事法律行为（如代理他人与自己订立合同）。

2）代理人以被代理人的名义与自己同时代理的其他人进行民事法律行为。

3）与第三人恶意串通，损害被代理人的利益。《民法通则》规定代理人和第三人串通，损害被代理人的利益的，由代理人和第三人负连带责任。

4）超越代理权限进行代理活动。超越代理权限进行代理的，代理人应根据代理人与被代理人之间的基础关系，承担违约责任或侵权责任。

5）利用代理权从事违法活动。《民法通则》规定，代理人知道被委托代理的

事项违法而仍然进行代理活动的,或者被代理人知道代理人的代理行为违法而不表示反对的,由被代理人和代理人负连带责任。

没有代理权、超越代理权或者代理权终止后的代理行为,只有经过被代理人的追认,被代理人才承担民事责任。未经过追认的行为,由行为人承担民事责任。被代理人知道他人以被代理人名义实施民事行为而不作否认表示的,视为同意,由被代理人承担法律后果。

四、民事权利和民事义务

(一) 民事权利

1. 民事权利的概念

民事权利是指民事主体在具体的民事法律关系中所享有的权利。它具体包括:享有民事权利的人,在法定范围内根据自己的意志作为一定的行为;权利主体可要求其他主体作出一定的行为或抑制一定的行为;因其他主体的行为而使权利人的权利不能实现时有权要求国家机关加以保护并予以制裁。

2. 民事权利的分类

(1)根据有无财产内容,民事权利可分为财产权和人身权。财产权是指与人身相分离的、有财产价值的权利,如物权、债权、继承权等。人身权是指以人身利益为内容的、与权利人的人身不可分离的民事权利,如生命健康权、名誉权、荣誉权、肖像权等。

(2)根据权利的作用,民事权可分为支配权、请求权、形成权、抗辩权。支配权是指权利主体对权利标的直接进行支配而不受他人非法干涉的权利,如物权、知识产权、人身权等。请求权是指权利主体请求他人为或不为一定行为的权利,如买卖合同的出卖人请求买受人支付价款的权利。形成权是指权利主体依自己的行为,使自己与他人之间的法律关系发生变动的权利,如撤销权、解除权、追认权、选择之债中的选择权等。抗辩权又称异议权,是指否认他人的权利主张的请求,而提出证据以抗辩的权利。

(二) 民事义务

1. 民事义务的概念

民事义务是指负有义务的人必须作出一定行为或禁止其作出一定行为,以保证权利人的权利获得实现。民事主体因违反民事义务,则依法应承担民事法律后果。

2. 民事义务的分类

(1) 以义务人行为的方式不同,民事义务可分为积极义务和消极义务。前者是作为的义务,如交货或付款的义务;后者是不作为的义务,如禁止义务。

(2) 以义务存在的方式不同,民事义务可分为独立义务和附随义务。前者是独立存在的义务,如履行债务;后者是从属于独立义务的义务,如从属于债务的保证债务。

五、民事责任和诉讼时效

（一）民事责任

1. 民事责任的概念

民事责任是民事法律责任的简称，指的是民事主体违反民事义务所应承担的民事法律后果。作为法律责任的一种，民事责任具有法律责任的共性，但同时也具有自己的特征：

（1）民事责任是违反民事义务所应承担的法律后果，故以民事义务的存在为前提。

（2）民事责任主要表现为财产责任。

（3）民事责任的范围与损失的范围相适应。

2. 承担民事责任的方式

根据我国《民法通则》的规定，承担民事责任的主要方式有：①停止侵害；②排除妨碍；③消除危险；④返还财产；⑤恢复原状；⑥修理、重作、更换；⑦赔偿损失；⑧支付违约金；⑨消除影响、恢复名誉；⑩赔礼道歉。以上承担民事责任的方式可以单独适用，也可以合并适用。

（二）诉讼时效

1. 诉讼时效的概念

诉讼时效是指权利人在法定期间不行使请求人民法院保护其民事权利的权利，就丧失该项请求权，人民法院对其不再予以保护的法律制度。如前所述，权利人的民事权利受法律的保护，当权利人在其权利受到侵害时，有权请求法院予以保护。但人民法院保护该权利也不是无限制的。权利人应于法律法定的期间内请求保护，超过该期间后，法院将不予保护。

诉讼时效消灭的是一种请求权，而不是实体权利。超过诉讼时效期间，当事人自愿履行的，不受诉讼时效限制。履行后，当事人不得以不知时效已过而要求返还。

2. 诉讼时效期间

诉讼时效期间是指法律规定的权利人请求人民法院保护其民事权利的法定期间。

根据《民法通则》及我国单行法的有关诉讼时效的规定，我国诉讼时效有普通诉讼时效和特殊诉讼时效。

普通诉讼时效是指适用于一般民事权利的诉讼时效。《民法通则》第一百三十五条规定："向人民法院请求保护民事权利的诉讼时效期间为二年，法律另有规定的除外。"因此我国普通诉讼时效期间为二年。

特殊诉讼时效是相对于普通诉讼时效而言，仅仅适用于法律法规特别规定的某些民事权利的诉讼时效。《民法通则》第一百三十六条规定了特别诉讼时效为一年的：身体受到伤害要求赔偿的；出售质量不合格的商品未经声明的；延付或拒付租金的；寄存财物被丢失或者毁损的。

3. 诉讼时效的起算

诉讼时效的起算是指诉讼时效期间的开始计算，也就是诉讼时效期间开始。

《民法通则》第一百三十七条规定：诉讼时效期间以知道或应当知道权利被侵害时起计算。但是从权利被侵害之日起超过二十年的，人民法院不予保护。这里所谓知道，是指权利人明确权利被何人侵害的事实；所谓应当知道，是指根据客观事实推定权利人能知道权利被侵害或被何人侵害。但是，自权利被侵害之日起超过二十年的，即使权利人不知道或不应当知道权利被侵害，人民法院也不再予以保护。

有特殊情况的，人民法院可以延长诉讼时效期间。

4. 诉讼时效的中止、中断

诉讼时效的中止是指在诉讼时效期间最后六个月内，因不可抗力或其他障碍不能行使请求权，暂时停止计算诉讼时效期间，以前经过的时效期间仍然有效，待阻碍诉讼时效进行的事由消除后，继续进行诉讼时效期间的计算。

诉讼时效的中断是指在诉讼时效进行中，因发生一定的法定事由，致使已经经过的时效期间统归无效，待导致诉讼时效中断的法定事由消除后，诉讼时效期间重新计算。引起诉讼时效中断的法定事由有：①权利人提起诉讼；②当事人一方向义务人提出请求履行义务的要求；③当事人一方同意履行义务。

第二节 物权法

一、物权与物权法概述

（一）物权概述

1. 物权的概念

物权是直接支配特定物，享受其利益并排除其他人干涉的权利。《物权法》第二条第三款规定："本法所称物权是指权利人依法对特定的物享有直接支配和排他的权利，包括所有权、用益物权和担保物权。"

2. 物权的分类

物权除法律明文规定外，不得自由创设。我国民法体系中规定的物权主要有所有权、用益物权、担保物权等。

（1）自物权和他物权

自物权是权利人对自己的物享有的权利，即所有权。他物权是指在他人的物上设立的权利，如抵押权、地役权、土地使用权等。

（2）主物权和从物权

主物权是指本身就独立存在，不需要依附于其他权利的物权，如所有权。从物权是指必须依附于其他权利而存在的物权，如抵押权。

（3）所有权和限制物权

所有权是指权利主体在法律限制的范围内对所有物享有占有、使用、收益、处分的权利。为充分发挥物的效用，法律规定，权利人可以在其所有物上为他人设立权利，这种权利的直接效力是限制了所有权的效用，称为限制物权。用益物权和担保物权都是限制物权。

（4）动产物权和不动产物权

动产是指能够移动而不损害其经济用途和经济价值的物，一般指金钱、器物等。动产物权是以动产为标的的物权。不动产是指土地、建筑物及其他附着于土地上的定作物，包括物质实体及其相关权益。不动产物权是以不动产为标的的物权。

（5）用益物权和担保物权

用益物权是指权利人对他人财产依法享有占有、使用和收益的权利。担保物权是指为确保债权的实现而设定的，以直接取得或者支配特定的财产的交换价值为内容的权利。

3. 物权的效力

物权除因种类不同而有各种不同的效力外，还有下列共同效力：

（1）物权的排他效力

物权的排他效力是指一物之上不得成立两个所有权或不得成立内容相矛盾的物权。如甲就同一标的享有完全的所有权，则乙不能再就该物享有所有权。

（2）物权的优先效力

它又称为物权的优先权，一般意义上，指就同一标的物，物权和债权并存时，物权优先于一般的债权。当然，"物权优先于债权"也存在例外，一般认为有两个典型表现：其一，"买卖不破租赁"，即先设立的承租人之承租权优先于租赁物受让人的所有权；其二，法律基于公益或社会政策之考虑，另有例外规定，如土地增值税的征收，优先于设定在先的抵押权。

（3）物权的追及效力

它是指物权成立后，无论其标的物辗转落入何人之手，权利人均可追及标的物行使其权利。当物权人所支配的标的物被他人侵占时，物权人有权追及标的物之所在，以恢复自己对标的物的支配。但是，物权的追及效力并不是绝对的，善意取得制度就是对物权追及效力的限制。

（4）物权的妨害排除效力

它又被称为排除妨害请求权。物权的妨害排除效力是指当物权人的权利遭受他人的侵害或妨害时，物权人基于物权请求权，可请求他人排除妨害，以恢复权利人对物的正常支配的权利。妨害排除效力是物权法律上的救济力或保护力。

（二）物权法概述

1. 物权法的概念

物权法是指以物的归属关系和主体对物的利用关系为调整对象的法律规范的总称。物权法有广义和狭义之分，广义上的物权法泛指所有以物的归属关系和主体对物的利用关系为调整对象的法律规范。在我国，广义上的物权法除

《物权法》外，还包括《宪法》、《民法通则》、《城市房地产管理法》等所有有关物的归属和利用的法律规定，以及最高人民法院对物权纠纷所作的司法解释。狭义上的物权法专指第十届全国人民代表大会第五次会议通过并颁布的《物权法》。

2. 物权法的基本原则

物权法的基本原则是贯穿于整个物权法的根本原则，是制定、适用、解释和研究物权法的依据和出发点，是将各种具体物权关系凝聚成为有机整体的核心和灵魂。

（1）物权法定原则

物权法定原则是指物权的种类和内容只能由法律来确定，而不能由民事权利主体随意创设。因为：物权是一项重要的民事权利，物权制度属于民事基本制度。依照立法的规定，民事基本制度只能由法律规定。而且，物权不同于债权，债权的权利义务发生在当事人之间，遵循自愿原则，具体内容是由当事人约定的。比如合同是当事人之间的协议，对合同内容如何约定原则上由当事人决定。物权是"绝对权"，物权的权利人行使权利是排他性的，对所有其他人都有约束力，物权法调整的权利人和义务人之间的关系与合同当事人之间的权利义务关系不同，物权的义务人有成千上万，物权内容不能由权利人一个人说了算，也不能由一个权利人和几个义务人说了算，对权利人和成千上万义务人之间的规范只能由法律规定。

（2）一物一权原则

一物一权原则是指在同一标的物上只能存在一个所有权，不能存在两个以上的所有权的法律原则。

（3）物权公示原则

物权公示原则是指各种物权变动取得必须以一种可以公开的能够表现物权变动的方式予以展示，从而决定物权变动取得的效力。物权公示的方式包括登记、交付、占有等。一般来说，房屋、土地等不动产物权的公示方式是登记，动产物权的公示方式是交付。我国不动产公示也采取登记方式。

（4）物权优先原则

物权优先原则是指物权是债权产生的前提，在物权和债权同时存在的情况下，无论物权成立于债权之前或之后，物权优先于一般的债权。最典型的是房地产办理抵押登记后，即取得担保物权后即可对抗第三人的一般债权。

二、所有权

（一）所有权概述

1. 所有权的概念

所有权是指权利主体在法律限制的范围内对所有物进行永久、全面支配的物权。尽管是绝对的权利，但也必须在法律限制的范围内行使。所有权具有全面性、弹力性、整体性、观念性、恒久性五个方面的法律特征。

2. 所有权的内容

所有权的内容，也称为所有权的权能，指所有人为实现所有权的利益而有权进行的各种支配财产的行为，包括对财产的占有、使用、收益和处分权能。

（1）占有

占有是指所有人对其财产的实际控制权能。应当注意的是，占有财产事实本身并不产生权利，只是在法律规定的情况下，占有才具有权利的性质。占有是事实上能够对财产进行支配，往往是使用和收益的前提。

（2）使用

使用是指所有人在不损害并不变更财产性质的前提下实际使用这些财产的权能。使用财产以占有财产为前提。使用也可分为所有人的使用和非所有人的使用，非所有人使用他人财产必须有合法根据（法律规定或合同约定）。

（3）收益

收益是指所有人利用其财产获得经济利益的权能。收益权可以由所有人独立享有，也可以依照法律规定或合同约定，由财产所有人与财产使用人共同享有。使用权与收益权可以相分离，但出卖财产转让所有权所获得的收益，不属于收益权的范围。

（4）处分

处分是指所有人依法对其财产进行处置的权能，如消费、出卖、赠送等。处分权是所有权的核心，也是所有权与其他物权的根本区别。

所有权具有独占的支配权，所有人为实现所有权所保护的利益，可以将所有权的部分甚至全部权能都分离出去而不丧失其所有权（如出租、承包、留置等）。实践中，所有权与其权能的不断分离与回复，并不是所有权的丧失，而是所有人行使所有权的具体体现。

（二）共有

1. 共有的概念

根据《物权法》第九十三条的规定，共有是两个或两个以上的权利主体对同一项财产享有所有权。共有的法律特征有如下三点：

（1）共有的主体是多数人。

（2）共有的客体为一项特定的财产。

（3）共有人在共有关系中的权利义务因共有关系的性质不同而有所不同。

2. 共有的分类

《物权法》第九十三条中规定："共有包括按份共有和共同共有。"第一百零五条规定："两个以上单位、个人共同享有用益物权、担保物权的，参照本章规定。"可见，我国现行法所谓共有，不仅包括按份共有和共同共有，而且也包括准共有。

（1）准共有

准共有，是指数人对所有权以外的财产权的共有，如对他物权、知识产权等的共有。准共有的客体是各种以财产利益为内容的权利。准共有是按份共有还是共同共有，应当由各准共有人依据法律或合同规定以及共有权利的发生原因加以确定。

（2）按份共有

按份共有是指两个或两个以上的人（自然人或法人）对同一项财产按照各自的份额分别享有权利和承担义务的一种共有关系。如《物权法》第九十四条规定："按份共有人对共有的不动产或者动产按照其份额享有所有权。"

（3）共同共有

共同共有是指两个或两个以上的人（自然人或法人）对同一项财产的全部，不分份额地、平等地享有所有权，《物权法》第九十五条规定："共同共有人对共有的不动产或者动产共同享有所有权。"共同共有与按份共有最显著的区别在于：共同共有是不确定份额的共有，只有在共同共有关系消灭，如婚姻关系消灭，对共有财产进行分割时，才能确定各个共有人应得的份额。

（三）业主的建筑物区分所有权

1. 建筑物区分所有权概述

业主的建筑物区分所有权，是指业主对建筑物内的住宅、经营性用房等专有部分享有其所有权，对专有部分以外的共有部分享有共有和共同管理的权利。建筑物区分所有权是由业主对建筑物的专有部分所有权、共同部分共有权和基于建筑物的管理、维修和修缮等共同事务而产生的管理权三个要素共同构成的。

建筑物区分所有权有如下特点：

（1）权利人身份的多重性

建筑物区分所有权人同时具有专有权人、共有权人和管理团体成员三种身份。

（2）权利客体多样性

建筑物区分所有权的客体包括建筑物的专有部分、共有部分和各权利人基于以上两部分所为的行为。

（3）权利内容的复杂性

建筑物区分所有权包括对专有部分享有的所有权、对建筑区划内共有部分享有的共有权和共同管理的权利，这三种权利具有不可分离性。

（4）权利行使的受限性

由于各建筑物区分所有权人之间关系的密不可分性，因此，建筑物区分所有权在行使上会受到限制。如《物权法》第七十一条规定："业主行使权利不得危及建筑物的安全，不得损害其他业主的合法权益。"

2. 建筑物业主对共有部分的所有权

（1）共有权的概念

所谓共有权，是指建筑物区分所有权人依照法律或者管理规约的规定，对建筑物的共有部分所享有的占有、使用和收益的权利。

（2）共有权的客体

共有部分是指区分所有建筑物专有部分以外的部分以及经约定供共同使用的

专有部分。包括：①区分所有建筑物专有部分以外的其余部分；②不属专有部分的建筑物附属物；③建筑物区分所有权人约定共同使用的专有部分及其附属物。

(3) 共有权的内容

依据《物权法》第七十二条的规定："业主对建筑物专有部分以外的共有部分，享有权利，承担义务；不得以放弃权利不履行义务。"行使该项权利、承担该项义务要依据相关法律法规和建筑区划管理规约的规定。《物权法》第七十九条规定："建筑物及其附属设施的维修资金，属于业主共有。经业主共同决定，可以用于电梯、水箱等共有部分的维修。"

3. 建筑物业主对专有部分的所有权

(1) 专有权的概念

根据《物权法》第七十一条的规定，专有权是指业主对其建筑物专有部分享有占有、使用、收益和处分的权利。它既是区分所有权的"单独性灵魂"，也是区分所有权结构中的单独所有权要素，是区分所有权的物权要素之一。所谓专有部分，即数人区分一建筑物而各有其一部分，该部分即为专有部分。

(2) 专有权的客体

专有部分是指具有构造上及使用上的独立性，能够成为专有权客体的部分。构成专有权客体的专有部分须具备下列三个特征：①构造上具有独立性；②使用上具有独立性；③法律上具有独立性。

(3) 专有权的内容

专有权人享有占有、使用、收益和处分的权利以及排除他人干涉的权利。例如《物权法》第七十一条规定："业主对其建筑物专有部分享有占有、使用、收益和处分的权利。"《物权法》第八十三条规定："业主对侵害自己合法权益的行为，可以依法向人民法院提起诉讼。"同时，也规定了专有权人必须承担不得危及建筑物安全以及不得损害其他业主合法权益、不得单独转让专有权和相互容忍的义务。例如《物权法》七十二条规定："业主转让建筑物内的住宅、经营性用房，其对共有部分享有的共有和共同管理的权利一并转让。"

4. 管理权

管理权是指业主作为建筑物管理团体的一名成员所享有的权利和承担的义务。管理权是基于各业主之间的共同关系而产生的一种权利，与专有权、共有权是并列的关系。业主享有参与制定和修改业主大会议事规则等六项权利，这六项权利通过业主在业主大会中享有的投票表决权来实现。业主还必须承担遵守管理规约、执行业主大会决议和接受管理者管理的义务。

三、用益物权

(一) 用益物权的概念和特征

1. 用益物权的概念

所谓用益物权，是指权利人对他人所有物享有的以使用收益为目的的限制物权。《物权法》第一百一十七条规定："用益物权人对他人所有的不动产或者动产，依法享有占有、使用和收益的权利。"用益物权重在对他人不动产标的物使用价值的利用,与利用标的物的交换价值的担保物权相对应,共同构建了他物权制度。

2. 用益物权的特征

(1) 用益物权是一种限制物权。

(2) 用益物权是以对物的使用、收益为主要内容的物权。

(3) 用益物权的享有和行使以对物有占有关系为前提。

(4) 用益物权的客体是他人的不动产。

(二) 用益物权的分类

用益物权包括土地承包经营权、建设用地使用权(国有土地使用权)、宅基地使用权(居住用途的集体土地使用权)、地役权等。

1. 土地承包经营权

土地承包经营权是指土地承包人因从事种植业、林业、畜牧业或其他生产经营项目对农村集体所有或者国家所有由农民集体使用的耕地、林地、草地以及其他用于农业的土地所享有的占有、使用、收益的权利。

承包经营权人依据法律规定或者合同约定负有及时缴纳费用、不得擅自改变土地使用目的等义务,享有使用、收益、流转、获得补偿等的权利。

2. 建设用地使用权

建设用地使用权,是指民事主体对国家所有或集体所有的土地占有、使用和收益,在该土地上建造并经营建筑物、构筑物以及其他附着物的权利。《物权法》第一百三十五条规定:"建设用地使用权人依法对国家所有的土地享有占有、使用和收益的权利,有权利用该土地建造建筑物、构筑物及其附属设施。"

3. 宅基地使用权

宅基地使用权,是指农村居民因在集体所有的土地上建筑房屋以供居住而对占有的地基的使用权利。《物权法》第一百五十二条规定:"宅基地使用权人依法对集体所有的土地享有占有和使用的权利,有权依法利用该土地建造住宅及其附属设施。"

4. 地役权

地役权,是指土地所有人、土地用益物权人为使用自己土地的便利而使用他人土地的权利。《物权法》第一百五十六条规定:"地役权人有权按照合同约定,利用他人的不动产,以提高自己的不动产的效益。"

四、担保物权

(一) 担保物权的概念和特征

1. 担保物权的概念

担保物权是指为了保证债务的履行和债权的实现而设定的物权。是为确保债权的实现,债务人或者第三人以自己的不动产、动产或者权利为标的设定的,当债务人不履行债务时或者发生当事人约定的实现担保物权的情形时,债权人就该财产变价并优先受偿的一种限制物权。

2. 担保物权的特征

担保物权是以债务履行为目的，在债务人或第三人所有或经营管理的特定财产上设定的一种物权。其特征为：

（1）担保物权以确保债务的履行为目的。

（2）担保物权具有优先受偿的效力。

（3）担保物权是一种他物权，是在债务人或第三人的财产上设定的权利。

（4）担保物权是以担保物的交换价值为债务履行提供担保的，是以对所有人的处分权能加以限制而实现这一目的的。

（5）担保物权具有从属性和不可分性。

（二）担保物权的分类

担保物权包括抵押权、质权、留置权等。

1. 抵押权

（1）抵押权的概念

抵押权是指为担保债务的履行，债务人或者第三人不转移财产的占有，将该财产抵押给债权人，债务人不履行到期债务或者发生当事人约定的实现抵押权的情形，债权人就该财产优先受偿的权利。在这里债务人或者第三人为抵押人，债权人为抵押权人，提供担保的财产为抵押物。

（2）抵押权的特征

1）抵押权是担保物权。

2）抵押权是债务人或者第三人以其所有的或者有权处分的特定的财产设定的物权。

3）抵押权是指不转移标的物占有的物权。

4）抵押权是抵押权人有权就抵押财产拍卖所得价款享有优先受偿的物权。

抵押权的特殊效力，是担保物权中最理想、运用最广泛的形式，它的担保效力可靠，并能充分发挥抵押财产的作用。

2. 质权

（1）质权的概念

质权是指债务人或者第三人将动产或者财产性权利转移给债权人占有，约定如果债务人到期不能清偿债务或者发生当事人约定的实现质权的情形，则以该由债权人占有财产的价值担保债务的履行。提供担保的债务人或者第三人为出质人，债权人为质权人，在债务人到期不能履行债务时，质权人享有将出质物拍卖、变卖或者折价，并优先受偿的权利。

（2）质权的特征

1）质权是一种担保物权。

2）质权是在债务人或者第三人的动产上设定的。

3）质权由债权人占有质物为生效条件。

4）质权是就质物价值优先受偿的权利。

3. 留置权

（1）留置权的概念

留置权是指债权人按照合同的约定占有债务人的动产，在债务人没有履行债务时，债权人有留置该财产，并以该财产折价或者变卖并优先受偿的权利。留置权是债权人对已占有的债务人的动产，在债权未能如期获得清偿前，留置该动产作为担保和实现债权的权利。

（2）留置权的特征

1）留置权是以动产为标的物的一种担保物权。

2）留置权为债权未受清偿前扣留债务人动产的权利。

3）留置权是一种法定担保物权。

4）留置权为从属于所担保债权的从权利，即从属性。

5）只要债权未受全部清偿，留置权人就可以对全部留置财产行使权利，不受债权分割或部分清偿以及留置财产分割的影响，即不可分性。

第三节 合 同 法

一、合同法概述

（一）合同

1. 合同的概念和特征

我国的《合同法》规定：合同是平等主体的自然人、法人、其他组织之间设立、变更、终止民事权利义务关系的协议。

根据合同的基本概念和其法律内涵，合同的主要特征表现在以下几个方面：

（1）合同是平等当事人之间意思表示一致的民事法律行为。

（2）合同是双方或多方当事人的民事法律行为。

（3）合同是以设立、变更、终止民事权利义务关系为内容或目的的民事法律行为。

（4）合同是受法律保护的民事法律行为。

2. 合同的分类

合同的分类是指基于一定的标准，将合同划分成不同的类型。合同根据其不同的要件和内含，可以分成不同的大类。

（1）要式合同和不要式合同

根据合同的成立是否需要采用特定形式或程序，可以把合同划分为要式合同和不要式合同。要式合同，是指法律规定必须采取特定形式的合同。不要式合同，是指不需要采取特定形式或程序即可成立的合同。

（2）诺成合同和实践合同

根据合同的成立是否须交付标的物或完成其他给付为要件，可以把合同分为诺成合同和实践合同。诺成合同，是指当事人各方意思表示一致即告成立的合同。

实践合同,又叫有物合同,是指除当事人意思表示一致外,还须交付标的物才能成立的合同。

(3) 双务合同和单务合同

根据合同双方权利、义务的分担方式,可以把合同分为双务合同和单务合同。双务合同,是指双方当事人都享有权利和承担义务的合同。单务合同,是指仅有合同一方当事人承担义务的合同。

(4) 有偿合同和无偿合同

根据当事人之间取得权利有无代价,可以把合同分为有偿合同和无偿合同。有偿合同,是指合同一方当事人取得一定的权利或利益时,必须向对方支付相应的代价的合同。无偿合同,是指合同一方当事人取得权利或利益时,无须向对方支付相应的代价的合同。

(5) 主合同和从合同

根据合同的主从关系(相对于其他合同而言),可以把合同分为主合同和从合同。主合同,是指不需要依赖其他合同即可独立存在的合同。从合同,是指需要依赖其他合同(主合同)才能成立的合同。

(6) 有名合同和无名合同

根据法律上有无规定一定的名称,可以把合同分为有名合同和无名合同。典型合同,即有名合同,是指法律设有规范,并赋予一定名称的合同。非典型合同,即无名合同,是指法律尚未特别规定,亦未赋予一定名称的合同。

(二) 合同法概况

合同法是调整平等主体的自然人、法人、其他组织之间设立、变更、终止民事权利义务关系的法律规范的总称。我国先后于1981年制定了《中华人民共和国经济合同法》、1985年制定了《中华人民共和国涉外经济合同法》、1987年制定了《中华人民共和国技术合同法》,这三部法律对我国经济的发展发挥过重要的作用。但是三部合同法分立以及本身的缺陷越来越突出。为了适应社会主义市场经济发展的需要,并与国际合同法惯例接轨,1999年3月15日,第九届全国人民代表大会第二次会议通过了《中华人民共和国合同法》,1999年10月1日起实施,原三部法律已废止,这标志着我国社会主义市场经济法律体系的建设取得了实质性的进展。《合同法》分为总则、分则、附则三部分,共计428条,本节只论述其中总则部分的相关内容。

二、合同订立的程序

合同订立是指当事人之间的法律行为,也就是设立、变更、终止民事法律关系进行互相协商,取得一致并达成协议的过程。《合同法》第十三条规定:"当事人订立合同,采取要约、承诺方式。"

(一) 要约

1. 要约的概念及构成条件

要约是指希望和他人订立合同的意思表示。在要约中发出要约的一方当事人为要约人，接受要约的另一方当事人为受要约人。根据《合同法》的规定，要约生效应当具备以下条件：

（1）要约必须以缔结合同为目的；

（2）要约必须是特定的当事人作出的意思表示；

（3）要约必须向要约人希望与之订立合同的相对人发出；

（4）要约内容必须具体明确；

（5）要约应表明经受要约人承诺，要约人即受该意思表示的约束。

2. 要约邀请

如果当事人一方所作的是"希望他人向自己发出要约的意思表示"，则是要约邀请，或称为要约引诱，而不是要约。比如寄送价目表、拍卖公告、招标公告、招股说明书等。但如商业广告的内容符合要约规定的，如悬赏广告，则视为要约。要约邀请处于当事人订立合同的预备阶段，行为人在法律上无需承担责任。不属于订立合同的行为。要约与要约邀请的区别在于：①要约是当事人自己主动表示愿意与他人订立合同，而要约邀请则是希望他人向自己提出要约；②要约的内容必须包括将要订立的合同的实质条件，而要约邀请则不一定包含合同的主要内容；③要约经受要约人承诺，要约人受其要约的约束，要约邀请则不含有受其要约邀请约束的意思。

3. 要约的生效

《合同法》规定要约自到达受要约人时生效。要约的到达时间，根据其到达方式的不同，一般可分为三种情况：①口头形式的要约，从相对人了解要约内容时开始生效；②书面形式的要约，自到达受要约人时生效；③采用数据电文形式发出要约的，收件人指定特定系统接收数据电文的，该数据电文进入该特定系统的时间，视为到达时间；未指定特定系统的，该数据电文进入收件人的任何系统的首次时间，视为到达时间。

4. 要约的撤回与撤销

要约的撤回是指要约人发出要约后，在其送达受要约人之前，将要约收回，使其不发生法律效力的意思表示。《合同法》规定："要约可以撤回。撤回要约的通知应当在要约到达受要约人之前或者与要约同时到达受要约人。"

要约的撤销是指要约生效后，在受要约人承诺之前，要约人通过一定的方式，使要约的效力归于消灭的意思表示。《合同法》规定："要约可以撤销。撤销要约的通知应当在受要约人发出承诺通知之前到达受要约人。"

5. 要约失效

要约失效，即要约消灭，是指要约的效力归于消灭。《合同法》第二十条规定了要约失效的四种情形：

（1）拒绝要约的通知到达要约人。

（2）要约人依法撤销要约。

（3）承诺期限届满，受要约人未作出承诺。

（4）受要约人对要约的内容作出实质性变更。

（二）承诺

1. 承诺的概念

承诺是指受要约人作出的同意要约的意思表示。就是指合同当事人一方对另一方发来的要约，在要约有效期限内，作出完全同意要约条款的意思表示。与要约一样，承诺也是一种法律行为。承诺应当是要约的相对人在要约有效期内以明示的方式作出，并送达要约人；承诺必须是承诺人作出完全同意要约的条款，方为有效。如果要约的相对人对要约中的某些条款提出修改、补充，部分同意，附有条件，或者另行提出新的条件，以及迟到送达的承诺，都不被视为有效的承诺，而被称为新要约或再要约。

2. 承诺的方式

承诺的方式是指承诺人采用何种方式将承诺通知送达要约人。《合同法》规定："承诺应当以通知的方式作出，但根据交易习惯或者要约表明可以通过行为作出承诺的除外。"

通知的方式是指承诺人以口头形式或书面形式明确告知要约人完全接受要约内容作出的意思表示。行为的方式是指承诺人依照交易习惯或者要约的条款能够为要约人确认承诺人接受要约内容作出的意思表示。应该注意的是受要约方的沉默或不行为不能视为承诺。

3. 承诺的期限

承诺的期限又称要约的有效时间，是指要约人要求受要约人作出承诺的期限。《合同法》规定："承诺应当在要约确定的期限内到达要约人。要约没有确定承诺期限的，承诺应当依照下列规定到达：①要约以对话方式作出的，应当即时作出承诺，但当事人另有约定的除外；②要约以非对话方式作出的，承诺应当在合理期限到达。"

4. 承诺生效的条件

作为一种法律行为，承诺的生效也应具备相应的条件。通常承诺通知到达要约人时生效。此外，承诺的生效还应满足下列条件：

（1）承诺须由受要约人向要约人作出。非受要约人向要约人作出意思表示不属于承诺，而是一种要约。

（2）承诺的内容应当与要约的内容完全一致。承诺是受要约人愿意接受要约的全部内容与要约人订立合同的意思表示。因此，承诺是对要约的完全同意，也即对要约的无条件的接受。

（3）承诺人必须在要约有效期限内作出承诺。《合同法》规定："受要约人超过承诺期限发出承诺的，除要约人及时通知受要约人该承诺有效的以外，为新要约。"

5. 承诺撤回

《合同法》规定："承诺可以撤回。撤回承诺的通知应当在承诺通知到达要约人之前或者与承诺通知同时到达要约人。"承诺撤回是指承诺人主观上欲阻止或者消灭承诺发生法律效力的意思表示。承诺可以撤回，但不能因承诺的撤回而损害要约人的利益，因此，承诺的撤回是有条件的，即撤回承诺的通知应当在承诺生效之前或者与承诺通知同时到达要约人。

总之，合同的订立是一个要约—新要约—再要约—直至承诺的过程，合同经过承诺，合同才告成立。

三、合同订立的形式和条款

（一）合同的形式

合同形式是指合同当事人所达成协议的表现形式，是合同内容的载体。《合同法》第十条规定："当事人订立合同，有书面形式、口头形式和其他形式。"

《合同法》在合同形式的规定上，明确了当事人有合同形式的选择权，但基于对重大交易安全考虑，对此又进行了一定的限制，明确规定："法律、行政法规规定采用书面形式的，应当采用书面形式。当事人约定采用书面形式的，应当采用书面形式。"

（二）合同的条款

1. 合同的条款

合同的条款即合同的内容，按其作用，可分为主要条款和一般条款。主要条款是合同必不可少的条款，如缺失或不完整，必然会产生合同纠纷；一般条款是可有可无的条款，如缺失或不完整，一般不会影响合同的履行。

根据《合同法》第十二条规定，合同的内容由当事人约定，一般包括以下条款：

（1）当事人的名称或者姓名和住所。
（2）标的。
（3）数量。
（4）质量。
（5）价款或者报酬。
（6）履行期限、地点和方式。
（7）违约责任。
（8）解决争议的方法。

2. 格式条款合同

所谓格式条款合同，是指合同当事人一方为了重复使用而事先拟定出一定格式的文本，文本中的合同条款在未与另一方协商一致的前提下已经确定且事先表明不可更改。

四、合同的效力

合同的效力即合同的法律效力。它是指依法成立的合同在法律上所具有的约束当事人各方乃至第三人的强制力。在效力上是否有效、无效、可撤销或者效力待定，其评价标准是法定的合同生效要件。

（一）合同的生效

1. 合同生效

合同生效是指合同当事人依据法律规定经协商一致，取得合意，双方订立的合同即发生法律效力。

《合同法》规定：依法成立的合同，自成立时生效。法律、法规规定应当办理批准、登记等手续生效的，依照其规定。

2. 合同生效要件

合同生效的要件首先应按《民法通则》第五十五条关于民事法律行为的规定；其次合同须确定和可能。合同生效一般应具有以下条件：

（1）订立合同的当事人应当具有相应的民事行为能力。
（2）订立合同的当事人的意思表示真实。
（3）合同的内容不违反法律或社会公共利益。
（4）合同的标的须确定或可能。

（二）无效合同

1. 无效合同概述

无效合同就是指虽经合同当事人协商订立，但因其不具备或违反了法定条件，国家法律规定不承认其效力的合同。这是因为经过合同订立程序的合同虽然从理论上说是成立的，但并非所有的合同都具有法律效力。《合同法》第五十二条规定，有下列情形之一的，合同无效：

（1）一方以欺诈、胁迫的手段订立合同，损害国家利益；
（2）恶意串通，损害国家、集体或者第三人利益；
（3）以合法形式掩盖非法目的；
（4）损害社会公共利益；
（5）违反法律、行政法规的强制性规定。

2. 无效合同的法律后果

无效合同从订立之日起国家法律就不承认其具有有效性，订立之后也不可能转化为有效合同。所以，如果当事人一方或双方已对合同进行了履行，就应对因无效合同的履行而引起的财产后果进行处理，以追究当事人的法律责任。《合同法》对无效合同的法律责任作出了明确的规定：

（1）返还财产；
（2）赔偿损失；
（3）追缴财产。

（三）可变更或者可撤销合同

可变更合同是指合同部分内容违背当事人的真实意思表示，当事人可以要求对该部分内容的效力予以撤销的合同。可撤销合同是指虽经当事人协商一致，但因非对方的过错而导致一方当事人意思表示不真实，允许当事人依照自己的意思，使合同效力归于消灭的合同。在实践中，使合同的内容变更就是使违背当事人一方真实意思表示的那部分内容的效力消灭，也就是对合同部分内容的撤销，因此，可变更、可撤销合同也可统称为可撤销合同。

《合同法》规定了下列合同当事人一方有权请求人民法院或者仲裁机构变更或者撤销。

（1）因重大误解订立的合同；

（2）在订立合同时显失公平的合同。

为了维护社会经济秩序的稳定，保护当事人的合法权益，《合同法》对当事人的撤销权也作出了限制。《合同法》规定，有下列情形之一的，撤销权消灭：

（1）具有撤销权的当事人自知道或者应当知道撤销事由之日起一年内没有行使撤销权；

（2）具有撤销权的当事人知道撤销事由后明确表示或者以自己的行为放弃撤销权。

五、合同的履行、变更、转让和终止

（一）合同的履行

1. 合同履行的概念

合同的履行是指合同生效后合同双方当事人按照合同的规定，全面正确地完成各自承担的全部义务和实现各自享受的权利，使双方当事人的合同目的得以实现的行为。如果当事人只完成了合同规定的部分义务，称为合同的部分履行或不完全履行；如果合同的义务全部没有完成，称为合同未履行或不履行合同。

合同履行是合同法律约束力的首要表现，是合同活动中的关键。根据合同法的规定，合同当事人在履行合同过程中应当遵循以下原则：

（1）实际履行原则；

（2）全面履行原则；

（3）诚实信用履行原则。

2. 合同履行的规则

为了确保合同生效后，能够顺利履行，当事人应对合同内容作出明确具体的约定。但是如果当事人所订立的合同，对有关内容约定不明确或没有约定，为了确保交易的安全与效率，《合同法》允许当事人协议补充。如果当事人不能达成协议的，按照合同有关条款或者交易习惯确定。如果按此规定仍不能确定的，则按《合同法》第六十二条的规定执行：

（1）质量要求不明确的，按照国家标准、行业标准履行；没有国家标准、行业标准的，按照通常标准或者符合合同目的的特定标准履行。

（2）价款或者报酬不明确的，按照订立合同时履行地的市场价格履行；依法应当执行政府定价或者政府指导价的，按照规定履行。

（3）履行地点不明确的，给付货币的，在接受货币一方所在地履行；交付不动产的，在不动产所在地履行；其他标的，在履行义务一方所在地履行。

（4）履行期限不明确的，债务人可以随时履行，债权人也可以随时要求履行，但应当给对方必要的准备时间。

(5) 履行方式不明确的，按照有利于实现合同目的的方式履行。
(6) 履行费用的负担不明确的，由履行义务一方负担。

(二) 合同的变更和转让

1. 合同的变更

(1) 合同变更的概念

合同变更是指合同依法成立后，在尚未履行或尚未完全履行时，当事人双方依法经过协商约定或者法定原因，对合同的内容进行修订或调整的法律行为。

合同变更时，当事人应当通过协商，对原合同的部分内容条款作出修改、补充或增加。当事人对合同内容的变更取得一致意见时方为有效。合同变更一般不涉及已履行的部分，而只对未履行的部分进行变更。

(2) 合同变更的法律规定

《合同法》规定："当事人协商一致，可以变更合同。""法律、行政法规规定变更合同应当办理批准、登记手续的，依照其规定。"因此，当事人变更有关合同时，必须按照规定办理批准、登记手续，否则合同的变更不发生效力。

2. 合同的转让

(1) 合同转让的概念

合同转让是指合同成立后，当事人一方在不改变合同关系内容的前提下，依法将其合同的权利、义务全部或部分地转让给第三人，并由第三人接受权利和承担义务的法律行为。

(2) 合同转让的分类和要件

《合同法》还规定了合同权利转让、合同义务转让以及合同权利义务一并转让的三种情况。

1) 合同权利的转让

合同权利的转让是指合同债权人通过协议将其债权全部或者部分依法转让给第三人的行为。转让合同权利的当事人也称让与人，接受转让的第三人称为受让人。

《合同法》规定：债权人可以将合同的权利全部或者部分转让给第三人，但根据合同性质不得转让、按照当事人约定不得转让和依照法律规定不得转让的除外。

《合同法》规定："债权人转让权利的，应当通知债务人。未经通知，该转让对债务人不发生效力。""债权人转让权利的通知不得撤销，但经受让人同意的除外。"这个规定明确了债权转让对债务人发生效力的要件，即以债权人通知债务人为生效要件。

2) 合同义务的转让

合同义务转让，是指合同债务人与第三人之间达成协议，并经债权人同意，将其债务全部或部分依法转移给第三人的行为。合同义务转让又称债务转移或债务承担。

《合同法》对债务人转让合同义务作出了如下规定：①债务人将合同的义务全部或者部分转让给第三人的，应当经债权人同意；②债务人转让义务的，新债务人可以主张原债务人对债权人的抗辩；③债务人转让义务的，新债务人应当承担与主债务有关的从债务，但该从债务专属于原债务人自身的除外。

3）合同权利和义务一并转让

合同权利和义务一并转让，是指合同当事人一方经过对方同意，依法将其债权债务一并转移给第三人，由第三人概括地接受原当事人的债权和债务的行为。合同权利和义务一并转让又称债权债务概括转让。《合同法》规定："当事人一方经对方同意，可以将自己在合同中的权利和义务一并转让给第三人。"

（三）合同的终止

合同终止又称合同权利和义务的终止，它是指合同当事人双方依法使相互间的权利义务关系终止，即合同确立的当事人之间的权利义务关系归于消灭。

《合同法》规定了合同终止的七种情形：债务已经按照约定履行；合同解除；债务相互抵消；债务人依法将标的物提存；债权人免除债务；债权债务同归于一人；法律规定或者当事人约定的其他情形。

六、合同违约责任和纠纷的解决

（一）合同的违约责任

1. 违约责任的概念

违约责任是指合同当事人一方或双方不履行合同义务或者履行合同义务不符合约定时，依照法律和合同的规定所应承担的民事责任。

2. 违约责任的承担

《合同法》规定了三种主要的承担违约责任的方式：

（1）继续履行合同

所谓继续履行合同是指要求违约债务人按照合同的约定，切实履行所承担的合同义务。具体来讲包括两种情况：①债权人要求债务人按合同的约定履行合同；②债权人向法院提起起诉，由法院判决强迫违约一方具体履行其合同义务。

（2）采取补救措施

所谓采取补救措施是指在当事人违反合同后，为防止损失发生或者扩大，由其依照法律或者合同约定而采取的修理、更换、退货、减少价款或者报酬等措施。

（3）赔偿损失

所谓赔偿损失是指合同当事人就其违约而给对方造成的损失给予补偿的一种方法。《合同法》规定："当事人一方不履行合同义务或者履行合同义务不符合约定的，在履行义务或者采取措施后，对方还有其他损失的，应当赔偿损失。"

3. 违约责任的免除

违约责任的免除是指没有履行或没有完全履行合同义务的当事人，依法可以不承担违约责任。《合同法》第一百一十七条规定："因不可抗力不能履行合同的，根据不可抗力的影响，部分或者全部免除责任，但法律另有规定的除外。当事人迟延履行后发生不可抗力的，不能免除责任。本法所称不可抗力，是指不能预见、不能避免并不能克服的客观情况。"

(二) 合同的纠纷处理

1. 合同的纠纷处理概述

合同纠纷是指当事人双方对合同订立和履行情况以及不履行合同的后果所产生的争议。对合同订立产生的争议，一般是对合同是否已经成立及合同的效力产生分歧；对合同履行情况产生的争议，往往是对合同是否已经履行或者是否已按合同约定履行产生的异议；而对不履行合同的后果产生的争议，则是对没有履行合同或者没有完全履行合同的责任，应由哪一方承担责任和如何承担责任而产生的纠纷。

2. 合同纠纷处理的方法

《合同法》规定："当事人可以通过和解或者调解解决合同争议。""当事人不愿和解、调解或者和解、调解不成的，可以根据仲裁协议向仲裁机构申请仲裁。涉外合同的当事人可以根据仲裁协议向中国仲裁机构或者其他仲裁机构申请仲裁。当事人没有订立仲裁协议或者仲裁协议无效的，可以向人民法院起诉。当事人应当履行发生法律效力的判决、仲裁裁决、调解书；拒不履行的，对方可以请求人民法院执行。"根据上述规定，合同纠纷的解决方式主要有和解、调解、仲裁和诉讼等。

复习思考题

1. 什么是民法？民法的基本原则有哪些？
2. 什么是民事权利能力和民事行为能力？
3. 简述民事法律关系的构成要素。
4. 什么是代理？代理权的行使有哪些原则？
5. 什么是民事法律行为？民事法律行为成立的有效条件是什么？
6. 什么是诉讼时效？诉讼时效有哪些具体规定？
7. 什么是物权？物权包括哪几种？
8. 什么是所有权？所有权包括哪些权能？
9. 简述建筑物区分所有权。
10. 什么是用益物权？用益物权有哪些特征？
11. 什么是担保物权？担保物权有哪些特征？
12. 简述合同的概念和特征。
13. 简述我国《合同法》中要约与承诺制度。
14. 常见合同一般包括哪些条款？
15. 合同生效应具备哪些条件？
16. 合同违约责任和纠纷的解决各有几种方式与途径？

第三章
建设用地基本制度

房地产开发是进行房地产交易、管理的源头，而要开发房地产，首先要取得可供开发房地产的国有土地使用权。《中华人民共和国土地管理法》（以下简称《土地管理法》）以及相关法律法规的颁布实施，标志着我国的土地管理进入法制时代。它为依法合理利用土地，保护土地资源，惩治乱占、滥用土地，切实保护土地所有者和使用者的合法权益提供了基本的法律依据。同时也为促进国民经济的发展，起到了积极的作用。本章主要介绍我国现行的土地制度、集体土地的征收、国有土地使用权出让与划拨等基本知识。

第一节 我国土地制度概述

一、土地所有权概述
（一）土地所有权概念

土地所有权是土地所有关系在法律上的体现，是指土地所有者在法律范围内享有使用和处理土地的权利。土地所有权由占有权、使用权、收益权、处分权四项权能构成，是土地产权权利中最完全、最充分、最有支配地位的物权。土地占有权是指土地所有者利用自己所有的土地满足自己生产和生活需要的权利；土地使用权是指土地使用者依法或依约定对国有土地或集体土地所享有的占有、使用、收益和有限处分的权利；土地收益权是指土地所有者从自己所有的土地上获取经济利益的权利；土地处分权是指土地所有者对土地依法进行处置的权利。其中土地处分权是土地所有权的核心和基本权利，它包括所有者对自己所有的土地的出让、转让、出租、抵押等权利。

在实践中，土地所有权的四项权能往往是可以分离的，但这种分离并不意味着土地所有者丧失土地所有权。如农村实行联产承包制，集体经济组织将自己的土地承包给农户使用，即是集体土地所有者实现土地处置权的形式，而不是分田到户和实行土地私有。所有权是对土地整体的支配、控制，不是四权的简单相加，这是由土地所有权弹性特点所决定的：一是从所有权中分离出去的权能最终能复归；二是分离出去的权能仍然是土地所有者行使所有权的表现。

（二）土地所有权的法律特征

（1）土地所有权的权利主体是特定的，义务主体是不特定的（包括除权利主体以外的一切人）。

（2）土地所有权的权利不待他人的积极作为就能实现。

（3）土地所有权的内容是依法律规定取得土地的管理和一定的收益、支配权，并排除他人的非法侵犯。

（4）土地所有权有追及的效力，无论土地转由何人控制，所有人都可追及并主张权利。

（5）土地所有权的对象是土地，它属于不动产，具有不动产的一切特征。

（三）我国土地所有权的种类

根据我国《宪法》和有关法律的规定，我国现有的土地所有权只有两种类型：即国家（全民）土地所有权和集体土地所有权。

1. 国家土地所有权

（1）国家土地所有权的概念

国家土地所有权是指国家对其所有的土地享有占有、使用、收益、处分的权利。国务院代表国家行使该权利。

（2）国家土地所有权的范围

我国《宪法》第九条第一款规定："矿藏、水流、森林、山岭、草原、荒地、滩涂等自然资源，都属于国家所有，即全民所有；由法律规定属于集体所有的森林和山岭、草原、荒地、滩涂除外。"《宪法》第十条第一款规定："城市的土地属于国家所有。"根据《土地管理法》等法律的有关规定，我国土地所有权的范围包括：

1）城市市区的土地。

2）农村和城市郊区中已经国家依法没收、征收、征购为国有的土地。

3）国家依法征用的原集体所有的土地。

4）依法不属于集体所有的林地、草地、荒地、滩涂及其他土地。

5）农村集体经济组织全部成员转为城镇居民的原属于其成员集体所有的土地。

6）因国家组织移民、自然灾害等原因，农民成建制地集体迁移后不再使用的原属于迁移农民集体所有的土地。

（3）国家土地所有权的特征

1）国家土地所有权主体不能亲自行使所有权，而只能由主体代表代为行使其所有权。

2）国家土地所有权主体代表不能亲自行使土地所有权的全部四项权能。

3）国家土地所有者主体代表对土地持有最终的处分权。

2. 集体土地所有权

（1）集体土地所有权的概念

集体土地所有权是指农村劳动群众集体经济组织对于依法属于自己所有的土地享有占有、使用、收益和处分的权利。集体所有的土地用作建设用地时，必须经过土地征收程序转为国家所有土地，再通过出让或划拨交付给使用人使用。

（2）我国集体土地所有权的主体及其代表

1）农民集体所有的土地依法属于村农民集体所有的，由农村集体经济组织或者村民委员会作为所有者代表经营、管理。

2）在一个村范围内存在两个以上农村集体经济组织，且农民集体所有的土地已经分别属于该两个以上组织的农民集体所有的，由村内各农村集体经济组织或者村民小组作为所有者代表经营、管理。

3）农民集体所有的土地，已经属于乡（镇）农民集体所有的，由乡（镇）农村集体经济组织作为所有者代表经营、管理。

（3）我国集体土地所有权的范围

根据《宪法》、《民法通则》、《土地管理法》等法律规定，集体土地所有权的范围是国家所有之外的所有土地，即农村乡、村、农工商联合企业、农牧业生产合作社等集体经济组织所有的一切土地，包括农民长期承包使用的山、田及宅基地等。

二、我国现行土地制度

土地制度是指人们在拥有、占有、使用、收益和处分土地方面所形成的社会关系的总和。而土地制度的核心是土地所有权。土地所有制是指土地这一重要的生产资料归谁占有、归谁支配的基本经济制度。全面理解和正确认识中国现行土地制度，应该着重把握以下方面的内容：

（1）国家实行土地的社会主义公有制。

（2）土地的社会主义公有制分为全民所有制和劳动群众集体所有制两种。全民所有制的土地被称为国家所有土地。劳动群众集体所有制的土地具体采取的是农民集体所有制的形式，该种所有制的土地被称为农民集体所有土地，简称集体土地。

（3）国家实行土地登记制度。县级以上人民政府对所管辖的土地进行登记造册。属于国家土地的，核发《国有土地使用证》；属于集体土地的，核发《集体土地所有证》；使用集体土地的，核发《集体土地使用证》。

（4）国家实行土地使用权有偿有期限使用制度。除了国家核准的划拨土地以外，凡新增土地和原使用的土地改变用途或使用条件、进行市场交易等，均实行有偿有期限使用。

(5) 国家实行土地用途管制制度。根据土地利用总体规划,将土地用途分为农用地、建设用地和未利用土地。土地用途管制的核心是不能随意改变农用地的用途。土地用途的变更须经有批准权的人民政府核准。

(6) 国家实行保护耕地的制度。耕地主要是指种植农作物的土地,包括:新开垦荒地、轮歇地、草田轮作地;以种植农作物为主间有零星果树、桑树或其他树木的土地;耕种3年以上的滩地和滩涂等。

(7) 取得国家土地使用权的途径。

按照国家有关规定,取得国家建设用地使用权的途径主要有以下四种:

1) 通过国家出让方式取得;
2) 通过行政划拨方式取得;
3) 通过房地产转让方式取得(如买卖、赠与或者其他合法方式);
4) 通过土地或房地产租赁方式取得。

第二节 集体土地征收

一、集体土地征收概念和特征

(一) 集体土地征收的概念

集体土地征收是指国家为了社会公共利益的需要,依据法律规定的程序和批准权限批准,并依法给予农村集体经济组织及农民补偿后,将农民集体所有土地变为国有土地的行政行为。

在我国,无论是房地产开发还是其他的建设项目,首先涉及的是土地使用问题,即房地产开发或建设项目首先要取得土地使用权。随着我国土地使用制度改革的不断深入,国有土地使用权取得的方式也由单一的"划拨"变为"出让"与"划拨"并存。

我国法律对集体土地征收作了如下规定:2004年3月,全国人大对《宪法》作了修改,将原《宪法》第十条修改为:"国家为了公共利益的需要,可以依照法律规定对土地实行征收或者征用并给予补偿。"2004年8月《土地管理法》将第二条第四款修改为:"国家为了公共利益的需要,可以依法对土地实行征收或者征用并给予补偿。"

(二) 集体土地征收的特征

土地征收作为一种行政行为,在法律关系上具有以下几个特征:

(1) 征收集体土地的法律关系的主体双方是特定的,征收方只能是国家,被征收方只能是所征土地的所有者,即农民集体;

(2) 征收集体土地具有一定的强制性,征地是国家的特有行为,被征地单位和农民必须服从国家的需要;

(3) 征收集体土地要妥善安置被征地单位和农民的生产和生活,依法给予被征地单位和农民补偿；

（4）征收集体土地后被征收的土地所有权发生转移，即集体所有的土地变为国有土地。原征用土地只是土地使用权发生改变了，土地征用后其土地所有权仍属于农民集体，待使用土地结束后需要将土地还给农民集体。

二、集体土地征收的范围和权限

（一）土地征收的范围

根据《土地管理法》、《物权法》等的有关规定，国家进行经济、文化、国防建设以及兴办社会公共事业和列入土地总体规划的土地，依照法律规定的权限、程序，经县以上人民政府批准后可以征收集体所有的土地，其土地所有权属于国家所有，用地单位只有土地使用权。

（二）土地征收的审批权限

我国《土地管理法》对国家建设征收土地的审批权限作了明确的规定，《土地管理法》第四十五条明确规定，因建设需要征收属于集体所有的土地的，必须按以下批准权限，由省级以上人民政府批准，并对两级政府的征地审批权限作了明确的划分：

（1）征收基本农田或基本农田以外的耕地超过三十五公顷的，或其他土地超过七十公顷的，由国务院批准。

（2）征收基本农田以外的耕地在三十五公顷以下的，或其他土地在七十公顷以下的，由省、自治区、直辖市人民政府批准，并报国务院备案。

（3）其他用地和已经批准农用地转用范围内的具体项目，由省级人民政府审批并报国务院备案。

（三）土地征收的其他政策规定

（1）建设单位申请征地不得化整为零：一个建设项目需要征收的土地，应当根据总体设计一次申请批准。分期建设的项目，应当分期征地，不得先征待用。

（2）对被征地范围的农民进行安置、补偿和补助。

（3）临时用地必须办理报批手续。临时使用土地的期限，一般不超过二年，并不得改变批准的用途，不得从事生产性、营业性或其他经营性的活动，不得修建永久性建筑。

（4）征收集体土地的，必须依照法定程序批准后，由县级以上地方人民政府予以公告并组织实施。合理使用征地补偿费。

三、集体土地征收的程序

根据《土地管理法实施条例》和《建设用地审查报批管理办法》，征收土地一般按照下列工作程序办理。

（1）申请用地的建设单位持经批准的设计任务书或初步设计、年度基本建设计划以及地方政府规定需提交的相应材料、证明和图件，向土地所在地的县级以上地方人民政府土地管理部门申请建设用地，同时填写《建设用地申请表》，并附规定的相关材料。

(2) 县级以上人民政府土地行政管理部门负责建设用地的申请、审查、报表工作，对应受理的建设项目，在规定时间内拟定农用地转用方案、补充耕地方案、征地方案和供地方案等，编制建设项目用地呈报说明书，经同级人民政府审核同意后报上一级土地管理部门审查。

(3) 有批准权的人民政府土地行政管理部门，收到上报的土地审批文件，按规定征求有关部门意见后，进行审批用地。

(4) 经批准的建设用地，由被征用土地所在地的市县人民政府组织实施。具体包括：征地公告、支付土地补偿费、地上附着物和青苗补偿费、安置农业人口、征收用地单位的税费、协调征地纠纷等。

(5) 对有偿使用土地的，应签订土地使用合同；对以划拨方式使用土地的，向用地单位签发《国有土地划拨决定书》和《建设用地批准书》；用地单位持使用土地证书办理土地登记。

(6) 建设用地批准后直至颁发土地使用权证书之前，应加强征地批准后的实施管理，进行跟踪管理。

(7) 建设项目竣工验收后，用地单位向当地土地管理部门提出土地登记申请，经测绘部门测绘、核定用地面积、确认土地权属界限，地籍管理部门注册登记后，由土地所在地的人民政府颁发土地使用证，作为使用土地的法律凭证。

根据《土地管理法》的规定，国家实行用途管制制度。政府在行使征收土地审批权时，涉及农用地转为建设用地的，应当先行办理农用地转用审批手续。其中，经国务院批准农用地转用的，同时办理征地审批手续，不再另行办理征地审批；经省、自治区、直辖市人民政府在征地批准权限内批准农民地转用的，也同时办理征地审批手续，不再另行办理征地审批，但超过征地批准权限的，应当另行办理征地审批，即报国务院批准。

四、征收集体土地补偿的范围和标准

(一) 征收集体土地补偿的范围

国家征收土地的，依照法定程序批准后，由县级以上地方人民政府予以公告并组织实施。被征收土地的所有权人、使用权人应当在公告规定期限内，持土地权属证书到当地人民政府土地行政管理部门办理征地补偿登记，按照被征收土地的原用途给予补偿。

《土地管理法》第四十七条第二款明确规定了土地补偿费的范围：征收耕地的土地补偿费用包括土地补偿费、安置补助费以及地上附着物和青苗的补偿费。此外，法律特别规定当支付土地补偿费和安置补助费，尚不能使需要安置的农民保持原有生活水平的，经省、自治区、直辖市人民政府批准，可以增加安置补助费。

《物权法》在现行《土地管理法》的基础上，按照党和国家有关征收土地制度改革的政策措施，对土地征收和被征地农民的补偿作了进一步的完善：

(1)《物权法》第四十二条第一款规定："征收集体所有的土地，应当依法足额支付土地补偿费、安置补助费、地上附着物和青苗的补偿等费用，安排被征地农民的社会保障费用，保障被征地农民的生活，维护被征地农民的合法权益。"

(2)《物权法》第一百三十二条规定：承包地被征收的，土地承包经营权人有权依照规定获得相应的补偿。

（二）征收集体土地补偿的标准

土地的补偿范围和补偿、补助标准的确定，是征地工作的主要内容，也是一项难度较大的工作，涉及国家、集体、个人的利益，不能高不能低——高了将加大建设项目的投资，直接影响到国家建设的发展；低了会影响被征地单位和农民的生产和生活水平。根据现行《土地管理法》的规定，征收耕地的补偿费用包括土地补偿费、安置补助费以及地上附着物和青苗的补偿费等费用。

1. 土地补偿费

土地补偿费是征地费的主要部分，它是由用地单位支付的。其土地补偿费的标准为：

(1) 征收耕地的土地补偿费，为该耕地被征收前三年平均年产值的六至十倍。

(2) 征收其他土地补偿费标准由省、自治区、直辖市参照征收耕地的补偿费标准规定。

2. 安置补助费

用地单位除支付土地补偿费外，还应当支付安置补助费。它是为安置因征地造成的农村剩余劳动力的补助费。安置补助费的标准为：

安置补助费是按照需要安置的农业人口数计算的。需要安置的农业人口数，一般按照被征收的耕地数量除以征地前被征地单位平均每人占有耕地的数量计算。每一个需要安置的农业人口的安置补助费标准，为该耕地被征收前三年平均年产值的四至六倍。但是，每公顷被征收耕地的安置补助费，最高不得超过被征收前三年平均年产值的十五倍。

按此标准支付的土地补偿费和安置补助费，尚不能使需要安置的农民保持原有生活水平的，经省、自治区、直辖市人民政府批准，可以增加安置补助费。但土地补偿费和安置补助费之和不得超过该土地被征收前三年平均年产值的三十倍。

3. 地上附着物和青苗的补偿费等费用

地上附着物是指依附于土地上的各类地上、地下建筑物和构筑物，如房屋、水井、地上（下）管线等。青苗是指被征收土地上正处于生长阶段的农作物。被征收土地上的附着物和青苗的补偿标准，由省、自治区、直辖市规定。

4. 临时用地补偿

临时用地是指建设过程中或勘察勘测过程中一些暂设工程和临时设施所需临时使用城市内的空间、农用地和未利用地，不包括因使用原有的建筑物、构筑物而引起的使用土地。这里所指的临时用地是指临时使用集体土地。经批准的临时用地，须同农村集体经济组织签订临时用地协议，并按该土地前三年平均年产值逐年给予补偿。但临时用地逐年累计的补偿费最高不得超过按征收该土地标准计算的土地补偿费和安置补助费的总和。

第三节 国有土地使用权出让

一、国有土地使用权出让概念和特点

（一）国有土地使用权出让的概念

国有土地使用权出让（以下称土地使用权出让）是指国家将国有土地使用权在一定年限内出让给土地使用者，由土地使用者向国家支付土地使用权出让金的行为。土地使用权出让，是国家作为国有土地所有权人将其所有权权能中的使用权分离出来，让与土地使用者的一种权利转移方式，其实质是国家行使对国有土地财产的处分权。

（二）我国的土地使用权出让的法律特征

根据法律规定，土地使用权出让，具有以下特征：

1. 两权分离

土地使用权的出让是以土地所有权与土地使用权的分离为基础的。土地使用权出让事实一经发生，即实现了国有土地所有权与使用权的分离。在土地使用权存续期间，土地使用者在设定的权利范围内，不仅享有对土地的实际占有权，而且还享有对土地的使用权、转让权、抵押权等民事权利，其他任何人不得非法干预。土地使用权的发生，一般以出让方与受让方签订土地使用权出让合同并产生法律效力为发生根据。

2. 期限规定

土地使用权出让是有年限的。作为受让人的土地使用者享有权利的期限以出让年限为限。最高出让年限由国家法律根据土地的不同用途而定，实际出让年限则由土地使用权出让合同约定。合同约定的出让年限，不得超过法律限定的最高年限。合同约定的土地使用年限届满，除土地使用者申请续期使用的以外，国家将无偿收回土地使用权。

3. 有偿出让

土地使用权出让是有偿的。土地使用者取得一定年限内的土地使用权须以向土地所有者（国家）支付土地使用权出让金为代价。出让金的本质是土地所有者（国家）凭借土地所有权取得的经济利益，表现为一定年限内的地租，一般以土地使用者向土地所有者（国家）支付一定数额的货币为表现形式。土地使用者只有支付了全部土地使用权出让金后，土地使用者才能享有受让的土地使用权。在实践中，土地使用权出让金的构成除一定年限内的地租外，还包括土地出让前国家对土地开发成本以及有关的征地拆迁补偿安置等费用。

4. 权利限制

土地使用者获取土地使用权后，并不意味着对该幅地块下的各类自然资源、矿产、埋藏物、隐藏物和市政公共设施等拥有权利，即土地使用者享有权利的效力不及于地下之物，土地使用者对地下的资源及市政公共设施等，不因其享有土地的使用权而同时对其享有权利。

土地使用权出让制度的建立，既从经济意义和法律意义上保证了国家对城市土地的所有权，又确定了土地这一生产要素在经济活动中具有的商品属性和必要地位，这对于促进完整、统一的房地产市场发育，推动住房制度改革起到了十分重要的作用，反映了社会主义市场经济发展的必然要求。

二、国有土地使用权出让的条件和年限

（一）国有土地使用权出让的条件

按照有关法律、行政法规的规定，我国的土地使用权出让必须符合一定的条件。

1. 土地使用权出让必须是国有土地

《土地管理法》第四十三条规定，任何单位和个人进行建设，需要土地的，必须申请使用国有土地。《物权法》还规定，国家严格限制农用地转为建设用地。城市规划区内的集体所有的土地须依法征收转为国有土地后，方可出让。即城市规划区内的集体所有的土地在未经依法征收转为国有土地之前，不得出让。农村集体经济组织不得利用集体所有土地直接开发经营房地产。

2. 土地使用权出让必须符合土地利用的总体规划、城市规划和年度建设用地计划

土地利用总体规划是指国家关于土地利用的全面的、长远的宏观指导和战略性的计划。城市规划是指国家为了达到一定发展时期内城市的经济和社会发展的目标，确定城市性质、规模和发展方向，合理利用土地，协调城市空间布局和各项建设的综合部署和具体安排。年度建设用地计划是指为了保证土地利用总体规划的落实而编制的一年内具体用地计划。《城市房地产管理法》规定土地使用权出让必须符合上述规划或者计划，是为了保证国有土地合理、有计划地使用。

3. 土地使用权用于房地产开发的必须经过批准

这一项条件的具体内容是指县级以上地方人民政府出让土地使用权用于房地产开发的，须根据省级人民政府下达的控制指标拟定年度出让国有土地使用权总面积方案，即年度建设用地计划，按照国务院的规定，报有批准权的人民政府批准。

4. 出让每幅地块、用途、年限等必须符合政府批准的条件

按照《城市房地产管理法》规定，出让每一幅地块、用途和其他条件，由市、县人民政府土地管理部门会同城市规划、建设、房地产管理部门共同拟订方案，按照国务院的规定，报经有批准权的人民政府批准后，由市、县人民政府土地管理部门实施。直辖市的县人民政府及有关部门行使上述规定的权限，由直辖市人民政府决定。

（二）土地使用权的出让年限

1. 国有土地使用权出让的最高年限

国有土地使用权出让的期限应在法律规定的年限内确定。《中华人民共和国城镇国有土地使用权出让和转让暂行条例》（以下简称《城镇国有土地使用权出让

和转让暂行条例》）规定了出让最高年限如下：居住用地70年；工业用地50年；教育、科技、文化、卫生、体育用地50年；商业、旅游、娱乐用地40年；综合或其他用地50年。根据我国《物权法》规定，居住用地70年使用期限届满之后可以自动续期。

2. 国有土地使用权出让合同约定的出让年限

国有土地使用权出让合同约定的出让年限是指出让方与受让方在出让合同中具体约定的受让方得以使用土地的期限。合同约定的土地使用权出让年限不得超过法律规定的土地使用权出让的最高年限，在法律规定的土地使用权出让的最高年限内，出让方和受让方可自由约定土地使用权出让的年限。

3. 土地使用权出让年限的计算

一般而言，土地使用权出让年限，以领取土地使用证之日为期间的起算点；划拨土地使用权补办出让合同的出让年限，按出让合同双方当事人约定的时间计算；通过转让方式取得的土地使用权，其使用年限为土地使用权出让合同约定的使用年限减去原土地使用者已使用年限后的剩余年限。

4. 土地使用权出让年限届满与续展

土地使用权出让是一种附终期的民事法律行为，在期限未届满前，其效果效力不终止，而期限届满时则效果效力终止。

土地使用权的续展是指土地使用权出让年限的延续。《城市房地产管理法》规定：土地使用权出让合同约定的使用年限届满，土地使用者需要继续使用土地的，应当至迟于届满前一年申请续期，除根据社会公共利益需要收回该幅土地的，应当予以批准。经批准准予续期的，应当重新签订土地使用权出让合同，依照规定支付土地使用权出让金。

三、国有土地使用权出让方式

土地使用权出让可以采取拍卖、挂牌、招标或者双方协议的方式。根据《招标拍卖挂牌出让国有土地使用权规定》（国土资源部令第39号），商业、旅游、娱乐和商品住宅用地，必须采取拍卖、招标或者挂牌方式出让。

1. 招标出让方式

以招标方式出让土地使用权是指由市、县土地管理部门向符合规定条件的单位发出招标邀请书或者向社会发布招标公告，邀请特定或不特定的自然人、法人和其他组织参加土地使用权投标，通过合法的程序择优确定中标者，向其出让土地使用权的行为。招标方式一般有两种：包括邀请招标和公开招标。招标出让方式的特点是有利于公平竞争，它适用于需要优化土地布局、重大工程的较大地块的出让。

2. 拍卖出让方式

以拍卖方式出让土地使用权是指由市、县土地管理部门或其委托的拍卖机构，在指定的时间地点，通过拍卖的方式公开叫价竞投，以出价最高者为受让人出让土地使用权的行为。拍卖出让方式的特点是有利于公平竞争，它适用于区位条件好，交通便利的闹市区、土地利用上有较大灵活性的地块的出让。

3. 挂牌出让方式

以挂牌方式出让土地使用权是指市、县人民政府土地管理部门或者其委托的中介机构就国有土地使用权发出挂牌公告，按公告规定的期限将拟出让宗地的交易条件在指定土地交易场所挂牌公布，接受竞买人的报价申请并更新挂牌价格，根据挂牌期限截止时的出价结果确定土地使用者的行为。挂牌出让方式的特点是方式简便，费用低廉，但仍具有很强的公开性，特别适用于那些地块较小，起价较低，参加竞买者较少的项目。

4. 协议出让方式

以协议方式出让土地使用权是指由市、县人民政府土地管理部门根据土地用途、建设规划要求、土地开发程度等情况，与受让申请人协商用地条件和土地使用权出让金，双方经过协商达成协议后，受让方便依据协议取得土地使用权的行为。协议出让方式的特点是自由度大，不利于公平竞争。这种方式适用于公共福利事业和非盈利性的社会团体、机关单位用地和某些特殊用地。

四、国有土地使用权出让合同的管理

（一）土地使用权出让合同的主要内容

土地使用权出让，应当签订书面出让合同。土地使用权出让合同由市、县人民政府土地管理部门（代表土地所有者——国家）与土地使用者签订。土地使用权出让合同一般包括：成片土地使用权出让合同，项目用地（宗地）土地使用权出让合同，划拨土地使用权和地上建筑物、其他附着物所有权因转让、出租、抵押而补办的土地使用权出让合同三类。

土地使用权出让合同主要包括下列三个部分：

（1）合同的正本与副本。其主要包括：签订合同双方当事人；出让地块的地理位置、面积、界线等自然情况；地价款数额、定金、支付方式和期限；土地使用权使用期限；动工及开发期限；取得土地使用权的方式及违约责任等。

（2）土地使用权出让合同附件。其主要包括：地块四至平面图、界桩定点、土地利用要求、城市建设管理要求、建设要求、建筑面积、容积率、绿化率、建筑比例等。

（3）补充合同。其主要包括：合同双方当事人在其出让合同中尚未包括的未尽事宜，以及合同文本需要变换的事项等。

（二）土地使用权出让合同当事人的权利和义务

土地使用权出让合同的当事人是土地管理部门和土地使用者。双方当事人签订土地使用权出让合同后，彼此间就形成一定的权利和义务关系。

1. 出让方的的权利和义务

出让方的权利一般包括：

（1）要求受让方按法律规定或出让合同约定交付出让金，否则出让方有权解除合同，并要求对方承担违约责任；

（2）监督受让方行使权利的行为和对土地进行开发、利用及经营的活动；

（3）在土地使用权出让期限届满时，收回土地使用权及其地上建筑物。

出让方的义务一般包括：

（1）按出让合同规定向受让方提供土地使用权，并按程序颁发土地使用权证书；

（2）在遇到不可抗力导致出让合同不能履行或不能完全履行时，应及时通知受让人；

（3）保证受让人对出让土地的正常使用。

2. 受让方的权利和义务

受让方的权利一般包括：

（1）要求出让方按合同的约定，按时提供土地使用权，出让方不能按合同约定时间提供土地使用权的，可以要求其承担违约责任；

（2）受让人对土地的开发利用达到法定要求后，有权对土地使用权及地上建筑物进行转让、出租和抵押；

（3）在土地使用权出让合同期限届满之前，遇特殊情况，国家提前收回土地使用权时，受让方有权要求给予适当的损失补偿；

（4）在土地使用权出让合同期限届满时，受让方需要继续使用土地的，可以申请续期。

受让方的义务一般包括：

（1）按照出让合同约定的时间和方式交付土地使用权出让金；

（2）按出让合同确定的用途和要求使用土地，确需改变土地用途的，必须报经出让方和市、县人民政府城市规划行政主管部门同意，经原批准机关批准，签订出让合同变更协议或重新签订出让合同，并依法调整出让金；

（3）在土地使用权出让合同期限届满时，应无偿地将土地使用权连同地上建筑物，交还土地使用权出让方。

特别需注意的是，以出让方式取得土地使用权进行房地产开发的，必须按照土地使用权出让合同约定的土地用途、动工开发期限开发土地。超过出让合同约定的动工开发日期满一年未动工开发的，可以征收相当于土地使用权出让金20%以下的土地闲置费；满二年未动工开发的，可以无偿收回土地使用权；因不可抗力或者政府、政府有关部门的行为或者动工开发必需的前期工作造成动工开发延迟的除外。

（三）土地使用权出让合同的解除

（1）在签订出让合同后，土地使用者应缴纳定金并按约定期限支付土地使用权出让金，未按出让合同支付出让金的，土地管理部门有权解除合同，并可以要求土地使用者违约赔偿。

（2）土地管理部门未按出让合同约定的时间提供土地的，土地使用者有权解除合同，由土地管理部门返还土地使用权出让金，并可以请求违约赔偿。

第四节　国有土地使用权划拨

一、土地使用权划拨的概念和特征

（一）土地使用权划拨的概念

划拨土地使用权是指经县级以上人民政府依法批准，在土地使用者缴纳补偿、安置等费用后，取得的国有土地使用权；或者经县级以上人民政府依法批准后无偿取得的国有土地使用权。由此可见，划拨土地使用权有两种基本形式：

（1）经县级以上人民政府依法批准，土地使用者缴纳补偿、安置等费用后取得的国有土地使用权。

（2）经县级以上人民政府依法批准后，土地使用者无偿取得的土地使用权。

（二）土地使用权划拨的主要特征

划拨土地使用权与出让土地使用权相比，具有以下主要特征：

1. 土地使用权划拨不发生土地所有权的改变

在我国，城市规划区内的国有土地属国家所有，除此之外的任何人都不得拥有国有土地的所有权。土地使用权划拨即是国家将土地确定给他人使用的一种方式。土地使用权划拨后，土地的使用权由土地使用者行使，但并不影响国家对土地的所有权，经划拨取得土地使用权的人，并没有取得土地所有权，土地所有权仍然属于国家。因此，土地使用权划拨不发生土地所有权人的改变。

2. 土地使用权划拨是一种行政行为

土地使用权划拨是经县级以上人民政府依法批准后，由法定的部门将土地直接交付给土地使用者使用的行为，因此，土地使用权划拨是一种行政行为，而不属于民事行为。土地使用权划拨无需划拨双方协商一致，也无需事先获得被划拨土地上的原土地使用者的同意。土地使用者只要经过法定的程序，即可获得土地使用权。

3. 土地使用权划拨必须依法经批准

由于土地使用权划拨是一种行政行为，所以，土地使用权划拨必须依法经批准，即只有县级以上人民政府根据国家法律的规定，在其权限范围内，批准某幅土地使用权的划拨，该幅土地使用权才能划拨。未经县级以上人民政府批准的，任何政府部门都不得划拨土地使用权，任何人也不能以划拨的方式取得土地使用权。

4. 土地使用权划拨具有无偿性

由于土地使用权划拨是一种行政行为，不是平等主体之间进行的商品交换行为，所以，土地使用权划拨与土地使用权出让不同，具有无偿性，即土地使用权划拨无需因使用土地而向国家缴纳费用。县级以上人民政府批准了土地使用权划拨后，土地使用者就有权依法获得该幅土地的使用权，便可以在该幅土地上进行开发建设活动。

5. 土地使用者对原土地使用者所受的损失的依法补偿

土地使用权划拨具有无偿性，是针对土地使用者与国家的关系而言的，它并不意味着土地使用者在任何情况下无需缴纳任何费用。因为国有土地虽然属于国家所有，但在国有土地上，存在着已经有土地使用者和尚未有土地使用者两种情况。如果因划拨而给原土地使用者造成损失的，土地使用者应当予以补偿。如果所划拨的土地上尚未有土地使用者，那么，土地使用权的划拨不会给任何人造成损失，也就不存在需要补偿的情况。这时，只要将国有土地使用权无偿交付给土地使用者使用即可。一般而言，土地使用者补偿的范围包括土地补偿费（包括工程建筑物的投资和青苗补偿等）、安置费等，具体补偿标准见本章第二节相关内容。

6. 土地使用权划拨没有期限的限制

与土地使用权出让不同，土地使用权划拨没有期限的限制。也就是说，土地使用者经划拨取得土地使用权以后，即可长期使用该幅土地，无需在一定的年限以后，将该幅土地的使用权交归国家，国家在一定的年限以后，也不将该幅土地的使用权收回。

土地使用权划拨没有期限的限制不是绝对的，如果法律、行政法规规定某一种类或者某幅土地使用权的划拨有一定的期限，那么，土地使用权划拨后，超过该期限，国家就无偿收回该幅土地。

二、国有土地使用权划拨范围

《城市房地产管理法》第二十四条规定，下列建设用地使用权可以由县级以上人民政府依法批准划拨：①国家机关用地和军事用地；②城市基础设施用地和公益事业用地；③国家重点扶持的能源、交通、水利等项目用地；④法律、行政法规规定的其他用地。根据这一规定，我们可以将建设用地使用权划拨的范围细化为以下几种：

（1）国家机关用地。包括国家权力机关用地、国际行政机关用地、国家审判机关用地、国家检察机关用地、国家军事机关用地等。

（2）军事用地。指军事机关和军事设施用地，包括军用机场、港口、码头、营区、训练场、试验场、军用公路、铁路专用线等用地。

（3）城市基础设施用地。指城市供水、排水、污水处理、供电、通信、燃气、热力、道路、桥涵、市内公共交通、园林绿化、环境卫生以及消防、路标、路灯等设施用地。

（4）城市公益事业用地。指城市内各种学校、医院、体育场馆、图书馆、文化馆、幼儿园、托儿所、敬老院、戏剧院等文体、卫生、教育、福利事业等用地。

（5）国家重点扶持的能源、交通、水利等基础设施用地。

三、划拨土地的管理

根据《城市房地产管理法》、《城镇国有土地使用权出让和转让暂行条例》等法律法规，对划拨土地使用的管理有以下规定。

（1）划拨土地的转让。划拨土地的转让有两种规定：①报有批准权的人民政府审批准予转让的，应当由受让方办理土地使用权出让手续，并依照国家有关规定缴纳土地使用权出让金；②可不办理出让手续，但转让方应将所获得收益中的土地收益部分上缴国家。

（2）划拨土地使用权的出租

1）房地产所有权人以盈利为目的，将划拨土地使用权的地上建筑物出租的，应当将租金中所含土地收益上缴国家。

2）用地单位因发生转让、出租、企业改制和改变土地用途等不宜办理土地出让的，可实行租赁。

3）租赁时间超过6个月的，租赁双方应签订租赁合同，合同期限不得超过出让年限。

（3）划拨土地使用权的抵押。划拨土地使用权抵押时，其抵押的金额不应包括土地价格，因抵押划拨土地使用权造成土地使用权转移的，应办理土地出让手续并向国家缴纳土地使用权出让金才能变更土地权属。

（4）对未经批准擅自转让、出租、抵押划拨土地使用权的单位和个人，县级以上人民政府土地管理部门应当没收其非法收入，并根据情节处以罚款。

（5）国有企业改制中的划拨土地。对国有企业改革中涉及的划拨土地使用权，可分别采取国有土地出让、租赁、作价出资（入股）和保留划拨土地使用权等方式予以处置。

（6）划拨土地使用权的收回。有下列情形之一的，由有关人民政府行政主管部门报经原批准用地的人民政府或者有批准权的人民政府批准，可以收回划拨土地使用权。

1）使用者因迁移、解散、撤销、破产或其他原因而停止使用土地的；

2）国家根据城市建设发展的需要和城市规划的要求收回土地使用权的；

3）为公益利益而需要收回使用土地的；

4）土地使用者自动放弃土地使用权的；

5）未经原批准机关同意，连续2年未使用的土地；

6）不按批准用途使用的土地；

7）铁路、公路、机场、矿场等核准报废的土地；

8）土地使用合同约定的使用期限届满，土地使用者未申请续期或者申请续期未获批准的；

9）各级司法部门没收其所有财产而收回土地使用权的。

国家无偿收回划拨土地使用权时，对其地上建筑物、其他附着物，市（县）人民政府应当根据实际情况给原土地使用者适当补偿。

复习思考题

1. 什么是土地所有权？土地所有权有哪些法律特征？
2. 简述我国现行土地制度。
3. 土地使用权的取得有哪些途径？
4. 什么是集体土地征收？集体土地征收有哪些特征？
5. 简述集体土地征收的范围和权限。
6. 简述征收集体土地补偿的范围和标准。
7. 什么是国有土地使用权出让？国有土地使用权出让有何特征？
8. 我国法律对土地使用权的出让年限有哪些规定？
9. 国有土地使用权出让有哪些方式？简述各种方式的特点。
10. 简述土地使用权出让合同当事人的权利和义务。
11. 什么是土地使用权划拨？国有土地使用权划拨有何特征？
12. 国有土地使用权划拨包括哪些范围？

第四章
城市房屋拆迁制度

城市房屋拆迁是房地产开发过程的重要环节之一。随着社会经济的高速发展，城市建设速度和整体水平必然得到迅速提高，而旧城区改造规模的日益扩大，往往需要拆除大量旧房。在这种情况下，城市房屋拆迁问题更为突出。为了维护拆迁当事人的合法权益，保障建设项目顺利进行，城市房屋拆迁必须依法进行。本章主要介绍城市房屋拆迁的基本概念、城市房屋拆迁管理体制、城市房屋拆迁补偿与安置以及城市房屋拆迁纠纷处理等内容。

第一节 城市房屋拆迁概述

一、城市房屋拆迁的概念

城市房屋拆迁是指取得房屋拆迁许可证的拆迁人，拆除城市规划区内国有土地上的房屋及其附属物等，并对被拆迁房屋的所有人进行补偿或安置的行为。

拆迁人是指取得房屋拆迁许可证的单位。被拆迁人是指被拆迁房屋的所有人，不包括被拆迁房屋的使用人，但对拆迁房屋的使用人的利益要依法保护。

拆迁人应当依照规定对被拆迁人给予补偿、安置。被拆迁人应当在搬迁期限内完成搬迁。搬迁期限不同于拆迁期限。拆迁期限是拆迁许可证上载明的拆迁人完成拆迁事宜的期限。搬迁期限从属于拆迁期限，搬迁期限不能超出拆迁期限。

二、城市房屋拆迁的法律依据

1991年6月1日起，国务院颁布实施了《城市房屋拆迁管理条例》，标志着我国城市房屋拆迁进入了规范化、法制化的轨道。但是，随着改革的深化和社会主义市场经济的发展，原条例的不少规定已经明显不适应当前的客观实际。

2001年6月6日，国务院第40次常务会议通过了新的《城市房屋拆迁管理条例》（国务院令第305号，以下简称《拆迁条例》），已于2001年11月1日起生效。

《拆迁条例》的适用范围是在城市规划区内国有土地上实施房屋拆迁，并需要对被拆迁人进行补偿、安置的活动。城市规划区外国有土地上实施房屋拆迁，并需要对被拆迁人补偿安置的，可参照执行。集体土地上的拆迁行为，按照《土地管理法》等有关法律、法规执行。不需要对被拆迁人进行补偿、安置的房屋拆迁行为，如自拆自建行为，不属于《拆迁条例》所调整的行为，不需要申领房屋拆迁许可证。

三、城市房屋拆迁的对象

正确理解拆迁的概念，关键是要明确拆迁的对象。根据《拆迁条例》的规定，拆迁的对象是城市规划区内国有土地上的房屋及其附属物。

1. 拆迁的物质对象是"房屋及其附属物"

所谓房屋，是指土地上的房屋等建筑物。因此，作为拆迁对象的房屋，并不局限于住宅房屋，也包括办公用房、商业用房等非住宅房屋。

所谓附属物，是指房屋的附属物。因此，水井、围墙、室外厕所、化粪池等也属于拆迁对象。

2. 被拆除的房屋应位于城市规划区内

《拆迁条例》只适用于城市规划区内的房屋拆迁，城市规划区的具体范围，由城市人民政府在编制的城市总体规划中划定。

3. 被拆除的房屋应位于国有土地上

根据《土地管理法》的有关规定，城市规划区内的土地并非一律属于国家所有，还有部分城市规划区内的土地属集体所有性质，只有国有土地上的房屋拆除才适用《拆迁条例》。

四、城市房屋拆迁的原则

拆迁原则是指城市房屋拆迁中拆迁人和被拆迁人都必须遵守的共同准则，主要包括以下方面：

1. 服从国家利益

拆迁人在实施房屋拆迁中，必须维护国家利益，服从国家统一安排，不得任意拆迁。建设项目在立项时，必须经过国家有关部门的审批，列入固定资产投资计划。被拆迁人在具体房屋拆迁活动中，必须服从国家建设需要，按时迁出，保证国家建设活动顺利进行。

2. 符合城市规划

拆迁必须经过城市规划等有关部门的同意批准，符合城市规划的要求。各项工程的选址不得有碍城市的发展，危害城市的安全，污染和破坏城市的环境，影响各项功能的协调。

在城市房屋拆迁时，应当尽量避免破坏文物和风景名胜，不能拆迁代表城市传统特色的建筑物。

3. 有法必依

在城市拆迁时，必须同时保护拆迁人和被拆迁人的利益，要做到有法必依，执法必严。

4. 规模适当

城市房屋拆迁的规模要与城市的经济发展水平相适应。也就是说，城市拆迁应该有计划、有步骤地进行，要量力而行，不能超过了城市所能承受的经济能力。

第二节 城市房屋拆迁管理体制

一、城市房屋拆迁管理体制的概念

城市房屋拆迁管理体制是指由各级负责管理房屋拆迁工作的部门及其管理职责、管理程序、相互关系等组成的有机整体。

《拆迁条例》第五条规定，国务院建设行政主管部门对全国城市房屋拆迁工作实施监督管理。县级以上地方人民政府房屋拆迁管理部门对本行政区域内的城市房屋拆迁工作实施监督管理。县级以上地方人民政府有关部门应当依照《拆迁条例》的相关规定，互相配合，保证房屋拆迁管理工作的顺利进行。县级以上人民政府土地行政主管部门依照有关法律、行政法规的规定，负责与城市房屋拆迁有关的土地管理工作。

二、城市房屋拆迁的相关部门

（一）管理部门

1. 国家一级的城市房屋拆迁管理部门

国家一级的城市房屋拆迁管理部门是指国务院建设行政主管部门，其管理职责是负责全国城市房屋拆迁工作的监督管理。

根据国务院批准的住房和城乡建设部"三定"方案的规定，"拟定房屋拆迁的规章制度并监督执行"是住房和城乡建设部的具体职责之一。

2. 地方一级的城市房屋拆迁管理部门

地方一级的城市房屋拆迁管理部门是指县级以上地方人民政府负责管理房屋拆迁工作的部门，其管理职责是对本行政区域内的城市房屋拆迁工作实施监督管理。

根据《拆迁条例》的规定，房屋拆迁管理部门的监督管理职责包括房屋拆迁许可证的审批、延期拆迁的审批、拆迁委托合同的备案管理、暂停办理有关手续通知书的发放、延长暂停期限的审批、拆迁裁决、受理强制拆迁的申请、建设项目转让的管理、拆迁补偿安置资金使用的监督、拆迁产权不明确房屋的补偿安置方案的审核、对拆迁违法行为的查处以及对接受委托的单位的资格认定等内容。

（二）相关配合部门

1. 协管部门

县级以上地方人民政府工商行政主管部门、公安行政主管部门、规划行政主管部门、司法行政主管部门、文化行政主管部门、环境行政主管部门等，是拆迁的协管部门，其在拆迁管理中的职责是依照《拆迁条例》的规定，互相配合，保证房屋拆迁管理工作的顺利进行。

2. 土地管理部门

县级以上人民政府土地行政主管部门（包括国务院土地行政主管部门）应当依照有关法律、行政法规的规定，负责与城市房屋拆迁有关的土地管理工作。

三、拆迁补偿安置资金的监督管理

为确保拆迁工作的顺利进行，保障被拆迁人拆迁补偿利益的切实实现，避免由于拆迁单位出具虚假证明、抽逃拆迁补偿安置资金等造成被拆迁人长期在外过渡，政府应特别加强对拆迁补偿安置资金的监督管理。

根据《拆迁条例》第七条的规定，申请领取房屋拆迁许可证的，应当向房屋所在地的市、县人民政府房屋拆迁管理部门提交办理存款业务的金融机构出具的拆迁补偿安置资金证明。根据《拆迁条例》第二十条的规定，拆迁人实施房屋拆迁的补偿安置资金应当全部用于房屋拆迁的补偿安置，不得挪作他用；县级以上地方人民政府房屋拆迁管理部门应当加强对拆迁补偿安置资金使用的监督。

四、城市房屋拆迁工作程序

1. 拆迁申请人提出拆迁申请

为了防止建设项目的实施者利用拆迁具有的强制性，损害被拆迁人的合法权益，同时也是为了保护拆迁人的合法权益，保障建设项目顺利进行，国家对房屋拆迁实行严格的行政许可制度。

根据《拆迁条例》的规定，申请领取房屋拆迁许可证的，应当向房屋所在地的市、县人民政府房屋拆迁管理部门提交下列资料：

（1）建设项目批准文件

建设项目批准文件是指政府计划部门对建设项目立项的批准文件。

（2）建设用地规划许可证

建设用地规划许可证是指建设单位在向土地管理部门申请征用或征收、划拨土地前，经城市规划行政主管部门确认建设项目位置和范围符合城市规划的法定凭证。

建设单位或者个人在取得建设用地规划许可证后，才能向县级以上地方人民政府土地管理部门申请用地。在城市规划区内，未取得建设用地规划许可证而取得建设用地批准文件、占用土地的，批准文件无效，占用的土地由县级以上人民政府责令退回。

(3) 国有土地使用权批准文件

根据《土地管理法》和《土地管理法实施条例》的规定，具体建设项目需要占用土地利用总体规划确定的城市建设用地范围内的国有建设用地的，由市、县人民政府向建设单位颁发建设用地批准书，由市、县人民政府土地行政主管部门核发国有土地使用权证书。

(4) 拆迁计划和拆迁方案

拆迁计划和拆迁方案主要反映拆迁人打算如何对被拆迁人实施拆迁补偿安置，以及计划在多长时间内完成拆迁。因此，在拆迁计划和拆迁方案中，必须针对拆迁的范围、对象、实施步骤，对拆迁范围内被拆迁的居民、机关、团体、企事业单位的补偿安置方案，安置房和临时安置周转房的房源情况，涉及拆迁的各项补偿费、补助费的预算情况，以及拆迁期限、具体时间安排等内容进行确切说明。

(5) 办理存款业务的金融机构出具的拆迁补偿安置资金证明

该证明用于明示拆迁补偿安置资金已经存入有关办理存款业务的金融机构，确保这些资金全部用于房屋拆迁的补偿安置，避免将这些资金挪作他用。

如果申请人以欺骗手段取得房屋拆迁许可证的，那么房屋拆迁行政主管部门可以吊销申请人已经取得的房屋拆迁许可证，并处拆迁补偿安置资金1%以上、3%以下的罚款。

2. 房屋拆迁管理部门进行拆迁审批

房屋拆迁管理部门收到拆迁申请和规定提交的批准文件后，应对申请内容进行严格审查，并对拆迁范围进行现场勘察。审查内容主要包括申请人提供的批准文件是否齐全、有效，拆迁范围内是否有受保护不允许拆除的建筑，拆迁范围内的房屋产权是否明确或有争议，对被拆迁人的补偿安置是否符合政策规定，补偿安置方案是否可行，拆迁期限是否合理等。

3. 拆迁申请人取得《房屋拆迁许可证》

经审查符合条件的，由房屋拆迁管理部门发给拆迁申请人《房屋拆迁许可证》。

房屋拆迁管理部门在发放《房屋拆迁许可证》时，应当依照《拆迁条例》的规定向被拆迁人发出房屋拆迁公告。在公告中，要明确建设项目、拆迁人、拆迁范围、拆迁期限等。房屋拆迁管理部门和拆迁人有责任向被拆迁人做好拆迁宣传和政策解释工作。

《房屋拆迁许可证》是房屋拆迁的法律凭证。获得许可证后，拆迁申请人就成为拆迁人，其拆迁行为受法律保护。《房屋拆迁许可证》具有一次性、局部性的特点，它只对特定的项目，在一定的时间和范围内有效。

4. 房屋拆迁管理部门发布拆迁公告

根据《拆迁条例》的规定，房屋拆迁管理部门在发放《房屋拆迁许可证》的同时，应当将《房屋拆迁许可证》中载明的拆迁人、拆迁范围、拆迁期限等事项，以拆迁公告的形式予以公布。

拆迁公告是由房屋拆迁管理部门公布的告知性的文书,因此,其公告内容应该与《房屋拆迁许可证》中载明的内容相一致。拆迁公告的主要内容包括建设项目的名称、拆迁人、拆迁时间、拆迁范围以及其他需要让被拆迁人了解的有关事项。

5. 拆迁人与被拆迁人签订拆迁协议

根据《拆迁条例》的规定,拆迁人与被拆迁人必须在规定的期限内,就拆迁的补偿和安置签订书面协议,以协议形式确定拆迁当事人双方的权利和义务。

拆迁补偿安置协议的主要内容包括补偿方式和补偿金额、安置房面积和安置地点、搬迁期限、搬迁过渡方式和过渡期限等事项,以及违约责任、解决争议的办法等条款。

拆迁补偿安置协议是约定拆迁当事人之间民事权利与义务关系的合同,适用《民法通则》和《合同法》。依法成立的拆迁补偿安置协议对当事人具有法律约束力,当事人应当按照约定履行自己的义务,不得擅自变更或者解除协议。协议签订后是否公证,由双方当事人自主选择。但是,根据《拆迁条例》的规定,房屋拆迁管理部门代管的房屋需要拆迁的,拆迁补偿安置协议必须经公证机关公证,并办理证据保全。

6. 拆迁人实施拆迁

拆迁人必须在《房屋拆迁许可证》规定的拆迁范围和拆迁期限内进行拆迁,不得超越批准的拆迁范围和规定的拆迁期限。其中,拆迁期限是指房屋拆迁管理部门在《房屋拆迁许可证》上载明的拆迁人应完成拆迁事宜的时间段。

拆迁的实施方式包括自行拆迁和委托拆迁。自行拆迁是指拆迁人自己实施拆迁工作,包括对被拆迁人进行拆迁动员,组织签订和实施补偿安置协议,组织拆除房屋及附属物等。委托拆迁是指拆迁人自己不承担拆迁工作,而是把拆迁工作委托给具有拆迁资格的单位去承担。

在实践中,为了适应社会化、专业化生产的要求,由专门从事城市房屋拆迁的单位承担拆迁,有利于节约人力、物力和财力,减轻建设单位前期工作的负担。因此,大多数拆迁人通过委托拆迁形式完成拆迁。

选用委托拆迁方式的拆迁人,应当同被委托的拆迁单位订立拆迁委托合同,并出具委托书。接受拆迁委托的单位必须取得拆迁资格。房屋拆迁管理部门不得作为拆迁人,也不得接受拆迁委托。

第三节 城市房屋拆迁补偿与安置

城市房屋拆迁补偿安置直接关系到拆迁双方当事人的切身经济利益,这个问题能否顺利解决,将直接关系到城市建设的发展。

一、城市房屋拆迁补偿概述

城市房屋拆迁补偿是指拆迁人对被拆除房屋及其附属物的所有人补偿其因房屋及其附属物被拆除所受的损失。

房屋拆迁使得原房屋所有人丧失了房屋的所有权，但由于房屋及其附属物凝结了原所有人的资金与劳动，并且可能是他们赖以生存和生产的基本物质条件，因而，在再建设的过程中必须对原所有人的损失给予补偿。所有人有权要求拆迁人对因房屋拆除所造成的损失给予补偿，拆迁人对此负有进行补偿的义务。

（一）拆迁补偿的对象

我国《宪法》第十三条规定："公民的合法的私有财产不受侵犯。国家依照法律规定保护公民的私有财产权和继承权。国家为了公共利益的需要，可以依照法律规定对公民的私有财产实行征收或者征用并给予补偿。"《物权法》第四十二条规定："征收单位、个人的房屋及其他不动产，应当依法给予拆除补偿，维护被征收人的合法权益；征收个人住宅的，还应当保障被征收人的居住条件。"

依据上述法律的规定，为保护被拆除房屋所有人的合法权益，拆迁人应当对被拆除房屋及其附属物的所有人（包括房屋代管人、国家授权的国有房屋及其附属物的管理人）给予适当的补偿，对使用人的利益也要予以依法保护。但是，需要说明的是，房屋拆迁补偿的对象是被拆除房屋及其附属物的所有人，而不是使用人。所有人既包括自然人，也包括法人。

（二）拆迁补偿的方式

根据《拆迁条例》的规定，城市房屋拆迁补偿有两种方式，即货币补偿和房屋产权调换。

货币补偿是指拆迁人将被拆除房屋的价值以货币结算方式补偿给被拆除房屋的所有人。实行货币补偿后，拆迁人不必另行交付房屋给被拆迁人。

房屋产权调换是指拆迁人用自己建造或购买的产权房屋与被拆迁房屋进行调换产权，并按被拆迁房屋的市场评估价与调换房屋的市场评估价进行结算，结清产权调换差价的行为，即以房换房。

被拆迁人可以自由选择拆迁补偿方式，但是，下列情况除外：

（1）拆迁公益事业用房的，拆迁人应当依照有关法律、法规的规定和城市规划的要求予以重建，或者给予货币补偿。

（2）拆迁租赁房屋，被拆迁人与房屋承租人对解除租赁关系达不成协议的，拆迁人应当对被拆迁人实行房屋产权调换。产权调换的房屋由原房屋承租人承租，被拆迁人应当与原房屋承租人重新订立房屋租赁合同。

（3）拆除非公益事业房屋的附属物，不作产权调换，由拆迁人给予货币补偿。

（三）拆迁补偿的标准

《物权法》规定："征收单位、个人的房屋及其他不动产，应当依法给予拆迁补偿，维护被征收人的合法权益；征收个人住宅的，还应当保障被征收人的居住条件。任何单位和个人不得贪污、挪用、私分、截留、拖欠征收补偿费等费。"

《物权法》还规定，因不动产或者动产被征收、征用致使用益物权消灭或者影响用益物权行使的，用益物权人有权依法获得相应补偿。

1. 拆迁补偿的基本标准

无论是货币补偿还是房屋产权调换，其补偿的标准都应遵循等价原则，依据房屋的区位、用途、建筑面积等因素，以房地产市场评估价格确定。

"区位"是指某一房屋的地理位置，主要包括在市场或区域中的地位，与其他地方往来的便捷性，与重要场所（如市中心、机场、港口、车站、政府机关、学校、医院）的距离，周围环境、景观等。区位对房地产价值的决定作用是极其重要的，两宗实物和权益状况相同的房地产，如果区位不同，其价值可能有很大的差别。

"用途"是指被拆迁房屋所有权证书上标明的用途。所有权证书未标明用途的，以产权档案中记录的用途为准。产权档案也未记录用途的，以实际用途为准。实际用途的界定以是否依法征得规划等部门同意，是否取得合法手续为依据。

"等因素"包括被拆迁房屋成新程度、权益状况、建筑结构形式、使用率、楼层、朝向等。对于区位、用途、建筑面积、成新程度、权益状况、建筑结构形式、使用率等都应在评估时考虑，对楼层、朝向可以采用房改中的系数，或者确定统一的系数。对于房屋内部装修，如果在评估时考虑装修，可能会加大评估成本，延长评估时间，不利于拆迁工作的进行。所以对装修进行的补偿，应当由拆迁人和被拆迁人在签订协议时协商确定。

房地产价格评估是指房地产估价人员，根据估价目的，遵循估价原则，选择适宜的估价方法，并在综合分析影响房地产价格因素的基础上，对房地产在估价时点的客观合理价格或价值进行估算和判定的活动。我国房地产价格评估经过多年的发展，已经形成比较科学、完善的体系，评估能够准确地确定被拆迁房屋的市场价值。通过评估确定被拆迁房屋的价值，是利用市场的手段，确保被拆迁人的实际损失能够准确、合理地得到补偿的最好办法。

2. 产权调换房屋差价的结算

在实践中，实行产权调换时，偿还房屋的建筑面积与被拆除房屋的建筑面积往往是不相等的，即使偿还的面积与原面积相等，也往往由于地理位置、结构、质量等方面的不同，而使实际价值不等，因而产生了关于价格结算的问题。

《拆迁条例》注重的是房屋的价值量。产权调换在形式上表现出来的是以物换物，但是，其本质是按照等价交换原则进行的。首先，由拆迁人按被拆迁房屋的评估价对被拆迁人进行补偿；然后，由被拆迁人按市场价购买拆迁人提供的产权调换房屋；最后，以被拆迁房屋的评估价与产权调换房屋的市场价进行差价结算，多退少补。

二、城市房屋拆迁安置

所谓拆迁安置是指拆迁人对被拆除房屋的使用人另外提供房屋以供居住使用，并给予一定的补助费用。合理的拆迁安置是维护被拆迁人合法权益、做好拆迁工作的重要基础。

（一）拆迁安置的对象

拆迁安置的对象为被拆除房屋使用人，即在拆迁范围内具有正式户口的公民和在拆迁范围内具有营业执照或者作为正式办公地的机关、团体、企业、事业单位等。

（二）拆迁安置的地点

拆迁安置地点分为原地安置和异地安置两种。原地安置是指在拆迁范围内的建设工程完工后，将安置对象迁回原地安置。异地安置是指将安置对象迁往他处安置。

对被拆除房屋使用人的安置地点，应当根据城市规划对建设地区的要求和建设工程的性质，按照有利于实施城市规划和城市旧区改造的原则确定。对从区位好的地段迁入区位差的地段的被拆除房屋使用人，可以适当增加安置面积。

（三）拆迁安置的补助费

在房屋拆迁安置中，涉及的补助费用包括搬迁补助费和临时安置补助费两大类。

搬迁补助费是指被拆迁人或者被拆迁房屋的承租人因为原来居住、使用的房屋被拆除，需迁移他处，在搬迁过程中发生的由拆迁人支付的费用。由于我国各地经济发展不平衡，情况千差万别，搬迁补助费的标准由各省、自治区、直辖市人民政府规定。

临时安置补助费是指在过渡期限内，拆迁人对自行安排过渡房的被拆迁人或者房屋承租人所付给的临时安置所需的费用。但是，如果被拆迁人或者房屋承租人使用拆迁人提供的周转房，拆迁人则不支付临时安置补助费。然而，由于拆迁人的责任导致延长过渡期限的，对自行安排住处的被拆迁人或者房屋承租人，应当自逾期之日起增加临时安置补助费；对周转房的使用人，应当自逾期之日起付给临时安置补助费。其中，过渡期限是指被拆迁人或者房屋承租人将原房屋交拆迁人拆除之日起至搬迁到拆迁人提供的新安置用房的时间。

三、特殊情况下的拆迁补偿与安置

（一）产权不明确房屋的拆迁补偿、安置

产权不明确的房屋是指无权属证明、产权人下落不明、暂时无法确定产权的合法所有人或因产权关系正在诉讼的房屋。

根据《拆迁条例》的规定，拆迁产权不明确的房屋，拆迁人应当提出补偿安置方案，报房屋拆迁管理部门审核同意后实施拆迁。拆迁前，拆迁人应当就被拆迁房屋的有关事项向公证机关办理证据保全。

在拆迁产权不明确的房屋时，拆迁补偿安置方案是由拆迁人单方提出的。由于房屋拆迁工作的进程直接影响城市建设的开展，具有极强的时限性，因此，在产权未确定或不知房主是谁的情况下，拆迁人不能等到明确产权人后再签订房屋拆迁补偿安置协议，进行拆迁，只能由拆迁人单方提出拆迁补偿安置方案。

由于只是拆迁人单方面提出的补偿安置方案，只能体现单方意愿，因此，房屋拆迁管理部门应当依照职权，审查拆迁人的补偿安置方案是否合法、合理，以确保房屋产权明确后的房屋所有权人的合法权益不受侵害。

为了避免房屋拆迁后，房屋产权人与拆迁人发生争议，难以收集证据，因此，在拆迁前，拆迁人必须就被拆迁房屋的有关事项向公证机关办理证据保全。其中，证据保全是指对可能灭失或者以后难以取得的，证明一切法律行为或事件的证据，依法收集、保管和固定，以保持其真实性和证明力的一种措施。

(二) 抵押房屋的拆迁补偿、安置

根据《拆迁条例》的规定，拆迁设有抵押权的房屋，依照国家有关担保的法律执行。

设有抵押权的房屋被拆迁时，应当按以下程序进行补偿和安置。①认定抵押的有效性。根据《中华人民共和国担保法》（以下简称《担保法》）的规定，当事人以房地产进行抵押的，应当办理抵押登记，抵押合同自登记之日起生效。因此，未进行抵押登记的，视为无效抵押，拆迁时不应按已设定抵押的房屋进行补偿、安置。②应当及时通知抵押权人，一般是接受抵押的银行。③能解除抵押合同的，补偿款直接付给被拆迁人，但付款前必须经抵押权人认可。④不能解除抵押关系的，按照法律规定的清偿顺序进行清偿，不足清偿的，抵押权人按照《担保法》及其他有关担保方面的法律规定，向抵押人进行追偿。

对拆迁设有抵押权的房屋实行货币补偿的，由抵押权人和抵押人重新设立抵押权或者由抵押人清偿债务后，再给予补偿。

对拆迁设有抵押权的房屋实行产权调换的，由抵押权人和抵押人重新签订抵押协议。抵押权人和抵押人在房屋拆迁主管部门公布的规定期限内达不成抵押协议的，由拆迁人参照有产权纠纷房屋的拆迁补偿规定实施拆迁。

(三) 租赁房屋的拆迁补偿、安置

租赁房屋是指存在租赁关系的房屋。此时，拆迁法律关系主体涉及拆迁人、被拆迁人和承租人。

根据《拆迁条例》的规定，拆迁租赁房屋，被拆迁人与房屋承租人解除租赁关系的，或者被拆迁人对房屋承租人进行安置的，拆迁人对被拆迁人给予补偿。被拆迁人与房屋承租人对解除租赁关系达不成协议的，拆迁人应当对被拆迁人实行房屋产权调换。产权调换的房屋由原房屋承租人承租，被拆迁人应当与原房屋承租人重新订立房屋租赁合同。也就是说，由拆迁人对房屋所有人进行补偿，由所有人对承租人进行安置。

拆迁人对被拆迁人给予补偿，当被拆迁人具备下列情况之一时，才可以选择补偿方式：①被拆迁人与房屋承租人解除租赁关系的。在这种情况下被拆迁人的房屋所有权处分不受租赁关系的限制，拆迁人应对被拆迁人给予补偿。②被拆迁人对房屋承租人进行安置的，即被拆迁人与承租人对原有租赁关系已进行了变更，原租赁房屋的所有权恢复到完全状态，拆迁人应依法对被拆迁人给予补偿。

被拆迁人与房屋承租人租赁关系达不成协议的，即被拆迁人与房屋承租人既没有解除租赁关系，也没有达成安置协议的，拆迁人必须对被拆迁人实行产权调换。产权调换的房屋由原承租人继续承租，租赁关系继续有效。在这种情况下，由于租赁标的物发生了变动，因此，被拆迁人与承租人必须重新订立房屋租赁合同。

（四）违章建筑和临时建筑的拆迁补偿、安置

违章建筑是指在城市规划区内，未取得建设工程规划许可证或者违反建设工程规划许可证的规定而建设的建筑物和构筑物。违章建筑的认定是规划行政主管部门的职权范围，判断某一建筑是否属于违章建筑，必须由房屋所在地城市规划行政主管部门出具证明，拆迁人或者拆迁主管部门都没有权力认定。

临时建筑是指必须限期拆除、结构简易、临时性的建筑物、构筑物和其他设施，临时建筑都应当有规定的使用期限。

根据《拆迁条例》的规定，拆除违章建筑和超过批准期限的临时建筑，不予补偿；拆除未超过批准期限的临时建筑，应当给予适当补偿。

在拆迁过程中，拆迁人对因严重影响城市规划而必须拆除的违章建筑，不予补偿；对影响城市规划，但可采取改正措施的违章建筑，所有人依法履行相关义务后，按合法建筑给予补偿。

超过批准期限的临时建筑在拆迁时，依法不予补偿。未超过批准期限的临时建筑，是合法建筑。拆除未到期限的临时建筑，会给临时建筑所有人带来一定的经济损失，因此，也应当按残存价值参考剩余期限给予适当补偿。

（五）公益事业房屋的拆迁补偿

公益事业房屋及其附属物是指用于公益事业，不以盈利为目的的房屋及其附属物，一般包括市政基础设施，教育、医疗、卫生、体育设施以及公共福利性的单位和非生产性事业单位使用的房屋及其附属物。

公益事业房屋的认定，一是要根据其服务对象，是为大多数老百姓服务还是为特定人群服务的，是共享性的还是排他性的；二是考虑此类房屋是否有经营、是否以盈利为目的。例如，学校大多数应被认定为公益事业，但经营性私立学校则不在此列。

根据《拆迁条例》的规定，拆迁公益事业用房的，拆迁人应当依照有关法律、法规的规定和城市规划的要求予以重建，或者给予货币补偿。

拆迁公益事业房屋及其附属物，有关法律、法规规定重建的，必须依照有关法律、法规的规定和城市规划的要求，按照被拆除的公益事业房屋及其附属物的原性质、原规模予以重建。按照原性质重建，即根据原房屋及附属物的类型、用途重建，保持其使用功能不变；按原规模重建，即与原房屋及附属物规模相当。同时需要注意的是，被拆除的附属物也应该实行产权调换，以正常发挥公益事业房屋及其附属物的功能。

拆除公益事业房屋及其附属物，法律、法规没有规定重建的，可以实行货币补偿。货币补偿的金额以房地产市场评估价格确定。对房屋及其附属物的估价，必须由当地人民政府房地产行政管理部门的估价机构承办。在评估货币补偿金额

时，应当考虑到拆迁房屋的区位、用途、建筑面积等因素。公益事业用房由于缺乏足够的交易案例，也没有收益，因此，通常用成本法评估。

（六）非住宅房屋的拆迁补偿

非住宅房屋主要指用于生产经营性的房产。判断标准主要是看产权登记或城市规划管理部门批准文件的记载。

根据《拆迁条例》的规定，因拆迁非住宅房屋造成停产、停业的，拆迁人应当给予适当补偿。停产、停业损失属生产经营性损失，是拆迁行为直接导致的损害结果，因此理应给予相应的补偿。

（七）非公益事业房屋附属物的拆迁补偿

非公益事业房屋附属物是用以辅助或增强非公益房屋效用的建筑物或构筑物。

根据《拆迁条例》的规定，拆迁非公益事业房屋附属物，不作产权调换，由拆迁人给予货币补偿。

第四节 城市房屋拆迁纠纷的处理

城市房屋拆迁关系到当事人的切身利益，很容易引发纠纷。拆迁纠纷主要是指城市房屋拆迁中，拆迁人与被拆迁人因对补偿方式和补偿金额、安置用房面积和安置地点、搬迁过渡方式和过渡期限而产生的争执。

一、城市房屋拆迁纠纷的类型

城市房屋拆迁纠纷按纠纷所处的环节，可分为：拆迁人与被拆迁人、房屋承租人达不成拆迁补偿安置协议而形成的纠纷；拆迁人与被拆迁人、房屋承租人达成拆迁补偿安置协议后，被拆迁人或者房屋承租人在搬迁期限内拒绝搬迁而形成的纠纷。

二、城市房屋拆迁纠纷的处理方式

（一）达不成拆迁补偿安置协议的拆迁纠纷处理方式

根据《拆迁条例》的规定，拆迁人与被拆迁人或者拆迁人、被拆迁人与房屋承租人达不成拆迁补偿安置协议的，经当事人申请，由房屋拆迁管理部门裁决。房屋拆迁管理部门是被拆迁人的，由同级人民政府裁决。裁决应当自收到申请之日起 30 日内作出。

当事人对裁决不服，可以在接到裁决书之日起 60 日内向作出裁决的房屋拆迁管理部门的本级人民政府申请行政复议，也可以向作出裁决的房屋拆迁管理部门的上一级主管部门申请行政复议，或者，可以自裁决书送达之日起 3 个月内向人民法院起诉。拆迁人已对被拆迁人给予货币补偿或者提供了拆迁安置用房、周转用房的，诉讼期间可以不停止拆迁的执行。

被拆迁人或者房屋承租人在裁决规定的搬迁期限内未搬迁的,由房屋所在地的市、县人民政府责成有关部门强制拆迁,或者由房屋拆迁管理部门依法申请人民法院强制拆迁。

1. 行政裁决

(1) 行政裁决的概念和原则

行政裁决是指因拆迁人与被拆迁人就拆迁期限、补偿方式、补偿标准以及搬迁过渡方式、过渡期限等原因达不成协议,当事人申请裁决的,由房屋拆迁管理部门裁决的具体行政行为。行政裁决应当以事实为依据,以法律为准绳,坚持公平、公正、及时的原则。

(2) 采用行政裁决时应注意的问题

1) 达不成拆迁补偿安置协议是申请行政裁决的前提条件。城市房屋拆迁行政裁决是专门规范房屋拆迁中因拆迁人与被拆迁人达不成补偿安置协议而设定的特别程序。

2) 启动行政裁决程序必须经当事人申请。申请人是拆迁人或者被拆迁人。

3) 房屋拆迁管理部门是被拆迁人的,应由同级人民政府裁决。

4) 房屋拆迁管理部门或同级人民政府作出裁决后,拆迁人与被拆迁人之间的权利和义务关系就以裁决为准。因此,在实质上,裁决就具有房屋拆迁补偿安置的效力。

5) 行政裁决后,只要拆迁人按照裁决内容已对被拆迁人给予货币补偿或者提供拆迁安置用房或周转用房的,裁决书就具有执行的效力,即使在行政诉讼期间也不停止。

(3) 城市房屋拆迁行政裁决的六项主要制度

1) 行政调解制度。根据《城市房屋拆迁行政裁决工作规程》(以下简称《裁决规程》)的规定,申请裁决必须提供申请人与被申请人的协商记录,未达成协议的被拆迁人比例及原因。经调解,达成一致意见的,出具裁决终结书;达不成一致意见的,房屋拆迁管理部门应当作出书面裁决。部分事项达成一致意见的,裁决时应当予以确认。

2) 拆迁听证制度。根据《裁决规程》的规定,未达成拆迁补偿安置协议户数较多或比例较高的,房屋拆迁管理部门在受理裁决申请前,应当进行听证。具体标准、程序由省、自治区、直辖市人民政府房屋拆迁管理部门规定。

3) 集体决策制度。下达书面裁决书前,必须经房屋拆迁管理部门领导班子集体讨论决定;房屋拆迁管理部门申请行政强制拆迁,必须经领导班子集体讨论决定后,方可向政府提出强拆申请。

4) 对违法违规行为建立责任追究制度。①房屋拆迁管理部门工作人员或者行政强制执行人员违反《裁决规程》规定的,由所在单位给予警告;造成错案的,按照有关规定追究错案责任;触犯刑律的,依法追究刑事责任。②拆迁人、接受委托的拆迁单位在实施拆迁中采用恐吓、胁迫以及停水、停电、停止供气供热等手段,强迫被拆迁人搬迁或者擅自组织强制拆迁的,由所在市、县房屋拆迁管理部门责令停止拆迁，并依法予以处罚；触犯刑律的，依法追究刑事责任。

5) 不服行政裁决的救济制度。拆迁当事人对行政裁决不服的，可以依法申请行政复议或者向人民法院起诉。

6) 回避制度。行政裁决工作人员与当事人有利害关系或者有其他关系可能影响公正裁决的，应当回避。

(4) 城市房屋拆迁行政裁决的主要程序

1) 依法受理拆迁当事人的拆迁裁决申请。

2) 未达成拆迁补偿安置协议户数较多或比例较高的，房屋拆迁管理部门在受理裁决申请前，应当进行听证。

3) 向被申请人送达房屋拆迁裁决申请书副本及答辩通知书，并告知被申请人的权利。

4) 审核相关资料、程序的合法性，特别是有关拆迁补偿安置标准以专家评估委员鉴定后的估价结果作为裁决依据。

5) 组织当事人调解。房屋拆迁管理部门必须充分听取当事人的意见，对当事人提出的事实、理由和证据进行复核；对当事人提出的合理要求应当采纳。房屋拆迁管理部门不得因当事人申辩而作出损害申辩人合法权益的裁决。拆迁当事人拒绝调解的，房屋拆迁管理部门应依法作出裁决。

6) 经调解，达成一致意见的，出具裁决终结书；达不成一致意见的，房屋拆迁管理部门应当作出书面裁决；部分事项达成一致意见的，裁决时应当予以确认。

7) 拆迁裁决书送达拆迁当事人，并告知拆迁当事人有行政复议或者向人民法院起诉的权利。

8) 当事人对行政裁决不服的，可以依法申请行政复议或者向人民法院起诉；拆迁人依照规定已对被拆迁人给予货币补偿或者提供拆迁安置用房、周转用房的，诉讼期间不停止拆迁的执行。

2. 行政复议

在城市房屋拆迁过程中能够提起行政复议的情形包括：行政许可行为，如核发房屋拆迁许可证、拆迁单位资格认定等；行政裁决行为，如房屋拆迁管理部门对补偿安置纠纷作出的行政裁决等；行政处罚行为，如对未取得《房屋拆迁许可证》实施城市房屋拆迁或者未经批准转让拆迁项目等行为的处罚等。

3. 行政诉讼

(1) 行政诉讼的范围

在城市房屋拆迁活动中，能够提起行政诉讼的范围与能够提起行政复议的范围基本一致。

(2) 行政诉讼的种类

当事人对裁决不服可以向人民法院提起以下三种诉讼：

1) 撤销之诉。当事人认为房屋拆迁管理部门或同级人民政府的裁决违法，要求人民法院撤销该裁决，以免受该裁决的约束。

2）变更之诉。当事人认为房屋拆迁管理部门或同级人民政府的裁决违法或不当，向人民法院请求改变该裁决的内容。

3）损害赔偿之诉。当事人认为房屋拆迁管理部门或同级人民政府的裁决违法，给其造成损害，请求法院判令房屋拆迁主管部门或同级人民政府赔偿其损失。

（3）采用行政诉讼时应注意的问题

1）提起行政诉讼的期限通常有两种情况：①直接提起行政诉讼，期限为3个月；②对复议决定不服提起行政诉讼，期限为15日。

2）已对被拆迁人给予货币补偿或者提供拆迁安置用房、周转用房的，诉讼期间不停止拆迁的执行。但有下列情况之一的，停止具体行政行为的执行：被告认为需要停止执行的；原告申请停止执行，人民法院认为该具体行政行为的执行会造成难以弥补的损失，并且停止执行不损害公共利益，裁定停止执行的；法律法规规定停止执行的。

3）当事人因不可抗力或者其他特殊情况耽误法定期限的，在障碍消除的10日内，可以申请延长期限，是否准许由人民法院决定。

4. 强制拆迁

（1）强制拆迁的概念

强制拆迁是指被拆迁人或者房屋承租人在裁决规定的搬迁期限内未搬迁的，由房屋所在地的市、县人民政府责成有关部门强制拆迁（即行政强制拆迁），或者由房屋拆迁管理部门依法申请人民法院强制拆迁。

（2）采用强制拆迁时应注意的问题

1）当发生下列情况之一时，不得实施强制拆迁：未经行政裁决的；拆迁人未按裁决意见向被拆迁人提供补偿资金或者符合国家质量安全标准的安置用房、周转用房的；未邀请有关管理部门、拆迁当事人代表以及具有社会公信力的代表等；未对行政强制拆迁的依据、程序、补偿安置标准的测算依据等内容进行听证的；房屋拆迁管理部门未经领导班子集体讨论决定，直接向政府提出行政强制拆迁申请的。

2）只有当地县（市）级人民政府才能作出强制拆迁的决定，并发出强制拆迁的命令与公告。具体事宜，可责成有关部门实施。

3）实施强制拆迁前，拆迁人应当就拆除房屋的有关事项，向公证机关办理证据保全。

4）强制迁出房屋或者强制退出土地，由人民法院责令被执行人在指定期间履行。被执行人逾期不履行的，由执行人员强制执行。

5）强制执行时，被执行人是公民的，应当通知被执行人或者他的成年家属到场，其工作单位或者房屋土地所在地的基层组织应当派人参加；被执行人是法人或者其他组织的，应当通知其法定代表人或者主要负责人到场。拒不到场的，不影响执行。执行人员应当将强制执行情况记入笔录，由在场人员签名或者盖章。

6）强制迁出房屋被搬出的财物，由人民法院派人运至指定场所，交给被执行人。被执行人是公民的，也可以交给他的成年家属。因拒绝接收而造成的损失，由被执行人承担。

（二）达成拆迁补偿安置协议后的拆迁纠纷处理方式

根据《拆迁条例》的规定，拆迁补偿安置协议订立后，被拆迁人或者房屋承租人在搬迁期限内拒绝搬迁的，拆迁人可以依法向仲裁委员会申请仲裁，也可以依法向人民法院起诉。

诉讼期间，拆迁人可以依法申请人民法院先予执行。

仲裁是解决民事纠纷的方式之一。民事纠纷通常可以采取向法院起诉和申请仲裁机构审理两种方法。采取仲裁方式，拆迁当事人必须自愿达成仲裁协议。仲裁协议包括房屋拆迁补偿安置协议中订立的仲裁条款和以其他方式在纠纷前或纠纷后达成的请求仲裁的协议。仲裁委员会的选择由当事人协议确定。仲裁实行"一裁终局制"。裁决作出后，当事人就同一纠纷再申请仲裁或者向人民法院起诉的，仲裁委员会或者人民法院不予受理。没有仲裁协议，一方申请仲裁的，仲裁委员会不予受理；当事人达成仲裁协议，一方向人民法院起诉的，人民法院不予受理。

复习思考题

1. 什么是城市房屋拆迁？《拆迁条例》的实施范围是什么？
2. 什么是拆迁人和被拆迁人？
3. 城市房屋拆迁的原则有哪些？
4. 简述城市房屋拆迁工作程序。
5. 房屋拆迁补偿的方式有何规定？
6. 房屋拆迁的基本拆迁补偿标准如何确定？
7. 拆迁租赁房屋有哪些规定？
8. 城市房屋拆迁纠纷有哪些处理方式？

第五章
房地产开发经营管理制度

房地产开发与经营是房地产业主要的经济活动。为了规范房地产开发经营行为，加强对城市房地产开发经营活动的监督管理，促进和保障房地产业的健康发展，根据《城市房地产管理法》的有关规定，国务院颁布并实施的《城市房地产开发经营管理条例》，对城市房地产开发经营的原则、监督管理、法律责任以及房地产开发建设的实施、房地产开发企业等都作了具体规定。本章主要介绍房地产开发、房地产经营的概念、特征及相互关系，以及房地产开发的基本程序和房地产经营的基本环节。

第一节 房地产开发经营概述

一、房地产开发的概念及特征

（一）房地产开发的概念

根据《城市房地产管理法》第二条规定："房地产开发，是指在依据本法取得国有土地使用权的土地上进行基础设施、房屋建设的行为。"具体来讲，房地产开发是指具有开发资质的房地产开发企业依据相关法律法规及政策，根据城市发展建设总体规划，充分考虑经济效益、社会效益和环境效益的要求，对获取的土地进行投资、建设、管理的行为。

房地产开发涉及社会经济生活的方方面面，房地产开发的每一个步骤、每一道工序都有相关法律法规严格约束，主要体现在《城市房地产管理法》、《土地管理法》、《中华人民共和国城乡规划法》、《中华人民共和国建筑法》、《中华人民共和国消防法》、《城市房地产开发经营管理条例》等相关专业法律法规当中。

(二) 房地产开发的特征

1. 全面系统性

房地产开发包括的相关环节多、涉及的部门多、受到的制约条件多、影响的社会因素多，同时还与社会经济、城市建设、生态环境等有着息息相关的联系，是一项复杂的系统工程。它包括立项、规划、设计、征地、拆迁、施工建设、材料供应、销售等流程，每一项工作都是密切联系、相辅相成的，任何一个环节的滞后都将影响到房地产开发的进程，因此，房地产开发呈现出明显的全面系统性特点。

2. 广泛联系性

房地产开发是一种具有广泛社会联系性的经济行为。首先，房地产开发在一开始就需要考虑很多的社会因素，包括国家法律法规、地方相关政策、城市规划要求等，只有确认开发行为在这些规定的范围之内，才能继续下一步的工作。其次，房地产开发包括的相关环节很多，从立项、获取土地、规划、设计、施工建设到经营管理等各个方面的工作都需要与社会管理部门中各个部门相互协作，这些部门有：国土资源管理部门、城市规划管理部门、城市建设管理部门、设计单位、拆迁公司、消防、环境保护、银行、文教、交通、物资供应等十几个部门，涉及近百个协作单位，如果在某一个环节之中与某一个相关单位的协作出现问题，都将影响到后续的所有开发行为。再次，房地产开发与城市居民的生活是分不开的，房地产开发行为最终形成的建筑产品，既提供了入住的空间，为人们解决了"住"这一需求，同时也改变了生存的人居环境。在大规模的旧城改造中，征地、拆迁、安置的每一个过程都需要广大居民的密切配合，开发经济适用房、建设廉租房，从某种程度上也帮助政府解决了中低收入居民的居住问题。房地产开发必须考虑诸多的社会因素，必须得到社会的广泛支持，必须与各行各业及千家万户保持良好的公共关系，才能保证开发行为取得预期的目的。

3. 风险与效益并存

房地产开发的对象往往是成片的住宅建筑群或是大型公共建筑，投资额大且建设周期长，这就决定了房地产开发风险与效益的并存性。

4. 地域性

房地产产品的不可移动性决定了房地产开发的地域性。不同的地域，外部环境不同，房地产供需市场特征不同，相应的房地产开发的方式方法也就不同。

二、房地产经营的概念、特征及分类

(一) 房地产经营的概念

房地产经营有广义和狭义之分，广义的房地产经营是指房地产经营者对房屋的建造、买卖、信托、交换、维修、装饰以及土地使用权的出让、转让等按价值规律所进行的有目标、有组织的经济活动，活动范围贯穿于房地产产品生产、流通、消费的全部过程，而非仅仅局限于流通领域。狭义的房地产经营是指房地产经营者对房屋和建筑地块的销售、租赁及售后服务管理等活动，活动范围主要是在流通领域。本章所述的房地产经营，泛指广义的房地产经营。

（二）房地产经营的特征

房地产经营与一般商品经营相比，虽然都属于商品经营范畴，都受供求关系、价值规律的影响，但由于房地产商品的特殊性，房地产经营也表现出不同于一般商品经营的特征。

1. 交易形式的多样化

房地产商品价格昂贵，大多数购买者购买力有限，一次性支付价款的难度较大。为解决过高的产品价格与有限的购买力之间的矛盾，房地产商品的交易形式呈现出多样化的特点，除了一般的一次性买卖方式外，还有分期付款、抵押贷款、租赁等多种形式。

2. 经营对象的限制性

一般商品的交换对象范围不受限制，而房地产产品交易则受到严格限制。如土地一级市场的国家垄断、经济适用房销售对象必须符合生活水平与经济条件上的严格的限制，以及其他方面的限制。

3. 销售用途的约束性

一般商品出售后的用途是不加限制的，买受人可以任意处分所购商品，行使完全的处分权。而房地产商品则有明确的用途规定，以及严格的用途变更审批程序等。如城市土地使用性质、房屋的使用性质等，买受人不得随意变更。

（三）房地产经营的分类

从房地产经营的内容来分，可以将房地产经营分为地产经营、房产经营和服务经营。

1. 地产经营

地产经营是以城市土地的使用权为对象的出让、转让、出租、抵押等产权经营和以城市土地为劳动对象进行的土地开发经营的活动。我国《城市房地产管理法》规定，土地社会主义公有，但是土地的使用权可以依法进行出让和转让。城市土地的有偿使用是国家作为城市土地的所有者，将土地的使用权在一定期限内有偿地转移给土地使用者同时又向土地使用者征收税费的制度，这是建立在马克思广义地租理论和我国土地公有制基础上的一项重大经济政策。

2. 房产经营

房产经营是经营者以房产为对象，根据国家政策要求，考虑自身技术经济条件和外部环境条件，经营房屋开发和房屋流通并取得一定经济效益的活动。房产经营是一种经营内容广泛、形式多样、有偿性和服务性并存的经营活动。

3. 服务经营

服务经营是指房地产业在开发建设和经营过程以及对房地产的使用过程中提供的一系列经营性服务的活动。如对房地产开发过程中提供的投资咨询、价格评估、拆迁安置服务；使用过程提供的房屋装饰、修缮服务，居住区环境服务及管理等。房地产服务经营活动贯穿于房地产开发经营的全过程，从目标决策开始，到建设施工之中，一直到最后的物业管理，都离不开房地产服务经营活动。

三、房地产开发与房地产经营的关系

早期的房地产开发与房地产经营是作为两个相对独立的概念而存在的,但是随着房地产市场的不断完善与发展,房地产开发与经营的联系日益紧密,形成了既相互区别又紧密联系的关系。

1. 房地产开发与房地产经营相对独立,各有侧重

一般而言,房地产开发侧重的是一种投资和建设行为,强调的是房地产产品形成的过程(即房地产开发企业在城市规划区内国有土地上进行基础设施建设、房屋建设);而房地产经营则侧重的是一种经营管理行为,强调房产、地产权利之间流转的交换过程(即房地产开发企业转让房地产开发项目或者销售、出租商品房),这一过程的目的在于获取最大的经济效益。所以,尽管投资开发者要用经营的观念指导开发,以期用最少的投入换取最大的收益,但就开发活动本身而言,并不能等同于房地产经营。

2. 房地产开发以房地产经营为核心

房地产开发是一种以经营为核心的行为。房地产经营活动的根本目的在于以低投入获取高回报,而房地产业规模大、投资多、建设周期长、经营风险高的一系列特点决定了房地产开发要想实现预期的经济收益,就必须以房地产经营为核心,有计划、有目标地全面规划、综合开发。

3. 房地产经营以房地产开发为前提

房地产经营以房地产开发为前提。房地产经营者对房屋的建造、买卖、信托、交换、维修、装饰以及土地使用权的出让、转让等按价值规律进行有目标、有组织的经济活动,活动范围贯穿于房地产产品生产、流通、消费的全部过程,并在开发行为结束,形成一定的房地产产品之后,仍然以产品为主要经营对象而继续。可见,房地产经营活动的客体是房地产产品,而房地产产品的形成则赖于房地产开发行为的实施,没有房地产产品的开发,也就谈不上后续的产品经营。

第二节　房地产开发管理

一、房地产开发企业

房地产开发企业是以盈利为目的,从事房地产开发和经营,依法设立的具有企业法人资格的经济实体。

(一) 房地产开发企业设立的条件

《城市房地产开发经营管理条例》第五条明确规定,设立房地产开发企业,除应当符合有关法律、行政法规规定的企业设立条件外,还应当具备下列条件:

(1) 有100万元以上的注册资本;

（2）有 4 名以上持有资格证书的房地产专业、建筑工程专业的专职技术人员，2 名以上持有资格证书的专职会计人员。

省、自治区、直辖市人民政府可以根据本地方的实际情况，对设立房地产开发企业的注册资本和专业技术人员的条件作出高于上述条件的规定。

（二）房地产开发企业设立的程序

新设立的房地产开发企业，应当自领取营业执照之日起 30 日内，持下列文件到登记机关所在地的房地产开发主管部门备案：

（1）营业执照复印件；

（2）企业章程；

（3）验资证明；

（4）企业法定代表人的身份证明；

（5）专业技术人员的资格证书和聘用合同；

（6）房地产开发主管部门认为需要出示的其他文件。

房地产开发主管部门应当在收到备案申请后 30 日内向符合条件的企业核发《暂定资质证书》，暂定资质的条件不低于四级资质的条件，《暂定资质证书》有效期一年。在有效期满前 1 个月内房地产开发企业应当向房地产开发主管部门申请核定相应的资质等级。房地产开发主管部门可以视企业经营情况，延长《暂定资质证书》有效期，但延长期不得超过 2 年，自领取《暂定资质证书》之日起 1 年内无开发项目的，《暂定资质证书》有效期不得延长。

（三）房地产开发企业资质等级

为了加强对房地产开发企业管理，规定房地产开发企业行为，原建设部于 2000 年 3 月发布了《房地产开发企业资质管理规定》（原建设部令第 77 号），明确规定对房地产开发企业实行资质管理。

房地产开发企业资质按照企业条件分为一、二、三、四级四个资质等级（表 5-1）。具体审批条件为：

1. 一级资质

（1）注册资本不低于 5000 万元；

（2）从事房地产开发经营 5 年以上；

（3）近 3 年房屋建筑面积累计竣工 30 万平方米以上，或者累计完成与此相当的房地产开发投资额；

（4）连续 5 年建筑工程质量合格率达 100%；

（5）上一年房屋建筑施工面积 15 万平方米以上，或者完成与此相当的房地产开发投资额；

（6）有职称的建筑、结构、财务、房地产及有关经济类的专业管理人员不少于 40 人，其中具有中级以上职称的管理人员不少于 20 人，持有资格证书的专职会计人员不少于 4 人；

（7）工程技术、财务、统计等业务负责人具有相应专业中级以上职称；

（8）具有完善的质量保证体系，商品住宅销售中实行了《住宅质量保证书》

和《住宅使用说明书》制度；

(9) 未发生过重大工程质量事故。

2. 二级资质

(1) 注册资本不低于 2000 万元；

(2) 从事房地产开发经营 3 年以上；

(3) 近 3 年房屋建筑面积累计竣工 15 万平方米以上，或者累计完成与此相当的房地产开发投资额；

(4) 连续 3 年建筑工程质量合格率达 100%；

(5) 上一年房屋建筑施工面积 10 万平方米以上，或者完成与此相当的房地产开发投资额；

(6) 有职称的建筑、结构、财务、房地产及有关经济类的专业管理人员不少于 20 人，其中具有中级以上职称的管理人员不少于 10 人，持有资格证书的专职会计人员不少于 3 人；

(7) 工程技术、财务、统计等业务负责人具有相应专业中级以上职称；

(8) 具有完善的质量保证体系，商品住宅销售中实行了《住宅质量保证书》和《住宅使用说明书》制度；

(9) 未发生过重大工程质量事故。

3. 三级资质

(1) 注册资本不低于 800 万元；

(2) 从事房地产开发经营 2 年以上；

(3) 房屋建筑面积累计竣工 5 万平方米以上，或者累计完成与此相当的房地产开发投资额；

(4) 连续 2 年建筑工程质量合格率达 100%；

(5) 有职称的建筑、结构、财务、房地产及有关经济类的专业管理人员不少于 10 人，其中具有中级以上职称的管理人员不少于 5 人，持有资格证书的专职会计人员不少于 2 人；

(6) 工程技术、财务等业务负责人具有相应专业中级以上职称，统计等其他业务负责人具有相应专业初级以上职称；

(7) 具有完善的质量保证体系，商品住宅销售中实行了《住宅质量保证书》和《住宅使用说明书》制度；

(8) 未发生过重大工程质量事故。

4. 四级资质

(1) 注册资本不低于 100 万元；

(2) 从事房地产开发经营 1 年以上；

(3) 已竣工的建筑工程质量合格率达 100%；

(4) 有职称的建筑、结构、财务、房地产及有关经济类的专业管理人员不少于 5 人，持有资格证书的专职会计人员不少于 2 人；

(5) 工程技术负责人具有相应专业中级以上职称，财务负责人具有相应专业初级以上职称，配有专业统计人员；

(6) 商品住宅销售中实行了《住宅质量保证书》和《住宅使用说明书》制度；

(7) 未发生过重大工程质量事故。

暂定资质：

申请《暂定资质证书》的条件不得低于三级资质企业的条件，临时聘用或者兼职的管理、技术人员不得计入企业管理、技术人员总数。

房地产开发企业资质等级条件　　　　表 5-1

资质等级	注册资本（万元）	从事房地产开发经营时间	近三年房屋建筑面积累计竣工（万 m²）	连续几年建筑工程质量合格率达到100%	上一年房屋建筑施工面积（万 m²）	专业管理人员（人数）		
							其中	
							中级以上职称管理人员	持有资格证书的专职会计人员
一级资质	≥5000	≥5	≥30	5	≥15	≥40	≥20	≥4
二级资质	≥2000	≥3	≥15	3	≥10	≥20	≥10	≥3
三级资质	≥800	≥2	≥5	2	≥10	≥5		≥2
四级资质	≥100	≥1		已竣工的建筑工程		≥5		≥2

一级资质的房地产开发企业承担房地产项目建设规模不受限制，可以在全国范围承揽房地产开发项目。

二级及二级以下资质的房地产开发企业只能承担建设面积 25 万平方米以下的开发建设项目，承担业务的具体范围由省、自治区、直辖市人民政府建设主管部门确定，不得超越资质范围承担开发项目。

另外，各资质等级的房地产开发企业还必须具备完善的质量保证体系，商品住宅销售中实行了《住宅质量保证书》和《住宅使用说明书》制度，且从未发生过重大工程质量事故。

(四) 房地产开发企业资质管理

国务院建设行政主管部门负责全国房地产开发企业的资质管理工作；县级以上地方人民政府房地产开发主管部门负责本行政区域内房地产开发企业的资质管理工作。

一级资质由省、自治区、直辖市建设行政主管部门初审，报国务院建设行政主管部门审批；二级及二级以下资质的审批办法由省、自治区、直辖市人民政府建设行政主管部门制定。对于不符合原定资质条件或者有不良经营行为的企业，由原资质审批部门予以降级或注销资质证书。企业涂改、出租、转让、出卖资质证书的，由原资质审批部门公告资质证书作废，收回证书，并可处以 1 万元以下的罚款。

二、房地产开发的基本原则

房地产开发基本原则是指在城市规划区国有土地范围内从事房地产开发并实施房地产开发管理中应依法遵守的基本原则。依据我国法律的规定，我国房地产开发的基本原则主要有：

1. 依法在取得土地使用权的城市规划区国有土地范围内从事房地产开发的原则

在我国，通过出让或划拨方式依法取得国有土地使用权是房地产开发的前提条件，房地产开发必须是国有土地。我国另一类型的土地即农村集体所有土地不能直接用于房地产开发，集体土地必须经依法征收转为国有土地后，才能成为房地产开发用地。

2. 房地产开发必须严格执行城市规划的原则

城市规划是城市人民政府对建设进行宏观调控和微观管理的重要措施，是城市发展的纲领，也是对城市房地产开发进行合理控制，实现土地资源合理配置的有效手段。科学制定和执行城市规划，是合理利用城市土地，合理安排各项建设，指导城市有序、协调发展的保证。

3. 坚持经济效益、社会效益和环境效益"三效合一"的原则

经济效益是指房地产所产生的经济利益的大小，是开发企业赖以生存和发展的必要条件；社会效益是指房地产开发给社会带来的效果和利益；环境效益是指房地产开发对城市自然环境和人文环境所产生的积极影响。以上三方面效益是矛盾统一的辩证关系，既有联系又有区别，这就需要政府站在国家和社会整体利益的高度上，进行综合整合和管理，实现经济效益、社会效益和环境效益的"三效合一"。

4. 房地产开发应当坚持全面规划、合理布局、综合开发、配套建设的原则

房地产的全面规划、合理布局、综合开发有利于实现城市总体规划，加快改变城市的面貌；有利于城市各项建设的协调发展，促进生产，方便生活；有利于缩短建设周期，提高经济效益和社会效益。

5. 房地产开发符合国家产业政策和国民经济社会发展计划的原则

国家产业政策、国民经济与社会发展计划是指导国民经济相关产业发展的基本原则和总的战略方针，房地产业作为第三产业应受国家产业政策、国民经济与社会发展计划的制约。

三、房地产开发的主要程序

房地产开发商从有投资意向开始至项目建设完毕，出售或出租并实施房地产产品全寿命周期的物业管理，大都遵循一个符合开发规律的程序。一般说来，这个程序包括八个步骤，即投资机会寻找与筛选、细化投资方案、可行性研究、合同谈判、正式签署有关合作协议、工程建设、竣工投入使用和房地产资产管理。这八个步骤又可以划分为四个阶段，即投资机会选择与决策分析、前期工作、建

设阶段和租售阶段。当然，房地产开发的阶段划分并不是一成不变的，在某些情况下各阶段的工作也可能会交替进行。

（一）投资机会选择与决策分析

投资机会选择与决策分析，是整个开发过程中最为重要的一个环节，类似于我们通常所说的项目可行性研究。投资机会选择，主要包括投资机会寻找和筛选两个步骤。在机会寻找过程中，开发商往往根据自己对某地房地产市场供求关系的认识，寻找投资的可能性，即我们通常所说的"看地"。此时，开发商也许面对几十种投资可能性，对每一种可能性都要根据自己的经验和投资能力，初步判断其可行性。在机会筛选过程中，开发商将其投资设想落实到一个具体的地块上，进一步分析其客观条件是否具备，通过与土地当前的拥有者或使用者、潜在的租客或买家、自己的合作伙伴以及专业人士接触，提出一个初步的方案，如认为可行，就可以草签购买土地使用权或有关合作的意向书。投资决策分析主要包括市场分析和项目财务评估两部分工作。前者主要分析市场的供求关系、竞争环境、目标市场及其可支付的价格水平；后者则是根据市场分析的结果，就项目的经营收入与费用进行比较分析。这项工作要在尚未签署任何协议之前进行。这样，开发商可有充分的时间和自由度来考虑有关问题。从我国房地产开发企业的工作实践来看，对房地产开发项目进行财务评估的方法已经比较成熟，但对至关重要的市场研究却很少予以充分的重视。应当注意到，市场研究对于选择投资方向、初步确定开发目标与方案、进行目标市场定位起着举足轻重的作用，往往会影响一个项目的最终成败。

（二）前期工作

通过投资决策确定了具体的开发地点与项目之后，在购买土地使用权和开发项目建设过程开始以前还有许多工作要做，这主要涉及与开发全过程有关的各种合同、条件的谈判与签约。通过初步投资分析，开发商可以找出一系列必须事先估计的因素，在购买土地使用权和签订建设合同之前，必须设法将这些因素尽可能精确地量化。这样可能会使初步投资决策分析报告被修改，或者在项目的收益水平不能接受时被迫放弃这个开发投资计划。

在初步投资决策分析的主要部分没有被彻底检验之前，开发商应尽量推迟具体的实施步骤，比如购买土地使用权等。当然，在所有影响因素彻底弄清楚以后再购买土地是最理想不过了，但在激烈的市场竞争条件下，为抓住有利时机很难做到这一点时，开发商也应对其可能承担的风险进行分析与评估。

1. 前期工作

主要包括以下内容：

（1）分析拟开发项目用地的范围、周边环境与特性，规划允许用途及获益能力的大小。

（2）获取土地的使用权。

（3）征地、拆迁、安置、补偿。

（4）规划设计及建设方案的制订。

(5) 与城市规划管理部门协商，获得规划部门许可。
(6) 施工现场的水、电、路通和场地平整。
(7) 市政设施建设衔接工作的谈判与协议。
(8) 安排短期和长期信贷。
(9) 对拟建中的项目寻找预租（售）的客户。
(10) 对市场状况进行进一步的分析，初步确定目标市场、租金或售价水平。
(11) 对开发成本和可能的工程量进行更详细的估算。
(12) 对承包商的选择提出建议，也可与部分承包商进行初步洽商。
(13) 开发项目的保险事宜洽谈。

上述工作完成后，应对项目再进行一次财务评估。因为前期工作需要花费一定时间，而这段时间内决定开发项目成败的经济特性有可能已经发生了变化。当然，通过市场机制以招标、拍卖或挂牌方式获取土地使用权时，土地的规划使用条件已在有关公告、文件中明示（例如容积率、覆盖率、用途、限高等），但有关的具体设计方案，还有待规划部门审批。

获取土地使用权后的最后准备工作就是进行详细设计、编制工作量清单、与承包商谈判并签订建设工程施工承包合同。进行这些工作往往要花费很多时间，在准备项目可行性研究报告时必须考虑时间因素。

2. 开发方案实施前的工作

在开发方案具体实施以前，必须制定项目开发过程的监控策略，以确保开发项目工期、成本、质量和利润目标的实现。

(1) 安排有关现场办公会、项目协调会的会议计划。
(2) 编制项目开发进度表，预估现金流。
(3) 对所有工程图纸是否准备就绪进行检查，如不完备，需要在议定的时间内完成。

（三）建设阶段

建设阶段是开发项目建筑工程的施工过程，即把开发过程中所涉及的所有原材料聚集在一个空间和时间点上的过程。项目建设阶段一开始，就意味着在选定的开发地点，以在特定时间段上分布的特定成本，来开发建设一栋或一组特定的建筑物。

开发商在此阶段的主要任务是如何使建筑工程成本支出不超出预算，同时，还要处理工程变更问题、解决施工中出现的争议、支付工程进度款、确保工程按照进度计划实施等。

由于在建设阶段存在着追加成本或工期拖延的可能性，故开发商必须密切注意项目建设过程的进展，定期视察现场，定期与派驻工地的监理工程师沟通，从而全面及时地了解整个建设过程。

（四）租售阶段

项目建设完毕后，开发商除了要办理竣工验收和政府批准入住的手续外，往往要看预计的开发成本是否被突破，实际工期较计划工期是否有拖延。但开发商此时更为关注的是，在原先预测的期间内能否以预计的租金或价格水平为项目找到买家或使用者。通常，开发商为了分散投资风险，减轻借贷的压力，在项目建设前或建设过程中就通过预售或预租的形式落实了买家或使用者，但在有些情况下，开发商也有可能在项目完工或接近完工时才开始进行市场营销工作。

对于出售、出租两种流通形式，开发商一般要根据市场状况、回收资金的迫切程度和开发项目的类型来选择。居住物业，通常以出售为主，且多为按套出售；写字楼、酒店、商业用房和工业厂房，常是出租、出售并用，以出租为主。虽然租售环节常常处于开发过程的最后阶段，但它仍然是可行性研究的一个重要组成部分。

上述开发过程主要程序中的每一阶段都对其后续阶段产生重要的影响。例如，准备工作中的方案设计与建筑设计，既是投资机会选择与决策分析阶段工作的结果，又对建设过程中的施工难易、成本高低有影响，更对租售阶段使用者对建筑物功能的满足程度、物业日常维修管理费用的高低、物业经济寿命的长短等有举足轻重的影响。故开发商在整个开发过程中，每一阶段的决策或工作都要经过慎重考虑和统筹规划，这是房地产开发成功与否的关键。

第三节 房地产经营管理

房地产经营是指房地产开发、流通、管理、服务全过程的经营，经营的概念贯穿于房地产经济活动的全过程。我们不仅在房地产的交换流通领域要遵循价值规律，用经营的观念作为主导思想，使其及时体现在房地产的开发过程、管理服务过程中，而且还要按经营的原则来组织运行。

根据房地产经济活动的过程，房地产经营可分为房地产产品形成环节的经营、房地产产品流通环节的经营和房地产产品消费环节的经营三种。如图5-1所示。

一、房地产产品形成环节的经营

房地产产品的形成，从立项、选址开始，经历环境分析与机会选择、可行性研究、依法取得土地使用权、前期准备、建设施工一直到竣工验收为止，从时间顺序上来看，与房地产开发的程序是一致的。但这期间需要投入大量人力、物力、财力，需要国土、规划、房管等多个部门组织协调，近百家相关单位密切配合，历经漫长的建设周期，这一过程的总体安排与决策、协调工作，绝非单纯的房地产开发，因此，需要房地产开发与经营企业充分了解市场、统筹规划、悉心经营，才能保证房地产产品形成环节的顺利完成。

二、房地产产品流通环节的经营

房地产产品形成后，便作为一种特殊商品进入到房地产产品流通环节。流通

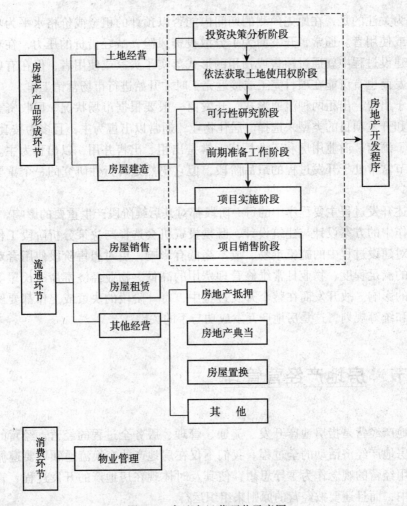

图 5-1 房地产经营环节示意图

环节中的房地产经营,主要指的是房地产交易,包括房屋销售、房屋租赁以及房地产抵押、房地产典当、房屋置换等经营形式。流通环节中的房地产经营是房地产经营的主要内容,是房地产企业回收成本、获得预期利润的关键,决定着房地产经营的成败。

(一) 房屋销售

房屋销售是指房屋作为商品实行的买卖行为,分为住宅房屋销售和非住宅房屋销售两类。影响房屋销售的因素有很多,其中影响最大的是价格。商品价格一般由价值规律决定,但房屋作为一种特殊的商品,其价格构成十分复杂,且这些构成还因时因地而变,加之具体用途不同,因此,理论价格与商品实际价格往往会有一定的差异。此外,由于位置的固定性,房屋作为不动产在流通过程中不能以实物形式在买卖双方之间流转,只能以房地产证书上使用权属的变更来公示。

(二) 房屋租赁

房屋租赁是指房屋所有权人,让渡房屋的使用权,从而通过房屋出租的形式收取租金的一种交易行为。房屋所有人或经营者称为出租人,房屋使用人称为承租人。承租人定期向出租人交付一定数额的租金,并从出租人那里获得房屋在租赁期内的使用权,而房屋的所有权属不变。

与房屋销售一样,房屋租赁是房地产企业以房屋为商品在金融流通领域实现房屋价值的一种形式。不同的是,房屋销售实现的是房屋所有权的转移,而房屋的租赁实现的是一定期限内房屋使用权的转移。

(三) 其他经营形式

随着我国住房制度改革的深入和市场经济的发展,在房地产市场中出现了多元化的经营方式。

1. 房地产抵押

房地产抵押是指抵押人以其合法房地产在不转移占有的情况下向抵押权人提供债务履行担保的行为。当债务人到期不履行债务时,抵押权人有权依法以抵押的房地产拍卖所得价款优先受偿。房地产抵押合同为要式合同,须以书面形式签订,并向县级以上人民政府规定部门办理抵押登记,抵押合同自登记之日起生效。

2. 房地产典当

房地产典当是房地产权利特有的一种流通方式,它是指房地产权利人(出典人)在一定期限内,将其所有的房地产,以一定典价将权利让渡给他人(承典人)的行为。房地产设典的权利为房屋所有权,设典时,承典人可以占有、使用房屋,也可以行为上不占有、使用该房屋,但有权将出典的房屋出租或将房屋典权转让。设典时,一般应明确典期,出典人应在典期届满时交还典价和相应利息从约定而赎回出典的房屋,也可以双方约定,由承典人补足典房的差额而实际取得房屋的所有权。

3. 房屋置换

房屋置换是指房屋所有权人或使用权人之间根据各自需要,按照有关法律规定,以房屋互换为主、货币补偿为辅的一种以房换房的交易行为。房屋置换,包括两种形式:一是房屋所有权与土地使用权的转移;二是仅房屋使用权的转移。

房屋置换应遵循平等、自愿、互惠互利、协调一致的原则,签订换房协议,按房屋交易有关规定进行。

三、房地产产品消费环节的经营

房地产产品在流通过程中作为一种消费商品形成并流转之后,便进入了房地产产品的消费环节。随着国民经济的发展与人民生活水平的提高,房地产企业不但要考虑房地产商品在生产、流通过程中的经济效益,更要考虑物业经营管理中的经济效益。实现物业的经济效益、社会效益与环境效益,提高企业的信誉度,增强企业的市场竞争力,是房地产企业发展势在必行的道路。

由于土地资源的稀缺性,房地产产品具有保值增值的特点,而实现这种保值增值就需要在房地产产品消费过程中的妥善经营,此阶段经营的主要内容是指物业管理服务。运作良好的物业服务不仅可以使物业及其附属设备正常运行并延长使用寿命，更可以为在物业中生活与工作的人们创造一个安全、舒适、文明和谐的生活与工作环境。

复习思考题

1. 什么是房地产开发？房地产开发有哪些特征？
2. 什么是房地产经营？房地产经营有哪些特征？
3. 简述房地产开发与房地产经营的关系。
4. 简述我国房地产开发企业资质管理制度。
5. 房地产开发必须遵循哪些基本原则？
6. 房地产开发的基本程序有哪些？
7. 房地产经营包括哪些基本环节？每个环节所包含的经营内容有哪些？

第六章
房地产交易管理制度

随着房地产领域中多种流通活动日趋频繁和广泛，为了建立和完善房地产市场机制和促进房地产业发展，必须要建立健全这些经济活动的基本制度，保证房地产交易双方当事人的合法权益，规范房地产市场行为，维护其正常的运行。本章主要介绍房地产交易的制度、房地产转让、房地产抵押和房屋租赁等方面相关管理规定。

第一节 房地产交易管理概述

一、房地产交易概念和特征

（一）房地产交易的概念

交易，本指物物交换，亦包括商品与货币之间的交换，后作为买卖的通称。交易的方式多种多样，其中有现货交易，也有期货交易等。

房地产交易一般是指房地产买卖。《城市房地产管理法》对房地产交易进行了明确的立法解释：房地产交易是指交易主体之间进行的房地产转让、房地产抵押和房屋租赁等的活动。

（二）房地产交易的特征

房地产交易的特征是由房产和地产的特殊性质决定的。房地产交易与其他商品交易相比，具有以下突出特征：

1. 房地产交易对象的固定性

房地产交易的对象是房屋和土地，房屋和土地同属于不动产。由于房屋和土地都具有不动产特征,在交易中就显示出与其他商品交易的显著区别:一般商品交易的时间与空间均可分离,特别是在空间上一般都发生移动,而房屋的流通和土地使用权的有偿转让,其交易过程只是货币单方面的运动,并不发生物体的空间移动。

2. 房地产交易形式的多样性

由于房屋使用期长、价值量大、产权性质多样、土地资源稀缺引起的土地价格的递增等特征,它们参与交易的金额大,因而具有多种交易形式。除了房屋的买卖、租赁两种主要形式外,还有交换、抵押、典当、信托等其他形式。

3. 地产交易的垄断性

商品交易的前提条件是交易主体对该商品拥有所有权,而房地产交易对象之一的土地却有其特殊性——城市土地所有权属于国家。按法律规定,除了国家用法律手段征收集体所有的土地外,城市土地的所有权是不能发生转移、不允许进行买卖的。但是,土地作为生产要素,其使用权可以进入市场流通。因此,所谓地产交易,实质是土地使用权交易,即交易的只是土地在一定期限内的使用权,而不是土地的所有权。目前,我国城市所实行的土地使用权的有偿出让、转让,都属于这种性质。由于土地的所有权始终掌握在代表国家的各级政府手中,所以地产交易实际上是属于政府控制垄断的。

二、房地产交易的制度

《城市房地产管理法》规定了五项基本制度,即国有土地有偿有期限使用制度、房地产成交价格申报制度、房地产价格评估制度、房地产估价人员资格认证制度和房地产权属登记发证制度。其中,国有土地有偿有期限使用制度、房地产估价人员资格认证制度和房地产权属登记发证制度,在本书相应章节中均有论述。这里主要介绍房地产成交价格申报制度和房地产价格评估制度。

1. 房地产成交价格申报制度

房地产交易价格管理是房地产交易管理的主要环节之一,它不仅关系着当事人之间的财产权益,而且也关系着国家的税费收益。因此,加强房地产交易价格管理,对于保护当事人的合法权益和保障国家的税收收入,促进房地产市场健康有序发展,有着极其重要的作用。

在房地产成交价格申报制度中,《城市房地产管理法》规定:"国家实行房地产成交价格申报制度。房地产权利人转让房地产,应当向县级以上地方人民政府规定的部门如实申报成交价,不得瞒报或作不实的申报。"《城市房地产转让管理规定》中指出,房地产转让当事人应当在房地产转让合同签订后90日内持房地产权属证书、当事人的合法证明、转让合同等有关文件向房地产所在地的房地产管理部门提出申请,并申报成交价格。房地产转让应当以申报的房地产成交价格作为缴纳税费的依据。房地产管理部门在接到价格申报后,应核实申报的成交价,如成交价格明显低于市场正常价格的,应当及时通知交易双方当事人,按不低于税收机关确认的价格缴纳有关税费后,房地产管理部门办理房地产交易手续,核发权属证书。这些规定为房地产成交价格申报制度提供了法律依据，也说明了房地产成交价格申报是房地产交易受法律保护的必要条件之一。

房地产权利人转让房地产，如房地产抵押权人依法拍卖房地产，应当向房屋所在地人民政府房地产行政主管部门如实申报成交价格，由国家对成交价格实施登记审验后，才予以办理产权转移手续，取得确定的法律效力。需要说明的是，房地产行政主管部门发现交易双方的成交价格明显低于市场正常价格时，并不是要求交易双方当事人更改房地产成交价格，只是通知交易双方应当按照什么价格缴纳有关税费，无论其合同中价格为多少，都不影响其办理房地产交易和权属的有关手续。

2. 房地产价格评估制度

房地产价格评估是指房地产专业估价人员根据估价目的，遵循估价原则，按照估价程序，采用科学的估价方法，并结合估价经验对于影响房地产价格的因素进行分析后，对房地产最可能实现的合理价格所作出的推测与判断。

《城市房地产管理法》规定国家实行房地产价格评估制度。房地产价格评估应当遵循公正、公平和公开的原则，按照国家规定的技术标准和评估程序，以基准地价、标定地价和各类房屋的重置价格为基础，参照当地的市场价格进行评估。基准地价、标定地价和各类房屋的重置价格应当定期确定并公布，具体办法由国务院规定。其中，基准地价是指按照不同的土地级别、区域分别评估和测算的商业、工业、住宅等各类用地的使用权的平均价格；标定地价是指对需要进行土地使用权出让、转让、抵押的地块评定的具体价格；房屋的重置价格是指按照当前的建筑技术、工艺水平、建筑材料价格、人工和运输费用等条件，重新建造同类结构、式样、质量标准的房屋的价格。

3. 房地产价格评估人员资格认证制度

《城市房地产管理法》规定："国家实行房地产价格评估人员资格认证制度。"《城市房地产中介服务管理规定》进一步明确："国家实行房地产价格评估人员资格认证制度。房地产价格评估人员分为房地产估价师和房地产估价员。""房地产估价师必须是经国家统一考试、执业资格认证，取得《房地产估价师执业资格证书》，并经注册登记取得《房地产估价师注册证》的人员。未取得《房地产估价师注册证》的人员，不得以房地产估价师的名义从事房地产估价业务。"

三、房地产交易的管理机构

房地产交易管理主要是指由国家设立的房地产交易的管理部门及其他相关部门以法律的、行政的、经济的手段，对房地产交易活动行使的指导、监督等管理活动。

房地产交易的管理机构主要是指由国家设立的从事房地产交易管理的职能部门及其授权的机构，具体包括国务院建设行政主管部门即住房和城乡建设部，省级建设行政主管部门即各省、自治区建设厅和直辖市房地产管理局，各市、县房地产管理部门以及房地产管理部门授权的房地产交易管理机构（房地产交易管理所、房地产市场管理处、房地产交易中心等）。

市、县房地产交易管理机构的主要任务是：

（1）执行国家有关房地产交易管理的法律法规、部门规章，并制定具体实施办法；

（2）对房地产交易、经营等活动进行指导和监督，查处违法行为，维护当事人的合法权益；

（3）办理房地产交易登记、鉴证及权属转移审核手续；

（4）协助财政、税务部门征收与房地产交易有关的税费；

（5）为房地产交易提供洽谈协议，交流信息，展示行情等各种服务；

（6）建立定期市场信息发布制度，为政府宏观决策和正确引导市场发展服务。

第二节 房地产转让管理

一、房地产转让概述

（一）房地产转让的概念

房地产转让是指房地产权利人通过买卖、赠与或者其他合法方式将其房地产转移给他人的行为。对于房地产转让的概念，有其特定的含义，我们可以从以下几个方面来理解：

1. 房地产转让人必须是房地产权利人

房地产转让关系的构成必须有两个主体：①房地产权利人为转让人，即房地产的卖方、赠与方等；②接受房地产权利人转让房地产的人为受让人，即房地产的买方、受赠方等。房地产转让人必须是房地产权利人，这是房地产转让的最基本的条件。因为只有房地产权利人才能决定某项房地产的命运，并根据自己的意愿采取不同的方式处分某项房地产。

2. 房地产权利人的权利内容是特定的

房地产权利人的权利内容包括：国有土地使用权和国有土地上的房屋所有权。这里的房地产转让包含两种情况，一是尚无地上房屋建筑的国有土地使用权转让；二是已有地上房屋建筑的房地产转让。作为尚无地上房屋建筑的国有土地使用权转让，与国有土地使用权出让是不同的，国有土地使用权出让是指国家以土地所有者的身份将国有土地使用权在一定年限内出让给土地使用者，由土地使用者向国家支付土地使用权出让金的行为，而国有土地使用权转让是指土地使用者之间的使用权让渡的行为，除此之外，法律还规定必须是已经完成规定比例投资额但未建成房屋或形成用地条件的土地使用权等。

3. 房地产转让是一种要式法律行为

（1）房地产转让的双方当事人，应当签订书面转让合同。房地产转让根据转让的权利与内容不同，可有国有土地使用权转让合同、房屋买卖合同、房地产赠与合同、房地产交换合同、房地产抵债合同等。其中房地产转让合同是房地产交易中最重要的合同。

（2）房地产转让必须依法进行。房地产转让必须符合法律规定的条件，如参与房地产转让的当事人必须具有相应的民事行为能力，作为公民，必须是完全民事行为能力人，而法人参与转让也要符合法律的规定。如转让行为不符合法律的规定，其转让行为是一种无效的民事行为，法律不予认可。

（3）房地产转让还必须经过转移登记。当事人双方应当向县级以上地方人民政府房地产管理部门申请转移登记，并向同级人民政府土地管理部门申请土地使用权变更登记。

（二）房地产转让的方式

房地产转让可以通过各种方式进行，主要包括：

1. 房地产买卖

房地产买卖是指房地产权利人将其合法拥有的土地使用权和房屋所有权交付给买受人所有，并由买受人支付约定价款的行为。

2. 房地产赠与

房地产赠与是指房地产权利人依法将其拥有的土地使用权和房屋所有权无偿转移给他人，不要求受赠人支付任何费用或为此承担任何义务的行为。

3. 房地产互换

房地产互换是指不同的房地产权利人之间将自己合法拥有的土地使用权和房屋所有权相互转移的行为。

4. 房地产继承

房地产继承是指被继承人死亡后，其遗留的个人合法房地产转移给继承人所有的行为。

5. 房地产遗赠

房地产遗赠是指房地产权利人生前以遗嘱方式将其个人合法房地产的一部分或全部赠给国家、社会团体、集体组织或个人，并于死亡时发生效力的行为。

另外还有房屋分割、合并，以房屋出资入股，法人或者其他组织分立、合并等法律法规规定的其他转让方式。

从房地产转让方式中可以看出其转让主要有两种情况：一种是有偿的，主要指买卖和交换；另一种是无偿的，主要指赠与、继承和遗赠。无论有偿的还是无偿的，房地产转让都是指权利人的转移，即土地使用权人和房屋所有权人的变更。

二、房地产转让条件

由于房地产转让涉及一系列的法律法规，涉及国有土地使用权获得方式的不同，涉及商品房预售等有关问题，国家法律法规对此作出了具体的规定。

房地产转让的条件，可以分为必备条件和限制条件。

（一）房地产转让的必备条件

房地产转让的必备条件是指法律法规规定的、在房地产转让中必须具备的条件。也就是说，如果不具有这些条件就不能转让房地产。由于国有土地使用权取得的方式不同，致使以出让方式和划拨方式取得土地使用权的房地产转让具有了不同的必备条件。

1. 以出让方式取得土地使用权的房地产转让的必备条件

（1）按照出让合同约定已经支付全部土地使用权出让金，并取得土地使用权证书。这条规定就是说国有土地使用权转让的前提条件是必须拥有土地使用权，而要取得土地使用权必须支付出让金和领取使用权证书。这条规定是为了保证国家财政收入和国家对土地出让的宏观管理。

（2）按照出让合同的约定进行投资开发，属于房屋建设工程的，完成开发投资总额的25%以上；属于成片开发的土地，形成工业用地或者其他建设用地条件。这条规定就是说在出让合同中明确规定了土地用途，房地产开发企业必须按合同约定进行实际投资。房地产开发企业如要转让房地产，其实际投资必须要达到法定比例和法定要求。属于房屋建设工程，是指一般情况下的房地产项目开发，按出让合同中的规划设计要求，包括建设用地开发和房屋建筑开发的全过程。这种情况下的转让，要完成开发投资总额的25%以上才准许转让。属于成片开发的，是指根据土地使用权出让合同要求，主要进行大面积土地开发的项目，其开发目的是进行土地平整和基础设施、公用设施建设，为将来各类地上建筑提供良好的建设用地，即"生地"变"熟地"的开发。

上述两个条件是并列关系，应当同时具备。

需要说明的是，已建成房屋的房地产转让，转让人还须持有房屋所有权证书。

2. 以划拨方式取得土地使用权的房地产转让的必备条件

以划拨方式取得土地使用权的房地产是不能直接转让的。如要转让房地产必须具备以下条件：

（1）按照国务院规定，报有批准权的人民政府审批（在实际操作中一般由房地产行政主管部门来行使）。

（2）待有批准权的人民政府批准后，由受让方办理土地使用权出让手续，即办理土地使用权证书，同时缴纳土地使用权出让金。

（3）以划拨方式取得土地使用权的，转让房地产报批时，有批准权的人民政府按照国务院规定可以不办理土地使用权出让手续，转让方应当将转让房地产所获收益中的土地收益上缴国家或者作出其他处理。

（二）房地产转让的限制条件

房地产转让的限制条件是指法律规定不允许进行房地产转让的情况。一般有以下几种情况：

（1）以出让方式取得的土地使用权，如不符合转让的必备条件，不能转让。

（2）司法机关和行政机关依法裁定，决定查封或者以其他形式限制房地产权利的（证据保全、诉讼保全、查封房地产或限制转移房地产的行政决定等），不能转让。

（3）依法收回土地使用权的，不能转让。

（4）共有的房地产是属于共有人共同享有的权利，共有人中的任何人要转让共有的房地产，必须经过其他共有人的书面同意，否则不能转让。

（5）在房地产权属清楚的情况下，房地产权利人才可以转让房地产，而权属有争议的，在权属争议解决前，不能转让。

（6）房地产转让的前提条件是必须取得土地使用权和房屋所有权，而权属证书是其法律凭证，因此未依法登记领取权属证书的，不能转让。

（7）法律、行政法规规定禁止的其他情况。

为抑制投机性购房，针对商品房预售的转让，2005年5月9日，国务院决定：禁止商品房预购人将所购买的未竣工的预售商品房再转让。

三、商品房销售

商品房销售包括商品房预售和商品房现售。

（一）商品房预售

1. 商品房预售的概念

商品房预售是指房地产开发企业将正在建设中的商品房预先出售给买受人，并由买受人支付定金或者房价款的行为。

由于房地产开发的投资额较大，房地产开发企业一般都希望通过商品房预售来扩大投资额，保证建设资金的供给，这也是房地产开发企业掌握市场情况、确定投资计划、加强市场竞争能力的最有效手段。同时，这些措施也有利于买受人和社会，它可以减轻买受人的经济负担，提高社会生产资金的周转效率，是市场经济的要求和通行做法。

2. 商品房预售的条件

《城市房地产管理法》明确规定，商品房预售实行预售许可制度。

为了保障商品房买受人的合法权益，防止出现因建设项目审批手续不全、资金短缺、拖延工期，或者房地产开发企业挪用、诈骗商品房预售款等情况的发生，从而避免给买受人造成意外风险损失，法律法规对商品房预售条件作了明确的规定：

（1）已交付全部土地使用权出让金，取得土地使用权证书；

（2）持有建设工程规划许可证；

（3）按提供预售的商品房计算，投入开发建设的资金达到工程建设总投资的25%以上，并已确定施工进度和竣工交付日期；

（4）向县级以上人民政府房产管理部门办理预售登记，取得商品房预售许可证明。

3. 商品房预售合同登记备案

房地产开发企业取得了商品房预售许可证后，可以向社会预售其商品房。房地产开发企业与买受人签订书面预售合同后，应当在签约之日起30日内持商品房预售合同到县级以上房地产管理部门和土地管理部门办理登记备案手续。

房地产管理部门应当积极应用网络信息技术，逐步推行商品房预售合同网上登记备案。

（二）商品房现售

1. 商品房现售的概念

商品房现售是指房地产开发企业将竣工验收合格的商品房出售给买受人，并由买受人支付房价款的行为。

2. 商品房现售的条件

根据《商品房销售管理办法》规定：房地产开发企业应当在商品房现售前将房地产开发项目手册及符合商品房现售条件的有关证明报送房地产开发主管部门备案。同时要求商品房现售应当符合以下条件：

（1）现售商品房的房地产开发企业应当具有企业法人营业执照和房地产开发企业资质证书；

（2）取得土地使用权证书或者使用土地的批准文件；

（3）持有建设工程规划许可证和施工许可证；

（4）已通过竣工验收；

（5）拆迁安置已经落实；

（6）供水、供电、供热、燃气、通信等配套设施具备交付使用条件，其他配套设施和公共设备具备交付使用条件或已确定施工进度和交付日期；

（7）物业管理方案已落实。

四、房地产转让合同

房地产转让时，转让人与受让人应当订立书面转让合同。房地产转让合同是指房地产转让当事人之间签订的用于明确双方权利、义务关系的书面协议。为了严格执行房地产交易法律法规，规范房地产市场行为，保障转让当事人的合法利益，房地产转让合同一般使用统一的标准合同本文。

商品房转让合同应当明确以下主要内容：

（1）当事人名称或者姓名和住所；

（2）商品房基本状况；

（3）商品房的销售方式；

（4）房地产价款的确定方式及总价款、付款方式、付款时间；

（5）交付使用条件及日期；

（6）装饰、设备标准承诺；

（7）供水、供电、供热、燃气、通信、道路、绿化等配套基础设施和公共设施的交付承诺和有关权益、责任；

（8）公共配套建筑的产权归属；

（9）面积差异的处理方式；

（10）办理产权登记有关事宜；

（11）解决争议的方法；

（12）违约责任；

（13）双方约定的其他事项。

五、房地产转让程序

房地产转让必须按照一定的程序。由于存在土地使用权取得方式、转让方式的不同，其转让的程序也略有不同。根据《城市房地产转让管理规定》的规定，房地产转让的程序如下：

（1）房地产转让当事人签订转让合同；

（2）房地产转让当事人在房地产转让合同签订后90日内持房地产权属证书、当事人的合法证件、转让合同等有关材料向房地产所在地的房地产管理部门提出申请，并申报成交价格；

（3）房地产管理部门在收到有关材料后对其进行审查，并在7日内作出是否受理该申请的书面答复，未作出书面答复的，视为同意受理；

（4）房地产管理部门审核申报的成交价格，并根据需要对转让的房地产进行现场查勘和评估；

（5）房地产转让当事人按照规定缴纳有关税费；

（6）房地产转让当事人向县级以上地方人民政府房地产管理部门申请转移登记，在房地产管理部门办理了房屋权属登记手续后，核发房地产权属证书。

第三节 房地产抵押管理

一、房地产抵押的概念及相关概念

（一）房地产抵押的概念及特征

1. 房地产抵押的概念

房地产抵押是指抵押人以合法的房地产以不转移占有的方式向抵押权人提供债务履行担保的行为。债务人不履行债务时，抵押权人有权依法以处分抵押的房地产所得的价款优先受偿。

房地产抵押的当事人可以是公民、法人或其他经济组织。其中将依法取得的房地产提供给抵押权人作为债务担保的当事人称为抵押人；将接受房地产抵押作为债务人履行债务担保的当事人称为抵押权人。房地产抵押人可以是债务人，也可以是第三人，即债务人可以以自己的房地产向债权人提供履行担保，也可以由第三人以其房地产向债权人提供债务履行担保。当然抵押人所担保的债权不得超出其抵押物的价值。

2. 房地产抵押权的特征

（1）房地产抵押权的从属性。抵押权是为了担保债权而设立的，它与所担保的债权形成主从关系。①抵押权的存在以债权的存在为前提。被担保的主债权有效存在，房地产抵押权存在，主债权无效或被撤销，其抵押权也随之失去效力。②抵押权随主债权的转移而转移。抵押权与所担保的债权不可分离，抵押权人不能仅将债权转让与他人而自己保留抵押权,也不能自己保留债权而仅将抵押权转让他人,更不能将债权与抵押权分别转让于他人。③抵押权随债权的消灭而消灭。

(2) 房地产抵押权的特定性。房地产抵押权的特定性是指其以特定的抵押房地产担保特定的债权的特征。一方面房地产抵押人只能以现存的房地产(包括预售房屋)供作抵押,不能以将可以得到的房地产供作抵押;抵押的房地产还必须是明确的、特定的,有其具体的范围。另一方面,房地产抵押权是针对某一明确的、特定的债权,而不能担保债务人的一切债务。

(3) 房地产抵押权的物上代位性。房地产抵押权的物上代位性是指在抵押房地产变化其原有形态或性质时,抵押权的效力仍及于抵押房地产的转换物上。如抵押房地产因毁损、拆除等原因灭失而获得的保险金、赔偿金、补偿费、拆迁费以及其他损害赔偿费等,这些都是抵押房地产的价值变化形式,归房地产权利人所有,这些成为抵押房地产的代位物,抵押权人可对其行使抵押权。

(4) 房地产抵押权的优先受偿权。抵押权的实质和担保作用在于,当债务人超过抵押合同规定期限没有履行债务时,抵押权人可以通过拍卖抵押物,从中优先受偿,这就保证了房地产抵押权人可以优先于其他债权人,以抵押的房地产价值确定自己的债权。当存在多个抵押权时,优先受偿权的次序以设定抵押物的时间先后来决定,时间在前的,其优先受偿权在前。

(二) 房地产抵押的相关概念

1. 预购商品房贷款抵押

预购商品房贷款抵押是指购房人在支付首期规定的房价款后,由贷款银行代其支付其余的购房款,将所购商品房抵押给贷款银行作为偿还贷款履行担保的行为。

2. 在建工程抵押

在建工程抵押是指抵押人为取得在建工程继续建造资金的贷款,以其合法方式取得的土地使用权连同在建工程的投入资产,以不转移占有的方式抵押给贷款银行作为偿还贷款履行担保的行为。

3. 有限产权房屋抵押

有限产权房屋是指房屋所有人拥有的享有完全的占有权、使用权和有限的处分权、收益权的房屋。作为房屋所有人应该对该房屋享有完全的占有、使用、收益、处分的权利,但在有些情况下,产权人只能拥有该房屋有限的收益权与处分权,如两人以上共同出资拥有的房屋(包括按份共有和共同共有)。以有限产权房屋设定抵押权的,应以房屋所有人原出资的比例为限。

二、房地产抵押的范围

房地产抵押范围是指房地产抵押标的的范围。根据《物权法》的规定,债务人或者第三人对下列财产可以抵押:建筑物和其他土地附着物;建设用地使用权;以招标、拍卖、公开协商等方式取得的荒地等土地承包经营权;正在建设中的建筑物等。具体而言,可以设定抵押权的物的范围包括:

（1）房屋所有权连同该房屋占用范围内的土地使用权；

（2）在取得国有土地使用权的出让土地上建成房屋，该房屋连同土地使用权可成为抵押财产，即使仅取得出让土地使用权而未予投资开发建设的，也可以成为抵押财产；

（3）抵押房地产的附属物，房地产附属物是指附属在房屋之上的物；

（4）抵押房地产的从物，在一般情况下，抵押房地产的从物应当随同主物列入抵押范围；

（5）依法获得的预售商品房等。

根据《物权法》的规定，下列财产不得抵押：

①土地所有权；

②耕地、宅基地、自留地、自留山等集体所有的土地使用权，但法律规定可以抵押的除外；

③学校、幼儿园、医院等以公益为目的的事业单位、社会团体的教育设施、医疗卫生设施和其他社会公益设施；

④所有权、使用权不明或者有争议的财产；

⑤依法被查封、扣押、监管的财产；

⑥法律、行政法规规定不得抵押的其他财产。

三、房地产抵押的设定

房地产抵押的设定是指设立房地产抵押的具体法律规定。具体法律规定如下：

（1）以出让土地使用权设定抵押权的，抵押权设定前原有的地上房屋及其他附属物应同时抵押。

（2）以两宗以上房地产设定同一抵押权的，共同视为同一抵押物；在抵押权存续期间，它们承担共同担保义务不可分割。

（3）国有企业、事业单位法人以国家授予其经营管理的房地产设定抵押权的，应当符合国有资产管理的有关规定。

（4）以集体所有制企业的房地产设定抵押权的，必须经集体所有制企业职工（代表）大会通过，并报其上级主管机关备案。

（5）以中外合资企业、合作经营企业和外商独资企业的房地产设定抵押权的，必须经董事会通过，但企业章程另外规定的除外。

（6）以有限责任公司、股份有限公司的房地产设定抵押权的，必须经董事会或者股东大会通过，但企业章程另有规定的除外。

（7）有经营期限的企业以其所有的房地产设定抵押权的，其设定的抵押期限不得超过企业的经营期限。

（8）以有土地使用期限的房地产设定抵押权的，所设定的抵押期限不得超过土地使用权出让合同规定的使用年限减去已经使用年限后的剩余年限。

（9）抵押人以共同共有的房地产设定抵押的，应事先征得其他共有人的书面同意，所有共有人均为抵押人；以按份共有的房地产设定抵押的，抵押人应书面通知其他共有人，并以其本人所有的份额为限。

（10）以预购商品房贷款抵押的，其前提条件是商品房开发项目必须符合房地产转让条件并取得商品房预售许可证，并须持有商品房预售合同及按规定办妥其有关登记手续。

（11）以有限产权房屋设定抵押权的，只能以房屋所有人原来出资的比例为限，并且必须符合国家及地方关于有限产权房屋的管理规定。

（12）以已出租的房地产设定抵押权的，抵押人应当将租赁情况告知抵押权人，并将抵押情况告知承租人，原租赁关系继续有效。

（13）已设定抵押权的房地产再作抵押时，抵押人应当事先将已抵押的状况告知拟接受再抵押者，并必须征得前一个抵押权人的书面同意，后一个抵押权所担保的债务履行期限不得早于前一个抵押权所担保的债务的履行期限。

（14）企事业单位法人分立或合并后，原抵押合同继续有效。其权利和义务由拥有抵押物的企业享有和承担。

（15）抵押权人在债务履行期届满前，不得与抵押人约定债务人不履行到期债务时抵押财产归债权人所有。

（16）担保期间，担保财产毁损、灭失或者被征收等，担保物权人可以就获得的保险金、赔偿金或者补偿金等优先受偿。被担保债权的履行期未届满的，也可以提存该保险金、赔偿金或者补偿金等。

（17）以正在建造的建筑物抵押的，应当办理抵押登记。抵押权自登记时设立。

（18）被担保的债权既有物的担保，又有人的担保的，债务人不履行到期债务或者发生当事人约定的实现担保物权的情形的，债权人应当按照约定实现债权；没有约定或者约定不明确的，债务人自己提供物的担保的，债权人应当先就该物的担保实现债权；第三人提供物的担保的，债权人可以就物的担保实现债权，也可以要求保证人承担保证责任。提供担保的第三人承担担保责任后，有权向债务人追偿。

（19）其他法律、行政法规的规定。

四、房地产抵押合同

（一）房地产抵押合同的订立

为了保障抵押当事人的合法权益，房地产抵押必须签订书面合同。双方应当就合同主要条款协商一致，内容符合有关法律法规。签订抵押合同前，依法应对抵押房地产进行估价的，可由抵押当事人协商确定，也可以委托授权认可的估价机构评估，估算出并确认抵押房地产的实际价值。对于抵押房地产的评估结果，应当在抵押合同中载明。

（二）房地产抵押合同的主要内容

房地产抵押合同一般应载明以下主要内容：

（1）被担保债权的种类和数额。

(2) 债务人履行债务的期限。
(3) 抵押房地产的价值。
(4) 抵押房地产的处所、名称、状况、建筑面积、用地面积以及四至、所有权归属或者使用权归属等。
(5) 担保的范围。
(6) 双方约定的其他事项。

（三）房地产抵押登记

房地产抵押合同订立后，抵押当事人必须在该抵押合同签订之日起30日内，按房地产登记管理权限向房地产管理部门办理抵押登记。

办理抵押登记时，抵押当事人应当向登记机关交验有关文件：①抵押登记申请书；②抵押当事人的身份证明或法人资格证明；③房屋所有权证书或房地产权证书；④抵押合同；⑤主债权合同；⑥登记机关认为必要的其他文件。当事人也可委托代理人办理房地产抵押登记手续。没有经过抵押登记的房地产抵押行为无效。

登记机关应当对申请人的申请进行审核。凡权属清楚、证明材料齐全的，应当在受理登记之日起15日内作出是否准予登记的书面答复。如以依法取得房屋所有权证书的房地产抵押的，登记机关在原《房屋所有权证》上作他项权利记载后，由抵押人收执。并向抵押权人颁发《房屋他项权证》。

以预售商品房或者在建工程抵押的，登记机关应当在抵押合同上记载。抵押的房地产在抵押期间竣工的，当事人应当在抵押人领取房地产权属证书后，重新办理房地产抵押登记。

五、房地产抵押的效力

抵押期间，抵押人转让已办理登记的抵押物的，应当通知抵押权人并告知受让人转让物已经抵押的情况；抵押人未通知抵押权人或者告知受让人的，转让行为无效。转让抵押物的价款明显低于其价值的，抵押权人可以要求抵押人提供相应的担保；抵押人不提供的，不得转让抵押物。抵押权人同意，抵押人转让抵押物时，转让所得价款应当向抵押权人提存所担保的债权或者向与抵押权人约定的第三人提存。超过债权数额的部分，归抵押人所有，不足部分由债务人清偿。

房地产抵押关系存续期间，房地产抵押人应当维护抵押房地产的安全完好，抵押权人发现抵押人的行为足以使抵押物价值减少的，有权要求抵押人停止其行为。抵押物价值减少时，抵押权人有权要求抵押人恢复抵押物的价值，或者提供与减少的价值相当的担保。抵押人对抵押物价值减少无过错的，抵押权人只能在抵押人因损害而得到的赔偿范围内要求提供担保。抵押物价值未减少的部分，仍作为债权的担保。

六、房地产抵押权的实现

抵押权的实现又称为抵押权的实行，是指抵押权人实行抵押权，在抵押物的价值内就其债权进行优先受偿的法律现象。实现抵押权是抵押权人的主要权利，也是抵押权人设定抵押权的目的。

《物权法》规定：债务人不履行到期债务或者发生当事人约定的实现抵押权的情形时，抵押权人可以与抵押人协议以抵押财产折价或者以拍卖、变卖该抵押财产所得的价款优先受偿。如协议损害其他债权人利益的，其他债权人可以在知道或者应当知道撤销事由之日起1年内请求人民法院撤销该协议。

抵押权人与抵押人未就抵押权实现方式达成协议的，抵押权人可以请求人民法院拍卖、变卖抵押财产。抵押财产折价或者变卖的，应当参照市场价格。抵押财产折价或者拍卖、变卖后，其价款超过债权数额的部分归抵押人所有，不足部分由债务人清偿。

同一财产向两个以上债权人抵押，拍卖、变卖抵押物所得的价款依照下列规定清偿：①抵押权已登记的，按照登记的先后顺序清偿，顺序相同的，按照债权的比例清偿；②抵押权已登记的先于未登记的受偿；③抵押权未登记的，按照债权比例清偿。

建设用地使用权抵押后，该土地上新增的建筑物不属于抵押财产。需要拍卖该建设用地使用权的，应当将该土地上新增的建筑物与建设用地使用权一并拍卖，但拍卖新增建筑物所得的价款，抵押权人无权优先受偿。

以乡镇、村企业的厂房等建筑物占用范围内的建设用地使用权一并抵押的，实现抵押权后，未经法定程序，不得改变土地所有权的性质和土地用途。

对于设定房地产抵押权的土地使用权是以划拨方式取得的，依法拍卖该房地产后，应当从拍卖所得的价款中缴纳相当于应缴纳的土地使用权出让金的款额后，抵押权人方可优先受偿。

在抵押权人实现抵押权后，为债务人抵押担保的第三人，有权向债务人追偿。

抵押权因抵押物灭失而消灭。因灭失所得的赔偿金，应当作为抵押财产。

第四节 房屋租赁管理

一、房屋租赁概述

（一）房屋租赁的概念

房屋租赁是指房屋所有权人作为出租人将其房屋出租给他人使用，由承租人向出租人支付租金的行为。其中房屋所有权人是房屋出租人，房屋使用人是房屋承租人。房屋所有权人出租房屋，既包括承租人用于居住的情况，也包括提供给他人从事经营活动及以合作方式与他人从事经营活动的情况。

在房屋租赁关系中，房屋所有人转移的是房屋的占有权和使用权，因此，承租人拥有的只是房屋的占有权、使用权，而房屋的收益权和处分权仍属出租人。这种所有权和使用权相分离的情况，相当于以租金为价格分期地逐步收回房屋的投资和利息（房屋零星出售）。这是房屋租赁与房屋买卖最主要的区别。

（二）房屋租赁的特征

房屋租赁作为一种特定的商品交换的经济活动形式，具有以下特征：

1. 房屋租赁的标的物是特定物的房屋

房屋作为不动产，不同于其他财产，它是特定物，而不是种类物。出租人在提供房屋时，只能按合同规定的房屋出租，而不能用其他的同类房屋替代；租赁合同终止后，承租人应将原房屋交还给出租人，也不能以同类房屋来替代。

2. 房屋租赁是一种经济的契约关系

（1）房屋租赁是一种民事法律行为，出租人和承租人应当签订书面租赁合同，约定租赁期限、租赁用途、租赁价格、修缮责任等条款，以及双方的其他权利和义务，并向房地产管理部门登记备案。

（2）房屋租赁是双方有偿的。在房屋租赁关系中，租赁双方都享有权利和承担义务：出租人有义务将房屋交付给承租人使用，同时享有向承租人收取租金的权利；承租人有义务按期支付租金，同时有权利使用出租人提供的房屋。

（3）房屋租赁中的所有权和使用权暂时分离。在房屋租赁关系中，出租人只是不定期或定期地转移出租房屋的占有权和使用权，该房屋的处分权始终属于出租人。在房屋租赁关系存续期间，即使出租房屋的所有权发生转移，原租赁的合同关系依然有效，房屋所有人必须尊重承租人的合法权益。

（4）违约必须承担法律责任。租赁双方必须依法履行合同，如果违约，就要承担民事责任。如《城市房屋租赁管理办法》中规定：未征得出租人同意和未办理登记备案手续，擅自转租房屋的，其租赁行为无效，没收非法所得，并可处以罚款。

3. 租赁双方都必须是符合法律法规规定的责任人

出租人必须是拥有房屋所有权的自然人、法人或其他组织，才能有权将房屋所有权中的占有权、使用权转移给他人。代理他人出租，必须在产权人的明确授权下方可行使。承租人可以是中华人民共和国境内外的自然人、法人或其他组织，但首先是应当具有民事行为能力的人，能签订租赁合同；其次是要符合土地使用权出让合同、土地租赁合同等约定的对象。

（三）房屋租赁的条件

根据有关法规，公民、法人或者其他组织对享有所有权的房屋和国家授权管理及经营的房屋可以出租。但有下列情形之一的房屋不得进行房屋租赁：

（1）未依法取得房屋所有权证和土地使用权证或房地产权证的；

（2）司法机关或行政机关依法裁定、决定查封或者以其他形式限制房地产权利的；

（3）共有房屋未取得共有人同意的；

（4）权属有争议的；

（5）属于违章建筑的；

（6）不符合安全标准的；

（7）已抵押，但未经抵押权人同意的；

(8) 不符合公安、环保、卫生等主管部门有关规定的；
(9) 有关法律、法规规定禁止出租的其他情形。

（四）房屋租赁分类

房屋租赁按照不同的标准，可作不同分类。

(1) 按租赁房屋的用途不同，可将租赁房屋分为住宅租赁和非住宅租赁。其中住宅租赁最为常见，非住宅中的商业用房、办公用房的租赁随着市场经济的发展日趋增多，并已形成专业化管理。

(2) 按租赁房屋的产权性质不同，可将租赁房屋分为公房租赁和私房租赁。公房一般为国家所有的房屋；私房一般是指城镇居民个人所有的房屋。随着房地产经营管理体制和住房制度改革的不断深化，房屋租赁已逐步实现公房租赁、私房租赁同时并进的格局。

(3) 按房屋租赁期限确定不同，可分为定期租赁和不定期租赁。定期租赁是指如不续租，则在合同租期届满之日终止；不定期租赁是指出租人可随时要求收回房屋，但应提前通知承租人（一般为提前3个月）。

(4) 按承租人的国籍不同，可将租赁分为国内房屋租赁和涉外房屋租赁。将房屋出租给外国人、外国机构和港澳台及东南亚同胞在大陆设立的办事机构，须遵守并按照国家的有关规定办理。

二、房屋租赁合同

房屋租赁是房地产交易行为之一，租赁关系的建立是以房屋出租人和承租人达成协议为标志。

（一）房屋租赁合同的主要条款

(1) 合同当事人姓名或者名称及住所；
(2) 房屋的坐落、面积、装修及设施状况；
(3) 租赁用途；
(4) 租赁期限；
(5) 租金及支付方式；
(6) 房屋修缮责任；
(7) 转租的约定；
(8) 变更和解除合同的条件；
(9) 违约责任；
(10) 当事人约定的其他条款。

在正式订立合同前，租赁双方当事人应共同清点房屋的设备、地上的附着物，必要时还需抄下水、电、燃气表数等，并开列清单，双方在清单上签字，清单作为合同的附件。

（二）租赁双方当事人的权利和义务

1. 出租人的权利和义务

(1) 有按期收取租金的权利。对租金拖欠者，要收取滞纳金，如拖欠租金累计6个月以上的，出租人有权终止合同收回房屋，因此造成损失的，由承租人赔偿。

（2）有监督承租人合理使用房屋的权利。出租人对承租人在使用房屋过程中擅自改变房屋使用性质和拆改私搭、破坏房屋与附属设备等情况，有权制止其违约或违法行为，并要求恢复原状或赔偿经济损失。

（3）有依法收回出租房屋的权利。在租赁期限届满时，出租人有权收回房屋。承租人如有违约或违法活动、无故长期空置等情况，出租人有权提前收回房屋。如承租人拒不执行，可以诉请人民法院处理。

（4）有保障承租人合法使用房屋的义务。出租人应当依照租赁合同约定的期限将房屋交付承租人，不能按期交付的，应当支付违约金；给承租人造成损失的，应当承担赔偿责任。

（5）有修缮出租房屋的义务。出租住宅用房的自然损坏或合同约定由出租人修缮的，由出租人负责修复。不及时修复，而致使房屋发生破坏性事故，造成承租人财产损失或者人身伤害的，应当承担赔偿责任。

（6）有将租金中所含土地收益上缴国家的义务。以盈利为目的，房屋所有人将以划拨方式取得使用权的国有土地上建成的房屋出租的，应当将在租金中所包含的土地收益上缴给国家。

2. 承租人的权利和义务

（1）有按租赁合同所规定的房屋用途使用房屋的权利。在租赁期限内，出租人确需提前收回房屋时，应当事先征得承租人同意，如给承租人造成损失的，应当予以赔偿。

（2）有要求保障房屋安全的权利。对非人为原因造成房屋与设备损坏的，有权要求出租人维修、养护。

（3）有优先购买或优先承租权利。租赁期限内，房屋所有权人转让房屋所有权时，应提前3个月通知承租人，在同等条件下，承租人有优先购买权；租赁期满出租人需将该房屋再出租的，承租人与第三人在同等条件下，承租人有优先承租权。

（4）有按期缴纳租金的义务。

（5）有按约定用途合理使用房屋的义务。承租人应当爱护并合理使用所承租的房屋及附属设施。不得擅自拆改、扩建或增添，确需变动的，必须征得出租人的同意并签订书面合同。

（6）有在租赁合同终止时及时交还房屋的义务。如承租人需要继续租用，应当在租赁期限届满前3个月提出，并经出租人同意，重新签订租赁合同。

（三）租赁合同的变更、解除和终止

租赁合同一经签订，租赁双方必须严格遵守。当事人协商一致，可以变更租赁合同。有下列情况之一的，当事人可解除租赁合同：

（1）符合法律规定或者合同约定可以变更或解除合同条款的。

（2）因不可抗力致使租赁合同不能继续履行的。

(3) 当事人协商一致的。

有下列情况之一的，出租人可以终止租赁合同：
(1) 将承租的房屋擅自转租的。
(2) 将承租的房屋擅自转让、转借他人或私自调换使用的。
(3) 将承租的房屋擅自拆改结构或改变承租房屋使用用途的。
(4) 无正当理由，拖欠房租 6 个月以上的。
(5) 公有住宅用房无正当理由闲置 6 个月以上的。
(6) 承租人利用承租的房屋从事非法活动的。
(7) 故意损坏房屋的。
(8) 法律、法规规定的其他可以收回的。

发生上述行为，出租人除终止租赁合同、收回房屋外，还可索赔由此造成的损失。

三、房屋租赁程序的一般规定

(1) 租赁双方当事人订立房屋租赁合同。租赁合同须使用"规范合同文本"。
(2) 房屋租赁当事人向房地产管理部门提出申请。

房屋租赁实行登记备案制度，即签订、变更、终止租赁合同的，当事人应当向房屋所在地房地产管理部门登记备案。

租赁双方当事人在签订房屋租赁合同后 30 日内，应向房屋所在地的房地产管理部门申请登记备案。申请时应当提交：书面租赁合同、房屋所有权证书、当事人的合法身份证明及市、县人民政府规定的其他文件。如出租共有房屋，须提交其他共有人同意出租的证明；出租委托代管房屋，须提交委托代管人授权出租的证明。

(3) 房地产管理部门对租赁双方当事人所提供的材料进行审核，并可对出租房屋现场进行调查和记录情况，作出是否准予租赁的决定。经审查符合租赁条件的，准予登记和租赁。

(4) 房地产管理部门审核同意租赁后，核发统一印制的《房屋租赁证》。

(5) 出租人或转租人应在领取《房屋租赁证》后向租赁房屋所在地的税务机关办理纳税申报登记。出租人收取租金时，应向所属的税务机关申请填领统一发票，并按规定缴纳税款。

根据政府的有关规定，出租人或转租人若进行虚假纳税申请，不缴、少缴应纳税款以及未按规定办理房屋租赁登记，领取《房屋租赁证》而取得租赁收入的行为，按偷税论处。

(6) 承租人为境内流动人员，有些地方人民政府还规定必须到房屋所在地公安警署领取《房屋租赁治安许可证》，其目的在于统一管理，维护社会治安秩序的稳定。

四、房屋转租

房屋转租是指房屋承租人将承租的房屋在租赁期内再出租给他人的行为。《城市房屋租赁管理办法》规定：承租人在租赁期限内，征得出租人同意，可以将所租赁房屋的部分或全部转租或转让给他人。出租人可以从转租中获得收益。房屋转租应当订立转租合同。转租合同必须经过原出租人书面同意，并按规定办理转租房屋登记备案手续。

另外对房屋转租还有下列几方面的规定：

（1）转租合同的终止日期不得超过原租赁合同规定的终止日期，但出租人与转租双方协商另有约定除外；

（2）转租合同生效后，转租人享有并承担转租合同规定的出租人的权利和义务，并且应当履行原租赁合同规定的承租人的义务，但出租人与转租双方另有约定除外；

（3）转租期间，原租赁合同变更、解除或终止，转租合同也随之相应的变更、解除或终止。

复习思考题

1. 房地产交易包括哪几种形式？
2. 简述房地产交易的基本制度。
3. 什么是房地产转让？房地产转让有哪几种形式？
4. 限制房地产转让的情形有哪些？
5. 简述房地产转让的必备条件。
6. 《城市房地产管理法》规定，商品房预售应当符合哪些规定？
7. 简述房地产转让的程序。
8. 什么是房地产抵押？其特征是什么？
9. 《物权法》规定有哪些财产不能抵押？
10. 什么是房屋租赁？房屋租赁有哪些条件？
11. 房屋租赁合同包括哪些内容？
12. 什么是房屋转租？

第七章

房地产权属登记制度

房地产权属登记是房地产管理中的一项重要制度，是对房地产产权确认、房地产交易安全和房地产管理运行的基本保障。《城市房地产管理法》规定："国家实行土地使用权和房屋所有权登记发证制度。"执行房地产权属登记制度对于保护房地产权利人的合法权益，完善相关的法律制度具有很强的现实意义。目前，在世界上有着多种房地产登记的模式，而我国的登记制度中行政因素多，有其自身的特殊性。因此，进一步完善和健全我国的房地产登记制度是房地产体系建设的一项重要任务。本章主要介绍房地产权属登记及其相关的管理制度。

第一节 房地产权属登记概述

一、房地产权属登记的概念和作用

（一）房地产权属登记的概念

房地产权属，即房地产权利归属，是指房地产产权在主体上的归属状态，如租赁权、抵押权、典当权、地役权等。房地产权属登记，简称房地产登记，是指法律规定的房地产行政管理部门对房地产所有权和使用权以及上述权利派生的抵押权、典当权等权属状况在房地产登记簿上予以公示的行为。

（二）房地产权属登记的作用

房地产权属登记主要具有以下作用：

1. 公示作用

房地产权属登记是一种不动产物权的公示方式，是房地产权属的设立、转移、变动和废止的法定公示手段。通过登记，表明房地产物权变动的后果，用以维护房地产交易的安全，从而保护房地产权利人及善意第三人的合法权益。

2. 权利确认和公信作用

房地产登记能明确房地产权利的归属，即有权利正确性的推定效力。也就是说只有经过登记的房地产权利，才能够得到法律的有效保护。公信力表示登记记载的权利人在法律上只能推定其为真正的权利人，任何人在相信登记记载权利的基础上，与权利人从事移转该权利的交易，该项交易就应受到法律的保护。

3. 权属管理作用

房地产权属登记是国家了解房地产权利归属和房地产权利流转情况的重要方式和途径，是国家对房地产市场进行管理的重要手段。它在很大程度上体现了国家对房地产市场进行管理的意图和目标。通过房地产登记，国家可以了解和掌握房地产权属及其发展变化情况，进而掌握市场动态，根据有关法律规定对房地产交易的真实性、合法性进行审查，制止和打击违法行为，预防房地产纠纷的发生，规范房地产交易行为，维护正常的市场秩序和社会秩序。

4. 征税作用

房地产权属登记是国家征收房地产税的重要依据和保障。完整准确的房地产登记可以为国家提供征税的准确资料。如果没有完善的房地产权属登记制度，房地产方面的征税就缺乏可靠的依据和有力的保障。房地产权属登记在不动产税收中的重要作用，已被实践所证明。

二、我国房地产权属登记的特征

我国现行的房地产登记制度具有自己的特点，概括起来，主要有以下几点：

1. 由不同登记机关分别登记

房屋与所占用的土地使用权是不可分割的，房地产权属的登记本应当是一次进行的，证书也应当只领取一个，但由于我国对房地产事项实行房屋与土地分部门管理，所以房地产权属登记一般是土地使用权和房屋所有权登记分别在土地管理机关和房地产管理机关进行。

近年来，为了适应市场经济条件下房地产权属管理工作的需要，提高工作效率，有些地方（如深圳、上海、北京、广州等地）对房屋和土地的权属实行了统一管理。

2. 房地产权利动态登记

当事人对房地产权利的取得、变更、丧失均须依法登记，不经登记，不具对抗第三人的效力。房地产权属登记，不仅登记房地产静态权利，而且也登记权利动态过程，使第三人可以就登记情况，推知该房地产权利状态。

3. 具有公信力

依法登记的房地产权利受国家法律保护。房地产权利一经登记机关在登记簿上注册登记，该权利对抗善意第三人，在法律上有绝对效力。

4. 实行及时登记制度

房地产权利初始登记后，涉及权利转移、设定、变更等，权利人必须在规定的期限内申请登记，若不登记，房地产权利便得不到法律的有效保护，且要承担相应的责任。

5. 颁发权利证书

房地产权属登记机关对产权申请人登记的权利，按程序登记完毕后，还要给权利人颁发权属证书。权属证书为权利人权利之凭证，由权利人持有和保管。

第二节 土地登记制度

一、土地登记的概念

土地登记，是指将国有土地使用权、集体土地所有权、集体土地使用权和土地抵押权、地役权以及依照法律法规规定需要登记的其他土地权利记载于土地登记簿公示的行为。这里所指的国有土地使用权，包括国有建设用地使用权和国有农用地使用权；集体土地使用权，包括集体建设用地使用权、宅基地使用权和集体农用地使用权（不含土地承包经营权）。

土地以宗地为单位进行登记。宗地是指土地权属界线封闭的地块或者空间。

土地登记实行属地登记原则。申请人应当依照国土资源部颁发的《土地登记办法》向土地所在地的县级以上人民政府国土资源行政主管部门提出土地登记申请，依法报县级以上人民政府登记造册，核发土地权利证书。但土地抵押权、地役权由县级以上人民政府国土资源行政主管部门登记，核发土地他项权利证明书。跨县级行政区域使用的土地，应当报土地所跨区域各县级以上人民政府分别办理土地登记。

二、土地登记的程序

（一）土地登记的申请

土地登记应当依照申请进行，但法律、法规和《土地登记办法》另有规定的除外。土地登记应当由当事人共同申请，但有下列情形之一的，可以单方申请：

（1）土地总登记；

（2）国有土地使用权、集体土地所有权、集体土地使用权的初始登记；

（3）因继承或者遗赠取得土地权利的登记；

（4）因人民政府已经发生法律效力的土地权属争议处理决定而取得土地权利的登记；

（5）因人民法院、仲裁机构已经发生法律效力的法律文书而取得土地权利的登记；

（6）更正登记或者异议登记；

（7）名称、地址或者用途变更登记；

(8) 土地权利证书的补发或者换发；
(9) 其他依照规定可以由当事人单方申请的情形。

两个以上土地使用权人共同使用一宗土地的，可以分别申请土地登记。

申请人申请土地登记，应当根据不同的登记事项提交相应的材料：①土地登记申请书；②申请人身份证明材料；③土地权属来源证明；④地籍调查表、宗地图及宗地界址坐标（可以委托有资质的专业技术单位进行地籍调查获得）；⑤地上附着物权属证明；⑥法律、法规规定的完税或者减免税凭证和法律、法规规定的其他证明材料。

申请人申请土地登记，应当如实向国土资源行政主管部门提交有关材料和反映真实情况，并对申请材料实质内容的真实性负责。未成年人的土地权利，应当由其监护人代为申请登记。申请办理未成年人土地登记的，除提交上述材料外，还应当提交监护人身份证明材料。委托代理人申请土地登记的，还应当提交授权委托书和代理人身份证明。代理境外申请人申请土地登记的，授权委托书和被代理人身份证明应当经依法公证或者认证。

（二）土地登记申请的受理

对当事人提出的土地登记申请，国土资源行政主管部门应当根据下列情况分别作出处理：

（1）申请登记的土地不在本登记辖区的，应当当场作出不予受理的决定，并告知申请人向有管辖权的国土资源行政主管部门申请；

（2）申请材料存在可以当场更正的错误的，应当允许申请人当场更正；

（3）申请材料不齐全或者不符合法定形式的，应当当场或者在5日内一次告知申请人需要补正的全部内容；

（4）申请材料齐全、符合法定形式，或者申请人按照要求提交全部补正申请材料的，应当受理土地登记申请。

（三）土地权属登记

国土资源行政主管部门受理土地登记申请后，认为必要的，可以就有关登记事项向申请人询问，也可以对申请登记的土地进行实地查看。国土资源行政主管部门应当对受理的土地登记申请进行审查，并按照下列规定办理登记手续：

（1）根据对土地登记申请的审核结果，以宗地为单位填写土地登记簿；

（2）根据土地登记簿的相关内容，以权利人为单位填写土地归户卡；

（3）根据土地登记簿的相关内容，以宗地为单位填写土地权利证书。对共有一宗土地的，应当为两个以上土地权利人分别填写土地权利证书。

国土资源行政主管部门在办理土地所有权和土地使用权登记手续前，应当报经同级人民政府批准。土地登记簿应当加盖人民政府印章。土地登记簿采用电子介质的，应当每天进行异地备份。土地登记簿是土地权利归属和内容的根据。

土地登记簿应当载明下列内容：

（1）土地权利人的姓名或者名称、地址；

（2）土地的权属性质、使用权类型、取得时间和使用期限、权利以及内容变化情况；

(3) 土地的坐落、界址、面积、宗地号、用途和取得价格；

(4) 地上附着物情况。

土地权利证书是土地权利人享有土地权利的证明。土地权利证书记载的事项，应当与土地登记簿一致；记载不一致的，除有证据证明土地登记簿确有错误外，以土地登记簿为准。土地权利证书包括：国有土地使用证、集体土地所有证、集体土地使用证和土地他项权利证明书。

国有建设用地使用权和国有农用地使用权在国有土地使用证上载明；集体建设用地使用权、宅基地使用权和集体农用地使用权在集体土地使用证上载明；土地抵押权和地役权可以在土地他项权利证明书上载明。土地权利证书由国务院国土资源行政主管部门统一监制。

有下列情形之一的，不予登记：

(1) 土地权属有争议的；

(2) 土地违法违规行为尚未处理或者正在处理的；

(3) 未依法足额缴纳土地有偿使用费和其他税费的；

(4) 申请登记的土地权利超过规定期限的；

(5) 其他依法不予登记的。

不予登记的，应当书面告知申请人不予登记的理由。

国土资源行政主管部门应当自受理土地登记申请之日起20日内，办结土地登记审查手续。特殊情况需要延期的，经国土资源行政主管部门负责人批准后，可以延长10日。土地登记形成的文件资料，由国土资源行政主管部门负责管理。土地登记申请书、土地登记审批表、土地登记归户卡和土地登记簿的式样，由国务院国土资源行政主管部门规定。

三、土地登记的类型

(一) 土地总登记

土地总登记是指在一定时间内对辖区内全部土地或者特定区域内土地进行的全面登记。土地总登记应当发布通告。通告的主要内容包括：

(1) 土地登记区的划分；

(2) 土地登记的期限；

(3) 土地登记收件地点；

(4) 土地登记申请人应当提交的相关文件材料；

(5) 需要通告的其他事项。

对符合总登记要求的宗地，由国土资源行政主管部门予以公告。公告的主要内容包括：

(1) 土地权利人的姓名或者名称、地址；

(2) 准予登记的土地坐落、面积、用途、权属性质、使用权类型和使用期限；

(3) 土地权利人及其他利害关系人提出异议的期限、方式和受理机构；

(4) 需要公告的其他事项。

公告期满，当事人对土地总登记审核结果无异议或者异议不成立的，由国土资源行政主管部门报经人民政府批准后办理登记。

（二）土地初始登记

初始登记是指土地总登记之外对设立的土地权利进行的登记。

依法以划拨方式取得国有建设用地使用权的，当事人应当持县级以上人民政府的批准用地文件和国有土地划拨决定书等相关证明材料，申请划拨国有建设用地使用权初始登记。新开工的大中型建设项目使用划拨国有土地的，还应当提供建设项目竣工验收报告。依法以出让方式取得国有建设用地使用权的，当事人应当在付清全部国有土地出让金后，持国有建设用地使用权出让合同和土地出让金缴纳凭证等相关证明材料，申请出让国有建设用地使用权初始登记。划拨国有建设用地使用权已依法转为出让国有建设用地使用权的，当事人应当持原国有土地使用证、出让合同及土地出让价款缴纳凭证等相关证明材料，申请出让国有建设用地使用权初始登记。依法以国有土地租赁方式取得国有建设用地使用权的，当事人应当持租赁合同和土地租金缴纳凭证等相关证明材料，申请租赁国有建设用地使用权初始登记。依法以国有土地使用权作价出资或者入股方式取得国有建设用地使用权的，当事人应当持原国有土地使用证、土地使用权出资或者入股批准文件和其他相关证明材料，申请作价出资或者入股国有建设用地使用权初始登记。以国家授权经营方式取得国有建设用地使用权的，当事人应当持原国有土地使用证、土地资产处置批准文件和其他相关证明材料，申请授权经营国有建设用地使用权初始登记。

农民集体土地所有权人应当持集体土地所有权证明材料，申请集体土地所有权初始登记。依法使用本集体土地进行建设的，当事人应当持有批准权的人民政府的批准用地文件，申请集体建设用地使用权初始登记。集体土地所有权人依法以集体建设用地使用权入股、联营等形式兴办企业的，当事人应当持有批准权的人民政府的批准文件和相关合同，申请集体建设用地使用权初始登记。依法使用本集体土地进行农业生产的，当事人应当持农用地使用合同，申请集体农用地使用权初始登记。

依法抵押土地使用权的，抵押权人和抵押人应当持土地权利证书、主债权债务合同、抵押合同以及相关证明材料，申请土地使用权抵押登记。同一宗地多次抵押的，以抵押登记申请先后为序办理抵押登记。符合抵押登记条件的，国土资源行政主管部门应当将抵押合同约定的有关事项在土地登记簿和土地权利证书上加以记载，并向抵押权人颁发土地他项权利证明书。申请登记的抵押为最高额抵押的，应当记载所担保的最高债权额、最高额抵押的期间等内容。

在土地上设定地役权后，当事人申请地役权登记的，供役地权利人和需役地权利人应当向国土资源行政主管部门提交土地权利证书和地役权合同等相关证明材料。符合地役权登记条件的，国土资源行政主管部门应当将地役权合同约定的有关事项分别记载于供役地和需役地的土地登记簿和土地权利证书上，并将地役权合同保存于供役地和需役地的宗地档案中。供役地、需役地分属不同国土资源行政主管部门管辖的，当事人可以向负责供役地登记的国土资源行政主管部门申请地役权登记。负责供役地登记的国土资源行政主管部门完成登记后，应当通知负责需役地登记的国土资源行政主管部门，由其记载于需役地的土地登记簿上。

（三）土地变更登记

变更登记是指因土地权利人发生改变，或者因土地权利人姓名或者名称、地址和土地用途等内容发生变更而进行的登记。

依法以出让、国有土地租赁、作价出资或者入股方式取得的国有建设用地使用权转让的，当事人应当持原国有土地使用证和土地权利发生转移的相关证明材料，申请国有建设用地使用权变更登记。

因依法买卖、交换、赠与地上建筑物、构筑物及其附属设施涉及建设用地使用权转移的，当事人应当持原土地权利证书、变更后的房屋所有权证书及土地使用权发生转移的相关证明材料，申请建设用地使用权变更登记。涉及划拨土地使用权转移的，当事人还应当提供有批准权的人民政府的批准文件。

因法人或者其他组织合并、分立、兼并、破产等原因致使土地使用权发生转移的，当事人应当持相关协议及有关部门的批准文件、原土地权利证书等相关证明材料，申请土地使用权变更登记。

因处分抵押财产而取得土地使用权的，当事人应当在抵押财产处分后，持相关证明文件，申请土地使用权变更登记。土地使用权抵押期间，土地使用权依法发生转让的，当事人应当持抵押权人同意转让的书面证明、转让合同及其他相关证明材料，申请土地使用权变更登记。已经抵押的土地使用权转让后，当事人应当持土地权利证书和他项权利证明书，办理土地抵押权变更登记。经依法登记的土地抵押权因主债权被转让而转让的，主债权的转让人和受让人可以持原土地他项权利证明书、转让协议、已经通知债务人的证明等相关证明材料，申请土地抵押权变更登记。

因人民法院、仲裁机构生效的法律文书或者因继承、受遗赠取得土地使用权，当事人申请登记的，应当持生效的法律文书或者死亡证明、遗嘱等相关证明材料，申请土地使用权变更登记。权利人在办理登记之前先行转让该土地使用权或者设定土地抵押权的，应当依照规定先将土地权利申请登记到其名下后，再申请办理土地权利变更登记。

已经设定地役权的土地使用权转移后，当事人申请登记的，供役地权利人和需役地权利人应当持变更后的地役权合同及土地权利证书等相关证明材料，申请办理地役权变更登记。土地权利人姓名或名称、地址发生变化的，当事人应当持原土地权利证书等相关证明材料，申请姓名或者名称、地址变更登记。土地的用途发生变更的，当事人应当持有关批准文件和原土地权利证书，申请土地用途变更登记。土地用途变更依法需要补缴土地出让价款的，当事人还应当提交已补缴土地出让价款的缴纳凭证。

(四) 土地注销登记

注销登记是指因土地权利的消灭等而进行的登记。

有下列情形之一的，可直接办理注销登记：

(1) 依法收回的国有土地；

(2) 依法征收的农民集体土地；

(3) 因人民法院、仲裁机构的生效法律文书致使原土地权利消灭，当事人未办理注销登记的。

因自然灾害等原因造成土地权利消灭的，原土地权利人应当持原土地权利证书及相关证明材料，申请注销登记。

非住宅国有建设用地使用权期限届满，国有建设用地使用权人未申请续期或者申请续期未获批准的，当事人应当在期限届满前15日内，持原土地权利证书，申请注销登记。已经登记的土地抵押权、地役权终止的，当事人应当在该土地抵押权、地役权终止之日起15日内，持相关证明文件，申请土地抵押权、地役权注销登记。当事人未按照规定申请注销登记的，国土资源行政主管部门应当责令当事人限期办理；逾期不办理的，进行注销公告，公告期满后可直接办理注销登记。土地抵押期限届满，当事人未申请土地使用权抵押注销登记的，除设定抵押权的土地使用权期限届满外，国土资源行政主管部门不得直接注销土地使用权抵押登记。

土地登记注销后，土地权利证书应当收回；确实无法收回的，应当在土地登记簿上注明，并经公告后废止。

(五) 土地的其他登记

其他登记，包括更正登记、异议登记、预告登记和查封登记。

国土资源行政主管部门发现土地登记簿记载的事项确有错误的，应当报经人民政府批准后进行更正登记，并书面通知当事人在规定期限内办理更换或者注销原土地权利证书的手续。当事人逾期不办理的，国土资源行政主管部门报经人民政府批准并公告后，原土地权利证书废止。

更正登记涉及土地权利归属的，应当对更正登记结果进行公告。土地权利人认为土地登记簿记载的事项错误的，可以持原土地权利证书和证明登记错误的相关材料，申请更正登记。利害关系人认为土地登记簿记载的事项错误的，可以持土地权利人书面同意更正的证明文件，申请更正登记。

土地登记簿记载的权利人不同意更正的，利害关系人可以申请异议登记。对符合异议登记条件的，国土资源行政主管部门应当将相关事项记载于土地登记簿，并向申请人颁发异议登记证明，同时书面通知土地登记簿记载的土地权利人。异议登记期间，未经异议登记权利人同意，不得办理土地权利的变更登记或者设定土地抵押权。有下列情形之一的，异议登记申请人或者土地登记簿记载的土地权利人可以持相关材料申请注销异议登记：

(1) 异议登记申请人在异议登记之日起15日内没有起诉的；

(2) 人民法院对异议登记申请人的起诉不予受理的；

(3) 人民法院对异议登记申请人的诉讼请求不予支持的。

异议登记失效后，原申请人就同一事项再次申请异议登记的，国土资源行政主管部门不予受理。

当事人签订土地权利转让的协议后，可以按照约定持转让协议申请预告登记。对符合预告登记条件的，国土资源行政主管部门应当将相关事项记载于土地登记簿，并向申请人颁发预告登记证明。预告登记后，债权消灭或者自能够进行土地登记之日起3个月内当事人未申请土地登记的，预告登记失效。预告登记期间，未经预告登记权利人同意，不得办理土地权利的变更登记或者土地抵押权、地役权登记。

国土资源行政主管部门应当根据人民法院提供的查封裁定书和协助执行通知书，报经人民政府批准后将查封或者预查封的情况在土地登记簿上加以记载。国土资源行政主管部门在协助人民法院执行土地使用权时，不对生效法律文书和协助执行通知书进行实体审查。国土资源行政主管部门认为人民法院的查封、预查封裁定书或者其他生效法律文书错误的，可以向人民法院提出审查建议，但不得停止办理协助执行事项。对被执行人因继承、判决或者强制执行取得，但尚未办理变更登记的土地使用权的查封，国土资源行政主管部门依照执行查封的人民法院提交的被执行人取得财产所依据的继承证明、生效判决书或者执行裁定书及协助执行通知书等，先办理变更登记手续后，再行办理查封登记。土地使用权在预查封期间登记在被执行人名下的，预查封登记自动转为查封登记。两个以上人民法院对同一宗土地进行查封的，国土资源行政主管部门应当为先送达协助执行通知书的人民法院办理查封登记手续，对后送达协助执行通知书的人民法院办理轮候查封登记，并书面告知其该土地使用权已被其他人民法院查封的事实及查封的有关情况。轮候查封登记的顺序按照人民法院送达协助执行通知书的时间先后进行排列。查封法院依法解除查封的，排列在先的轮候查封自动转为查封；查封法院对查封的土地使用权全部处理的，排列在后的轮候查封自动失效；查封法院对查封的土地使用权部分处理的，对剩余部分，排列在后的轮候查封自动转为查封。查封、预查封期限届满或者人民法院解除查封的，查封、预查封登记失效，国土资源行政主管部门应当注销查封、预查封登记。对被人民法院依法查封、预查封的土地使用权，在查封、预查封期间，不得办理土地权利的变更登记或者土地抵押权、地役权登记。

第三节 房屋登记制度

一、房屋登记的概念

房屋登记是指房屋登记机构依法将房屋权利和其他应当记载的事项在房屋登记簿上予以记载的行为。房屋登记是房地产产权管理的主要手段，也是维护房屋产权人及他项权利人合法权益，防止房屋产权纠纷的重要措施。房屋权属管理是城市房屋管理的重要内容之一，房屋权属登记是我国房地产管理法律制度的核心部分。

国务院建设主管部门负责指导、监督全国的房屋登记工作。省、自治区、直辖市人民政府建设（房地产）主管部门负责指导、监督本行政区域内的房屋登记工作。

房屋登记，由房屋所在地的房屋登记机构办理。房屋登记机构，是指直辖市、市、县人民政府建设（房地产）主管部门或者其设置的负责房屋登记工作的机构。房屋登记机构应当建立本行政区域内统一的房屋登记簿。房屋登记簿是房屋权利归属和内容的根据，由房屋登记机构管理。房屋登记人员应当具备与其岗位相适应的专业知识。从事房屋登记审核工作的人员，应当取得国务院建设主管部门颁发的房屋登记上岗证书，持证上岗。

房屋登记实行属地登记原则。申请人应当依照原建设部颁发的《房屋登记办法》向房屋所在地的房屋登记机构提出房屋登记申请，经由房屋登记机构审核，并记载于登记簿后颁发权属证书。

二、房屋登记的程序

办理房屋登记，一般要经过申请、受理、审核、记载于登记簿、发证等程序。房屋登记机构认为必要时，可以就登记事项进行公告。

（一）房屋登记申请

房屋登记是依当事人的申请而进行的。办理房屋登记，应当遵循房屋所有权和房屋占用范围内的土地使用权权利主体一致的原则。房屋登记机构应当依照法律、法规和《房屋登记办法》规定，确定申请房屋登记需要提交的材料，并将申请登记材料目录公示。房屋应当按照基本单元进行登记。房屋基本单元是指有固定界线、可以独立使用并且有明确、唯一的编号（幢号、室号等）的房屋或者特定空间。国有土地范围内成套住房，以套为基本单元进行登记；非成套住房，以房屋的幢、层、间等有固定界线的部分为基本单元进行登记。集体土地范围内村民住房，以宅基地上独立建筑为基本单元进行登记；在共有宅基地上建造的村民住房，以套、间等有固定界线的部分为基本单元进行登记。非住房以房屋的幢、层、套、间等有固定界线的部分为基本单元进行登记。

申请人应当向房屋所在地的房屋登记机构提出申请，并提交申请登记材料。申请登记材料应当提供原件。不能提供原件的，应当提交经有关机关确认与原件一致的复印件。申请人应当对申请登记材料的真实性、合法性、有效性负责，不得隐瞒真实情况或者提供虚假材料申请房屋登记。申请房屋登记，应当由有关当事人双方共同申请，但《房屋登记办法》另有规定的除外。下列情形之一，申请房屋登记的，可以由当事人单方申请：

（1）因合法建造房屋取得房屋权利；

（2）因人民法院、仲裁委员会的生效法律文书取得房屋权利；

（3）因继承、受遗赠取得房屋权利；

(4) 有《房屋登记办法》所列变更登记情形之一；
(5) 房屋灭失；
(6) 权利人放弃房屋权利；
(7) 法律、法规规定的其他情形。

共有房屋，应当由共有人共同申请登记。共有房屋所有权变更登记，可以由相关的共有人申请，但因共有性质或者共有人份额变更申请房屋登记的，应当由共有人共同申请。未成年人的房屋，应当由其监护人代为申请登记。监护人代为申请未成年人房屋登记的，应当提交证明监护人身份的材料；因处分未成年人房屋申请登记的，还应当提供为未成年人利益的书面保证。委托代理人申请房屋登记的，代理人应当提交授权委托书和身份证明。境外申请人委托代理人申请房屋登记的，其授权委托书应当按照国家有关规定办理公证或者认证。

申请房屋登记的，申请人应当按照国家有关规定缴纳登记费。

(二) 受理

受理是房屋登记机构查验申请人提交的有关登记材料，如其手续完备，则房屋登记机构接受申请人申请的行为。申请人提交的申请登记材料齐全且符合法定形式的，应当予以受理，并出具书面凭证。申请人提交的申请登记材料不齐全或者不符合法定形式的，应当不予受理，并告知申请人需要补正的内容。房屋登记机构应当查验申请登记材料，并根据不同登记申请就申请登记事项是否是申请人的真实意思表示、申请登记房屋是否为共有房屋、房屋登记簿记载的权利人是否同意更正，以及申请登记材料中需进一步明确的其他有关事项询问申请人。询问结果应当经申请人签字确认，并归档保留。房屋登记机构认为申请登记房屋的有关情况需要进一步证明的，可以要求申请人补充材料。

(三) 审核

审核是房屋登记机构对受理的申请登记事项进行审查核实，并作出准予登记或者不予登记决定的行为。主要是审核查阅登记簿、申请人提交的各种材料（证件），核实房屋现状、权属来源等。办理下列房屋登记，房屋登记机构应当实地查看：

(1) 房屋所有权初始登记；
(2) 在建工程抵押权登记；
(3) 因房屋灭失导致的房屋所有权注销登记；
(4) 法律、法规规定的应当实地查看的其他房屋登记。房屋登记机构实地查看时，申请人应当予以配合。

(四) 记载于登记簿

(1) 经审核后，登记申请符合下列条件的，房屋登记机构应当予以登记，将申请登记事项记载于房屋登记簿：

1) 申请人与依法提交的材料记载的主体一致；
2) 申请初始登记的房屋与申请人提交的规划证明材料记载一致，申请其他登记的房屋与房屋登记簿记载一致；

3）申请登记的内容与有关材料证明的事实一致；

4）申请登记的事项与房屋登记簿记载的房屋权利不冲突；

5）不存在《房屋登记办法》规定的不予登记的情形。

登记申请不符合前款所列条件的，房屋登记机构应当不予登记，并书面告知申请人不予登记的原因。房屋登记机构将申请登记事项记载于房屋登记簿上之前，申请人可以撤回登记申请。

(2) 经审核后，有下列情形之一的，房屋登记机构应当不予登记：

1）未依法取得规划许可、施工许可或者未按照规划许可的面积等内容建造的建筑申请登记的；

2）申请人不能提供合法、有效的权利来源证明文件或者申请登记的房屋权利与权利来源证明文件不一致的；

3）申请登记事项与房屋登记簿记载冲突的；

4）申请登记房屋不能特定或者不具有独立利用价值的；

5）房屋已被依法征收、没收，原权利人申请登记的；

6）房屋被依法查封期间，权利人申请登记的；

7）法律、法规和《房屋登记办法》规定的其他不予登记的情形。

(3) 房屋登记的时限。

自受理登记申请之日起，房屋登记机构应当于下列时限内，将申请登记事项记载于房屋登记簿或者作出不予登记的决定：

1）国有土地范围内房屋所有权登记，30个工作日，集体土地范围内房屋所有权登记，60个工作日；

2）抵押权、地役权登记，10个工作日；

3）预告登记、更正登记，10个工作日；

4）异议登记，1个工作日。

公告时间不计入上述规定时限。因特殊原因需要延长登记时限的，经房屋登记机构负责人批准可以延长，但最长不得超过原时限的一倍。法律、法规对登记时限另有规定的，从其规定。

房屋登记簿应当记载房屋自然状况、权利状况以及其他依法应当登记的事项。房屋登记簿可以采用纸介质，也可以采用电子介质。采用电子介质的，应当有唯一、确定的纸介质转化形式，并应当定期异地备份。

(五) 发证

发放权属证书是登记程序的最后一项，是房屋登记机构在作出准予登记的决定后，向申请人发放房屋权属证书的行为。房屋权属证书是权利人享有房屋权利的证明，包括《房屋所有权证》、《房屋他项权证》等。申请登记房屋为共有房屋的，房屋登记机构应当在房屋所有权证上注明"共有"字样。预告登记、在建工程抵押权登记以及法律、法规规定的其他事项在房屋登记簿上予以记载后，由房屋登记机构发放登记证明。

房屋权属证书、登记证明与房屋登记簿记载不一致的，除有证据证明房屋登记簿确有错误外，以房屋登记簿为准。房屋权属证书、登记证明破损的，权利人可以向房屋登记机构申请换发。房屋登记机构换发前，应当收回原房屋权属证书、登记证明，并将有关事项记载于房屋登记簿。房屋权属证书、登记证明遗失、灭失的，权利人在当地公开发行的报刊上刊登遗失声明后，可以申请补发。房屋登记机构予以补发的，应当将有关事项在房屋登记簿上予以记载。补发的房屋权属证书、登记证明上应当注明"补发"字样。在补发集体土地范围内村民住房的房屋权属证书、登记证明前，房屋登记机构应当就补发事项在房屋所在地农村集体经济组织内公告。

房屋登记机构应当将房屋登记资料及时归档并妥善管理。申请查询、复制房屋登记资料的，应当按照规定的权限和程序办理。县级以上人民政府建设（房地产）主管部门应当加强房屋登记信息系统建设，逐步实现全国房屋登记簿信息共享和异地查询。

三、房屋登记的类型

根据《房屋登记办法》，房屋登记包括：

（一）房屋所有权登记

房屋所有权登记是指房屋登记机构根据申请人的申请，将房屋所有权或所有权变动等事项，在登记簿上予以记载的行为。房屋所有权登记分为：房屋所有权初始登记、房屋所有权转移登记、房屋所有权变更登记、房屋所有权注销登记。

1. 房屋所有权初始登记

房屋所有权初始登记是指新建房屋申请人或原有房屋但未进行过登记的申请人原始取得所有权而进行的登记。因合法建造房屋申请房屋所有权初始登记的，申请人应当提交下列材料：①登记申请书；②申请人身份证明；③建设用地使用权证明；④建设工程符合规划的证明；⑤房屋已竣工的证明；⑥房屋测绘报告；⑦其他必要材料。

房地产开发企业申请房屋所有权初始登记时，应当对建筑区划内依法属于全体业主共有的公共场所、公用设施和物业服务用房等房屋一并申请登记，由房屋登记机构在房屋登记簿上予以记载，不颁发房屋权属证书。

2. 房屋所有权转移登记

房屋所有权转移登记是指房屋因买卖、互换、赠与、继承等原因致使房屋所有权发生转移而进行的登记。

当事人发生下列情形之一的，应当在有关法律文件生效或者事实发生后申请房屋所有权转移登记：

(1) 买卖；
(2) 互换；
(3) 赠与；
(4) 继承、受遗赠；
(5) 房屋分割、合并，导致所有权发生转移的；

（6）以房屋出资入股；
（7）法人或者其他组织分立、合并，导致房屋所有权发生转移的；
（8）法律、法规规定的其他情形。

申请房屋所有权转移登记，应当提交下列材料：①登记申请书；②申请人身份证明；③房屋所有权证书或者房地产权证书；④证明房屋所有权发生转移的材料，如买卖合同、互换合同、赠与合同、受遗赠证明、继承证明、分割协议、合并协议、人民法院或者仲裁委员会生效的法律文书或者其他证明房屋所有权发生转移的材料；⑤其他必要材料。

3. 房屋所有权变更登记

房屋所有权变更登记是指房地产权利人因法定名称改变或是房屋状况发生变化等而进行的登记。发生下列情形之一的，权利人应当在有关法律文件生效或者事实发生后申请房屋所有权变更登记：

（1）房屋所有权人的姓名或者名称变更的；
（2）房屋坐落的街道、门牌号或者房屋名称变更的；
（3）房屋面积增加或者减少的；
（4）同一所有权人分割、合并房屋的；
（5）法律、法规规定的其他情形。

申请房屋所有权变更登记，应当提交下列材料：①登记申请书；②申请人身份证明；③房屋所有权证书或者房地产权证书；④证明发生变更事实的材料及其他必要材料。

4. 房屋所有权注销登记

房屋所有权注销登记是指因房屋或土地灭失、放弃房屋所有权等情况，导致丧失房屋所有权等而进行的登记。经依法登记的房屋发生房屋灭失、放弃所有权或法律、法规规定的其他情形之一的，房屋登记簿记载的所有权人应当自事实发生后申请房屋所有权注销登记。申请房屋所有权注销登记的，应当提交下列材料：①登记申请书；②申请人身份证明；③房屋所有权证书或者房地产权证书；④证明房屋所有权消灭的材料及其他必要材料。

经依法登记的房屋上存在他项权利时，所有权人放弃房屋所有权申请注销登记的，应当提供他项权利人的书面同意文件。

经登记的房屋所有权消灭后，原权利人未申请注销登记的，房屋登记机构可以依据人民法院、仲裁委员会的生效法律文书或者人民政府的生效征收决定办理注销登记，将注销事项记载于房屋登记簿，原房屋所有权证收回或者公告作废。

（二）房屋抵押权登记

房屋抵押权登记是指房屋登记机构根据抵押当事人申请，依法将抵押权设立、转移、变动等事项在登记簿上予以记载的行为。以房屋设定抵押的，当事人应当申请抵押权登记。申请抵押权登记，应当提交下列文件：①登记申请书；②申请人的身份证明；③房屋所有权证书或者房地产权证书；④抵押合同、主债权合同及其他必要材料。

对符合规定条件的抵押权设立登记，房屋登记机构应当将下列事项记载于房屋登记簿：

（1）抵押当事人、债务人的姓名或者名称；

（2）被担保债权的数额；

（3）登记时间。

申请抵押权变更登记，应当提交下列材料：①登记申请书；②申请人的身份证明；③房屋他项权证书；④其他必要材料。因抵押当事人姓名或者名称发生变更，或者抵押房屋坐落的街道、门牌号发生变更申请变更登记的，无需提交抵押人与抵押权人变更抵押权的书面协议。因被担保债权的数额发生变更申请抵押权变更登记的，还应当提交其他抵押权人的书面同意文件。

经依法登记的房屋抵押权因主债权转让而转让，申请抵押权转移登记的，主债权的转让人和受让人应当提交下列材料：①登记申请书；②申请人的身份证明；③房屋他项权证书；④房屋抵押权发生转移的证明材料及其他必要材料。

经依法登记的房屋抵押权发生下列情形之一的，权利人应当申请抵押权注销登记：

（1）主债权消灭；

（2）抵押权已经实现；

（3）抵押权人放弃抵押权；

（4）法律、法规规定抵押权消灭的其他情形。

申请抵押权注销登记的，应当提交下列材料：①登记申请书；②申请人的身份证明；③房屋他项权证书；④证明房屋抵押权消灭的材料及其他必要材料。

（三）地役权登记

地役权登记是指房屋登记机构根据抵押当事人申请，依法将地役权设立、转移、变动等事项在需役地和供役地登记簿上予以记载的行为。在房屋上设立地役权的，当事人可以申请地役权设立登记。申请地役权设立登记，应当提交下列材料：①登记申请书；②申请人的身份证明；③地役权合同；④房屋所有权证书或者房地产权证书及其他必要材料。对符合规定条件的地役权设立登记，房屋登记机构应当将有关事项记载于需役地和供役地房屋登记簿，并可将地役权合同附于供役地和需役地房屋登记簿。

已经登记的地役权变更、转让或者消灭的，当事人应当提交登记申请书、申请人的身份证明、登记证明、证明地役权发生变更、转移或者消灭的材料和其他必要材料，申请变更登记、转移登记、注销登记。

（四）房屋预告登记

房屋预告登记是指申请人按照约定向房屋登记机构申请，房屋登记机构依法将申请事项预先在登记簿上予以记载的行为。有下列情形之一的，当事人可以申请预告登记：

（1）预购商品房；

（2）以预购商品房设定抵押；

(3) 房屋所有权转让、抵押；
(4) 法律、法规规定的其他情形。

预告登记后，未经预告登记的权利人书面同意，处分该房屋申请登记的，房屋登记机构应当不予办理。预告登记后，债权消灭或者自能够进行相应的房屋登记之日起三个月内，当事人申请房屋登记的，房屋登记机构应当按照预告登记事项办理相应的登记。预售人和预购人订立商品房买卖合同后，预售人未按照约定与预购人申请预告登记，预购人可以单方申请预告登记。申请预购商品房预告登记，应当提交下列材料：①登记申请书；②申请人的身份证明；③已登记备案的商品房预售合同；④当事人关于预告登记的约定；⑤其他必要材料。

(五) 房屋其他登记

房屋其他登记是指上述房屋登记类型以外的更正登记、异议登记、撤销登记、查封登记等房屋登记。

权利人、利害关系人认为房屋登记簿记载的事项有错误的，可以提交登记申请书、申请人的身份证明和证明房屋登记簿记载错误的材料，申请更正登记。利害关系人申请更正登记的，还应当提供权利人同意更正的证明材料。

房屋登记簿记载确有错误的，应当予以更正；需要更正房屋权属证书内容的，应当书面通知权利人换领房屋权属证书；房屋登记簿记载无误的，应当不予更正，并书面通知申请人。房屋登记机构发现房屋登记簿的记载错误，不涉及房屋权利归属和内容的，应当书面通知有关权利人在规定期限内办理更正登记；当事人无正当理由逾期不办理更正登记的，房屋登记机构可以依据申请登记材料或者有效的法律文件对房屋登记簿的记载予以更正，并书面通知当事人。对于涉及房屋权利归属和内容的房屋登记簿的记载错误，房屋登记机构应当书面通知有关权利人在规定期限内办理更正登记；办理更正登记期间，权利人因处分其房屋权利申请登记的，房屋登记机构应当暂缓办理。利害关系人认为房屋登记簿记载的事项错误，而权利人不同意更正的，利害关系人可以持登记申请书、申请人的身份证明、房屋登记簿记载错误的证明文件等材料申请异议登记。

房屋登记机构受理异议登记的，应当将异议事项记载于房屋登记簿。异议登记期间，房屋登记簿记载的权利人处分房屋申请登记的，房屋登记机构应当暂缓办理。权利人处分房屋申请登记，房屋登记机构受理登记申请但尚未将申请登记事项记载于房屋登记簿之前，第三人申请异议登记的，房屋登记机构应当中止办理原登记申请，并书面通知申请人。

异议登记期间，异议登记申请人起诉，人民法院不予受理或者驳回其诉讼请求的，异议登记申请人或者房屋登记簿记载的权利人可以持登记申请书、申请人的身份证明、相应的证明文件等材料申请注销异议登记。人民法院、仲裁委员会的生效法律文书确定的房屋权利归属或者权利内容与房屋登记簿记载的权利状况不一致的，房屋登记机构应当按照当事人的申请或者有关法律文书，办理相应的登记。司法机关、行政机关、仲裁委员会发生法律效力的文件证明当事人以隐瞒真实情况、提交虚假材料等非法手段获取房屋登记的，房屋登记机构可以撤销原房屋登记，收回房屋权属证书、登记证明或者公告作废，但房屋权利为他人善意取得的除外。

复习思考题

1. 什么是房地产权属登记？房地产权属登记有哪些作用？
2. 我国房地产权属登记有哪些特征？
3. 什么是土地登记？土地登记有哪些类型？
4. 什么是房屋登记？
5. 简述房屋登记的程序。
6. 房屋登记有哪几种类型？
7. 什么是房屋所有权登记？房屋所有权登记包括哪几种类型？

第八章
房地产中介服务管理制度

随着房地产业的繁荣和发展，房地产市场的日趋活跃，房地产中介服务行业应运而生。为了维护房地产市场秩序的正常化，有效规范房地产中介服务活动，保障当事人的合法权益，加强房地产中介服务的行业行为，国家有关部门颁布了一系列规章制度，这些政策制度的建立和实施，都为我国房地产中介服务的正规化、法制化进程奠定了坚实的基础。本章主要介绍房地产中介服务概念、特点，房地产中介服务的内容和收费，房地产中介服务行业信用档案管理等内容。

第一节 房地产中介服务概述

我国房地产中介服务是伴随着我国房地产市场快速发展而产生、发展起来的。新中国成立以来，我国的房地产业基本上是公有制一统天下，土地无偿无期限使用，房屋产权单一，房地产交易清淡。随着社会主义经济体制的改革，特别是土地有偿有期限使用制度的实现，我国房地产市场的发展取得了历史性的突破。同时，大量新生的房地产开发经营公司承担了对城市土地、房屋进行综合开发的任务，推动了房地产交易市场的运行，房地产市场的交易量不断上升。长期以来实行的房地产交易双方自己协商、自己联系，然后再到房地产管理部门办理过户手续的老办法已远远不能适应新的房地产市场发展的需要。高速发展房地产市场除了需要进一步完善其管理机制外，还迫切需要一支保证市场正常运行的力量。由此，房地产中介服务行业应运而生。

《城市房地产管理法》的颁布实施，使房地产中介服务行业的法律地位得到确认。2003年8月12日,《国务院关于促进房地产市场持续健康发展的通知》指出,要健全房地产中介服务市场规则,严格执行房地产经纪人、房地产估价师执(职)业资格制度,为房地产产权人或使用人提供准确的信息和便捷的服务。

一、房地产中介服务的概念

房地产中介服务是指具有专业执业资格的人员在房地产投资、开发、销售、交易等各个环节中,为当事人提供专业服务的经营活动,是房地产咨询、房地产估价、房地产经纪等活动的总称。

(一)房地产咨询

房地产咨询是指为从事房地产活动的当事人提供法律、法规、政策、信息、技术等方面服务的经营活动。

从事房地产咨询业务的机构,称为房地产咨询机构。房地产咨询机构可以单独设立,也可以附设于房地产经营公司或房地产交易市场。房地产咨询机构根据其经营的业务,一般应配备各种既有理论基础又有实践经验的专业人员,如房地产经纪人、房地产估价师、会计师、建筑设计师、律师等。

(二)房地产估价

房地产估价是指专业房地产估价人员根据特定的估价目的,遵循公认的估价原则,按照严谨的估价程序,运用科学的估价方法,在对影响房地产价值的因素进行综合分析的基础上,对房地产在特定时点的价值进行测算和判定的活动。

从事房地产估价业务的机构,称为房地产估价机构。房地产估价机构分为两类,即政府房地产估价机构和非政府房地产估价机构(即房地产估价事务所)。

(三)房地产经纪

房地产经纪是指以收取佣金为目的,为促成他人房地产交易而从事居间或代理等专业服务的经济活动。

从事房地产经纪业务的机构,称为房地产经纪机构。房地产经纪机构可以单独设立,也可以附设于房地产咨询机构。单独设立的房地产经纪机构也可以是个体经营。

二、房地产中介服务的特点

1. 人员特定

从事房地产中介服务的人员必须是具有特定资格的专业人员。这些特定资格的专业人员都有一定的学历和专业经历,通过了专业资格考试,掌握了一定的专业技能。在中介活动过程中,这些特定资格的专业人员凭借自身了解市场、熟悉各类物业特点的优势,节约了流通时间和费用,同时,也刺激了房地产商品的生产和流通。

2. 委托服务

房地产中介服务是受当事人委托进行的,并在当事人委托的范围内从事房地产中介服务活动,提供当事人所要求的服务。例如,在房地产租赁过程中,房地产经纪人利用自身掌握的房地产专业知识和信息,为租赁双方当事人相互传递信息,代办相关事务。由房地产经纪人代理房地产交易,按照规定的程序和要求去办理各种手续,不仅给交易双方带来方便,而且也起到了规范交易行为的作用,使房地产交易在一定的规则下健康有序地进行。

3. 服务有偿

房地产中介服务是一种服务性的经营活动,委托人一般都应按照一定的标准向房地产中介服务机构支付相应的报酬或佣金。

三、房地产中介服务的作用

1. 宣传与房地产相关的法律常识

房地产中介服务是专业人员在房地产投资、开发、销售、交易等各个环节中,为当事人提供专业服务的经营活动。房地产投资、开发、销售、交易等各个环节中往往涉及大量的法律法规。房地产中介服务的过程就是信息汇集与交流的过程,也是向广大客户宣传房地产法律、法规、政策、知识的过程,两者从客观上促进了房地产交易市场的发展。

2. 提供指导性意见

从事房地产中介服务的专业人员可以利用自身在知识、技术和信息等方面的优势,为当事人提供投资分析、市场预测和可行性研究等,从而帮助房地产交易当事人作出决定。

3. 利于实现房地产交易

房地产中介服务通过发布大量的房地产供求信息,可使房地产供求双方对市场情况有所了解,使供求双方能在较短的时间内达到自己交易的目的。

4. 利于稳定房地产价格

由于房地产具有不可移动性和独一无二性,使房地产的价格与一般商品的价格不同,不易掌握。通过房地产中介服务,可以为买者确定合理的买价,或为卖者确定合理的卖价,这一作用在房地产三级市场尤为明显。房地产中介服务采用科学的估价方法,结合丰富的交易资料和估价经验,为当事人的房地产交易提供合理的参考价格,有利于稳定房地产价格,规范房地产市场。

5. 避免盲目行为

房地产交易涉及许多专业知识,如房地产产权、房地产交易手续及房地产交易税收等,双方当事人对于这些专业知识不一定精通。房地产中介服务可以为双方当事人代办产权过户登记,代办抵押贷款,代签合同,代交有关税费等。通过房地产中介服务的指导和办理,可以避免许多盲目行为的发生。

四、房地产中介服务的意义

1. 房地产中介服务有助于我国房地产市场的完善

房地产中介服务通过房地产交易市场,为房地产业参与者提供交易信息、居间和代理服务、价格评估等,从而使其成为健全房地产市场机制的重要手段。

2. 房地产中介服务有助于房地产业的健康发展

通过房地产中介服务所提供的各种服务，房地产开发、交易行为更趋于规范化、合法化，买卖双方当事人的合法权益也及时得到了保护。

3. 房地产中介服务有助于解决就业问题

由于房地产业属于第三产业，所以为房地产开发、交易提供中介服务和管理的房地产中介服务业也属于第三产业。房地产中介服务要发展，就需要大量专业技术人员和管理人员来予以补充，这样就可以在社会上吸收一定数量的就业者，解决他们的就业问题。

第二节 房地产中介服务管理

一、房地产中介服务管理的内容

房地产中介服务是房地产经营活动的重要组成部分。依照《城市房地产管理法》的有关规定，1996年1月，原建设部发布了第50号令《城市房地产中介服务管理规定》（以下简称《中介服务管理规定》）。2001年，原建设部对《中介服务管理规定》进行了修改，并于同年8月15日以原建设部令第97号重新发布。《中介服务管理规定》对中介服务人员的资格管理、房地产中介服务机构的资质管理、中介服务的业务管理等内容作出了明确规定。

（一）房地产中介服务人员的资格管理

为了与房地产市场发展相适应，我国对房地产中介服务人员实行资格认证制度。房地产行政主管部门采用系统的培训与考核，资格认证与执业注册，继续教育与续期注册等方式进行监督管理，确保从业人员达到从业要求。

《中介服务管理规定》对从事房地产咨询、房地产估价、房地产经纪活动的人员要求如下：

1. 房地产咨询人员

从事房地产咨询业务的人员，必须是具有房地产及相关专业中等以上学历，有与房地产咨询业务相关的初级以上专业技术职称并取得考试合格证书的专业技术人员。

房地产咨询人员的考试办法，由省、自治区人民政府建设行政主管部门和直辖市房地产管理部门制定。

2. 房地产估价人员

国家实行房地产价格评估人员资格认证制度。房地产估价师执业资格考试，由国务院建设行政主管部门和人事行政主管部门共同负责。

（1）房地产估价师执业资格考试

房地产估价师是指经全国统一考试或者通过认定、互认，取得房地产估价师执业资格，并经注册登记取得《房地产估价师注册证书》后，从事房地产估价活动的人员。

1) 执业资格考试报名

凡中华人民共和国公民，遵纪守法并具备下列条件之一的，可申请参加房地产估价师执业资格考试：取得房地产估价相关学科（包括房地产经营、房地产经济、土地管理、城市规划等，下同）中等专业学历，具有8年以上相关专业工作经历，其中从事房地产估价实务满5年；取得房地产估价相关学科大专学历，具有6年以上相关专业工作经历，其中从事房地产估价实务满4年；取得房地产估价相关学科学士学位，具有4年以上相关专业工作经历，其中从事房地产估价实务满3年；取得房地产估价相关学科硕士学位或第二学位、研究生班毕业，从事房地产估价实务满2年；取得房地产估价相关学科博士学位的；不具备上述规定学历，但通过国家统一组织的经济专业初级资格或审计、会计、统计专业助理级资格考试并取得相应资格，具有10年以上相关专业工作经历，其中从事房地产估价实务满6年，成绩特别突出的。

2) 考试组织与考试内容

房地产估价师执业资格考试实行全国统一组织、统一大纲、统一命题、统一考试的制度。住房和城乡建设部负责组织考试大纲的拟定和命题等工作，统一规划并会同人力资源和社会保障部组织或授权组织考前培训等有关工作。

房地产估价师执业资格考试分为基础理论和估价实务两部分。重点考察估价人员对基础理论知识及相关知识的掌握程度、估价技术与技巧的熟练程度、综合而灵活地应用基础理论和估价技术解决实际问题的能力。

考试科目有4科，包括如下内容：

第1科为《房地产基本制度与政策》和《房地产估价相关知识》，主要包括房地产管理制度与法规，其中以《物权法》、《城市房地产管理法》、《城市规划法》、《土地管理法》、《城市房屋拆迁管理条例》、《城市房地产抵押管理办法》、《房地产估价机构管理办法》、《注册房地产估价师管理办法》等法律、法规、规章为重点。此外，还包括房地产估价人员应当掌握的经济、金融、保险、证券、统计、会计、建筑、测绘、法律等相关学科的知识。

第2科为《房地产开发经营与管理》，主要包括房地产投资分析、房地产市场分析、房地产开发等方面的知识。

第3科为《房地产估价理论与方法》，主要包括房地产估价的基本理论、房地产估价中应用的基本方法及其具体应用。

第4科为《房地产估价案例与分析》，主要包括不同估价目的和不同类型房地产估价的特点与估价技术路线，通过对不同估价目的和不同类型房地产估价案例的分析，考察其实际工作能力与业务水平。

3) 考试合格认证

房地产估价师执业资格考试合格者，由住房和城乡建设部及人力资源和社会保障部联合公告合格人员名单。由人力资源和社会保障部或其授权的部门颁发统一印制的《房地产估价师执业资格证书》。

（2）房地产估价师注册

为了加强对房地产估价师的管理，不断提高房地产估价师的水平，2006年3月7日，经原建设部第86次常务会议讨论通过，原建设部发布了《注册房地产估价师管理办法》（原建设部令第151号），并于2007年3月1日起施行。《注册房地产估价师管理办法》对注册管理机构、注册种类、注册条件、注册申请、注册提交的材料、注册期限、注册证书、注销注册、撤销注册等事项作出了一系列的规定。

（3）注册房地产估价师执业监管

《行政许可法》实施后，原建设部发布了《注册房地产估价师管理办法》。由《房地产估价师注册管理办法》变为《注册房地产估价师管理办法》，不仅是一部规章名称的改变，而且是国务院建设行政主管部门在规范房地产估价师注册的同时，加强了对注册房地产估价师执业行为的监管。

1）注册房地产估价师管理体制

县级以上三级人民政府房地产主管部门，对注册房地产估价师的注册、执业和继续教育情况实施监督检查。国务院建设主管部门对全国注册房地产估价师注册、执业活动实施统一监督管理。省、自治区、直辖市人民政府房地产主管部门对本行政区域内注册房地产估价师的注册、执业活动实施监督管理。市、县、市辖区人民政府房地产主管部门对本行政区域内注册房地产估价师的执业活动实施监督管理。

2）注册房地产估价师的权利

注册房地产估价师享有以下权利：使用注册房地产估价师名称；在规定范围内执行房地产估价及相关业务；签署房地产估价报告；发起设立房地产估价机构；保管和使用本人的注册证书；对本人执业活动进行解释和辩护；参加继续教育；获得相应的劳动报酬；对侵犯本人权利的行为进行申诉。

3）注册房地产估价师的义务

注册房地产估价师应当履行以下义务：遵守法律、法规、行业管理规定和职业道德规范；执行房地产估价技术规范和标准；保证估价结果的客观公正，并承担相应责任；保守在执业中知悉的国家秘密和他人的商业、技术秘密；与当事人有利害关系的，应当主动回避；接受继续教育，努力提高执业水准；协助注册管理机构完成相关工作。

4）注册房地产估价师执业

取得房地产估价师执业资格的人员，受聘于一个具有房地产估价机构资质的单位，经国务院建设行政主管部门准予房地产估价师执业资格注册后，方能以注册房地产估价师的名义执业。

5）注册房地产估价师继续教育

注册房地产估价师继续教育由中国房地产估价师与房地产经纪人学会负责组织。注册房地产估价师在每一注册有效期（即3年）内，接受继续教育的时间为120学时。其中，必修课和选修课每一注册有效期各为60学时。注册房地产估价师经继续教育，达到合格标准的，由中国房地产估价师与房地产经纪人学会颁发继续教育合格证书。取得执业资格超过3年,申请初始注册的房地产估价师,也需经继续教育达到合格后,方准予初始注册。

6) 注册房地产估价师禁止行为

注册房地产估价师不得有下列行为:不履行注册房地产估价师义务;在执业过程中,索贿、受贿或者谋取合同约定费用外的其他利益;在执业过程中实施商业贿赂;签署有虚假记载、误导性陈述或者重大遗漏的估价报告;在估价报告中隐瞒或者歪曲事实;允许他人以自己的名义从事房地产估价业务;同时在两个或者两个以上房地产估价机构执业;以个人名义承揽房地产估价业务;涂改、出租、出借或者以其他形式非法转让注册证书;超出聘用单位业务范围从事房地产估价活动;严重损害他人利益、名誉的行为;法律、法规禁止的其他行为。

7) 建立信用档案

注册房地产估价师及其聘用单位应当按照要求,提供真实、准确、完整的注册房地产估价师信用档案信息。注册房地产估价师信用档案包括注册房地产估价师的基本情况、业绩、良好行为、不良行为等内容。违法违规行为、被投诉举报处理、行政处罚等情况应当作为注册房地产估价师的不良行为记入其信用档案。注册房地产估价师信用档案信息按照有关规定向社会公示。

8) 违规处罚

县级以上地方人民政府房地产主管部门依法给予注册房地产估价师或其聘用单位行政处罚的,应当将行政处罚决定以及给予行政处罚的事实、理由和依据,报国务院建设主管部门备案。

3. 房地产经纪人员

房地产经纪人员职业资格,包括房地产经纪人执业资格和房地产经纪人协理从业资格。取得房地产经纪人执业资格是进入房地产经纪活动关键岗位和发起设立房地产经纪机构的必备条件。取得房地产经纪人协理从业资格,是从事房地产经纪活动的基本条件。

(1) 房地产经纪人员职业资格考试

1) 职业资格考试报名

凡中华人民共和国公民,遵守国家法律、法规,已取得房地产经纪人协理资格并具备以下条件之一者,可以申请参加房地产经纪人执业资格考试:取得大专学历,工作满6年,其中从事房地产经纪业务工作满3年;取得大学本科学历,工作满4年,其中从事房地产经纪业务工作满2年;取得双学士学位或研究生班毕业,工作满3年,其中从事房地产经纪业务工作满1年;取得硕士学位,工作满2年,从事房地产经纪业务工作满1年;取得博士学位,从事房地产经纪业务工作满1年。

凡中华人民共和国公民,遵守国家法律、法规,具有高中以上学历,愿意从事房地产经纪活动的人员,均可申请参加房地产经纪人协理从业资格考试。

2) 考试组织与考试内容

房地产经纪人执业资格考试实行全国统一大纲、统一命题、统一组织的考试制度。住房和城乡建设部负责编制房地产经纪人执业资格考试大纲，编写考试教材和组织命题工作，组织或授权组织房地产经纪人执业资格的考前培训等有关工作。人力资源和社会保障部负责审定房地产经纪人执业资格考试科目、考试大纲和考试试题，组织实施考务工作，并会同住房和城乡建设部对房地产经纪人执业资格考试进行检查、监督、指导和确定合格标准。

房地产经纪人执业资格考试重点考察房地产经纪人对基础理论知识及相关知识的掌握程度、经纪技术与技巧的熟练程度、综合而灵活地应用基础理论和经纪技术解决实际问题的能力。

考试科目有4科，包括如下内容：

第1科为《房地产基本制度与政策》。主要包括房地产管理制度与法规，其中以《城市房地产管理法》、《城市规划法》、《土地管理法》、《城市房屋拆迁管理条例》、《城市房地产抵押管理办法》、《城市房地产中介服务管理规定》等法律、法规、部门规章为重点。

第2科为《房地产经纪相关知识》。主要包括房地产经纪人应当了解的建筑、房地产测绘、城市规划、环境、房地产市场和投资、房地产估价、金融、保险、统计、心理学等知识。

第3科为《房地产经纪概论》。主要包括房地产经纪业和房地产经纪人的管理、房地产经纪人职业道德、房地产经纪业务分类及管理、国外房地产经纪介绍等。

第4科为《房地产经纪实务》。主要内容包括房地产市场营销环境分析、房地产市场调查和预测、房地产市场营销组合策略、房地产代理、居间业务的知识及运用所学知识对房地产经纪案例进行分析等，主要考察其实际工作能力与业务水平。

凡已经取得房地产估价师执业资格者，报名参加房地产经纪人执业资格考试可免试《房地产基本制度与政策》科目。

房地产经纪人协理从业资格实行全国统一大纲，各省、自治区、直辖市命题并组织考试的制度。住房和城乡建设部负责拟定房地产经纪人协理从业资格考试大纲。人力资源和社会保障部负责审定考试大纲。各省、自治区、直辖市人事厅（局）、房管局，按照国家确定的考试大纲和有关规定，在本地区组织实施房地产经纪人协理从业资格考试。

3）考试合格认证

房地产经纪人执业资格考试合格者，由各省、自治区、直辖市人事部门颁发人力资源和社会保障部统一印制，人力资源和社会保障部、住房和城乡建设部用印的《中华人民共和国房地产经纪人执业资格证书》。该证书全国范围有效。

房地产经纪人协理从业资格考试合格，由各省、自治区、直辖市人事部门颁发人力资源和社会保障部、住房和城乡建设部统一格式的《中华人民共和国房地产经纪人协理从业资格证书》。该证书在所在行政区域内有效。

（2）房地产经纪人注册

我国实行房地产经纪人执业资格注册管理与自律管理相结合的管理模式。

1）注册管理

中国房地产估价师与房地产经纪人学会为房地产经纪人执业资格注册的管理机构，住房和城乡建设部负责监督。房地产经纪人执业资格注册，由本人提出申请，经聘用的房地产经纪机构送省、自治区、直辖市房地产管理部门或其指定的房地产经纪行业组织初审。申请注册的人员必须取得房地产经纪人执业资格证书；无犯罪记录；身体健康，能坚持在注册房地产经纪人岗位上工作；经所在经纪机构考核合格。

初审合格后，由省、自治区、直辖市房地产管理部门或其指定的房地产经纪行业组织统一报中国房地产估价师与房地产经纪人学会审核。准予注册的申请人，由中国房地产估价师与房地产经纪人学会核发住房和城乡建设部监制的《房地产经纪人注册证书》。房地产经纪人执业资格注册有效期一般为3年，有效期满前3个月，持证者应到原注册管理机构办理再次注册手续。再次注册者，除符合上述四项规定外，还须提供接受继续教育和参加业务培训的证明。在注册有效期内，变更执业机构者，应当及时办理变更手续。

各省级房地产管理部门或其授权的机构负责房地产经纪人协理从业资格注册登记管理工作。每年度房地产经纪人协理从业资格注册登记情况应报住房和城乡建设部备案。

2）继续教育

按照《房地产经纪人员职业资格制度暂行规定》规定，房地产经纪人须接受继续教育。房地产经纪人注册期满，申请再次注册，须提供接受继续教育和参加业务培训的证明。

（3）房地产经纪人员技术能力与职责

凡从事房地产经纪活动的人员，必须取得房地产经纪人员职业资格并经注册后执业。未取得职业资格证书的人员，一律不得以房地产经纪人、房地产经纪人协理或注册房地产经纪人、注册房地产经纪人协理的名义从事房地产经纪活动。

1）房地产经纪人员职业技术能力

房地产经纪人应当具备下列职业技术能力：具有一定的房地产经济理论和相关经济理论，并具有丰富的房地产专业知识；能够熟练掌握和运用与房地产经纪业务相关的法律、法规和行业管理的各项规定；熟悉房地产市场的流通环节，具有熟练的实务操作的技术和技能；具有丰富的房地产经纪实践经验和一定资历，熟悉市场行情变化，有较强的创新和开拓能力，能创立和提高企业的品牌；有一定的外语水平。

房地产经纪人协理应当具备下列职业技术能力：了解房地产的法律、法规及有关行业管理的规定；具有一定的房地产专业知识；掌握一定的房地产流通的程序和实务操作技术及技能。

2）房地产经纪人员的权利和义务

房地产经纪人享有以下权利：依法发起设立房地产经纪机构；加入房地产经纪机构，承担房地产经纪机构关键岗位；指导房地产经纪人协理进行各种经纪业务；经所在机构授权订立房地产经纪合同等重要文件；要求委托人提供与交易有关的资料；有权拒绝执行委托人发出的违法指令；执行房地产经纪业务并获得合理佣金。

房地产经纪人协理享有以下权利：有权加入房地产经纪机构；协助房地产经纪人处理经纪有关事务并获得合理的报酬。

房地产经纪人、房地产经纪人协理应当履行以下义务：遵守法律、法规、行业管理规定和职业道德规范；不得同时受聘于两个或者两个以上房地产经纪机构执行业务；接受职业继续教育，不断提高业务水平；向委托人披露相关信息，充分保障委托人的权益，完成委托业务；为委托人保守商业秘密。

（二）房地产中介服务机构的资质管理

对中介服务机构的管理主要从市场准入抓起，采取资质核准、资质分级、资信评价与日常监督相结合的管理模式。根据《城市房地产管理法》、《中介服务管理规定》的规定，设立房地产中介服务机构应当具备的条件包括：有自己的名称、组织机构；有固定的服务场所；有规定数量的财产和经费；有足够数量的专业人员（其中，从事房地产咨询业务的，具有房地产及相关专业中等以上学历、初级以上专业技术职称人员须占总人数的50%以上；从事房地产估价业务的，须有规定数量的房地产估价师；从事房地产经纪业务的，须有规定数量的房地产经纪人）；法律、法规规定的其他条件。

设立房地产中介服务机构，应当向当地工商行政管理部门申请设立登记。房地产中介服务机构在领取营业执照后的1个月内，应当到登记机关所在地的县级以上房地产行政主管部门备案。

1. 房地产估价机构

（1）组织形式

房地产估价机构由自然人出资，主要由房地产估价师个人发起设立，组织形式分为合伙制和有限责任制。

合伙制的房地产估价机构由2名以上（含2名）专职注册房地产估价师合伙发起设立。合伙人按照协议约定或法律规定，以各自的财产承担法律责任，对机构的债务承担无限连带责任。

有限责任制房地产估价机构由3名以上（含3名）专职注册房地产估价师共同出资发起设立。出资人以其出资额为限承担法律责任，房地产估价机构以其全部财产对其债务承担责任。

（2）资质等级

房地产估价机构资质等级分为一、二、三级。新设立中介服务机构的房地产估价机构资质等级核定为三级资质，设1年的暂定期。

各资质等级在机构名称、法定代表人或执行合伙人、专职注册房地产估价师股份或者出资额比例、经营场所、制度、估价报告质量、行为等方面均应符合通用标准的要求。除此之外,各资质等级还应满足时间要求、注册资本金与出资额要求、股东或合伙人要求、注册房地产估价师人数要求及业绩要求等相应标准。

2. 房地产经纪机构

房地产经纪机构设立应符合《公司法》及其实施细则和工商登记管理的规定。

房地产经纪机构的权利包括:享有工商行政管理部门核准的业务范围内的经营权利,依法开展各项经营活动,并按规定标准收取佣金;按规定制定各项规章制度,并以此约束在本机构中执业的经纪人员的执业行为;隐瞒与委托业务有关的重要事项、提供不实信息或要求提供违法服务的,经纪机构有权中止经纪业务;由于委托人的原因,造成经纪机构或经纪人员的经济损失的,有权向委托人提出赔偿要求;可向房地产管理部门提出实施专业培训的要求和建议;法律、法规和规章规定的其他权利。

房地产经纪机构的义务包括:依法律、法规和政策开展经营活动;认真履行房地产经纪合同,督促经纪人员认真开展经纪业务;维护委托人的合法权益,按约定为委托人保守商业秘密;严格按规定标准收费;接受房地产管理部门的监督和检查;依法缴纳各项税金和行政管理费;法律、法规和规章规定的其他义务。

(三)房地产中介服务机构的业务管理

房地产中介服务机构的业务管理主要包括承办业务管理、中介服务行为管理及财务管理。

1. 承办业务管理

房地产中介服务人员承办业务,应当由其所在房地产中介服务机构与委托人签订书面合同。中介服务人员不得以个人名义承揽业务,也不得个人与委托人签订委托合同。房地产中介服务合同应包括以下主要事项:当事人姓名或名称、住所;中介服务项目名称、内容、要求和标准;合同履行期限;收费金额和支付方式、时间;违约责任和纠纷解决方式;当事人约定的其他内容。

在承办业务时,中介服务人员若与委托人、相关当事人有利害关系时,委托人有权要求其回避,中介服务人员应当回避。

2. 中介服务行为管理

房地产中介服务人员承办业务,由其所在中介机构统一受理并与委托人签订书面合同。房地产中介服务人员执行业务时,有权根据需要查阅委托人的有关资料和文件,查看业务现场和设施,委托人应当提供必要的协助。对委托人提供的资料、文件,中介服务机构和中介服务人员有为委托人保密的义务,未经委托人同意不得转借相关资料、文件。由于房地产中介服务人员过错给当事人造成经济损失的,由所在中介服务机构承担赔偿责任,所在机构可以对有关人员追偿。

在中介服务活动中,中介服务人员的禁止行为包括:索取、收受委托合同以外的酬金或其他财物,或者利用工作之便,牟取其他不正当的利益;允许他人以自己的名义从事房地产中介服务;同时在两个或两个以上中介服务机构执行业务;

与一方当事人串通损害另一方当事人利益；法律、法规禁止的其他行为。

违反禁止行为规定的，县级以上房地产行政主管部门可予以相应的处罚。

3. 财务管理

房地产中介服务实行有偿服务。房地产中介服务收费实行明码标价制度。房地产中介服务机构应当在其经营场所或交缴费用的地点的醒目位置公布其收费项目、服务内容、计费方法、收费标准等事项。中介服务费必须由中介服务机构统一收取，并给缴费人开具发票。

二、房地产中介服务收费

原国家计委、原建设部在1995年联合下发了《关于房地产中介服务收费的通知》（计价格［1995］971号）。房地产中介服务收费分为房地产咨询收费、房地产估价收费、房地产经纪收费。

（一）房地产咨询收费

按照服务形式，房地产咨询收费分为口头咨询费和书面咨询费。口头咨询费按照咨询服务所需时间结合咨询人员专业技术等级由双方协商议定标准。书面咨询按照咨询报告的技术难点、工作繁简，结合标的额的大小计收。国家指导性参考价格为：普通咨询报告，每份收费300～1000元；技术难度大、情况复杂、耗用人员和时间较多的咨询报告，可适当提高收费标准，但一般不超过咨询标的的0.5%。

（二）房地产估价收费

房地产估价收费，必须由具备房地产估价资格并经房地产行政主管部门、物价主管部门确认的机构按规定的收费标准计收，承办估价业务的个人不能私自向委托人收取费用。

以房产为主的房地产价格评估费，根据不同情况，采用差额定率累进计费，即按房地产价格总额大小划分计费率档次，分档计算各档次的收费，各档收费额累计之和为收费总额。表8-1、表8-2、表8-3分别为以房产为主的房地产、一般宗地、城镇基准地价评估收费标准。

以房产为主的房地产评估收费标准　　　　表8-1

档　次	房地产价格总额（万元）	累进计费率（‰）
1	100以下（含100）	5
2	101～1000	2.5
3	1001～2000	1.5
4	2001～5000	0.8
5	5001～8000	0.4
6	8001～10000	0.2
7	10000以上	0.1

宗地地价评估收费标准 表8-2

档次	房地产价格总额（万元）	累进计费率（‰）
1	100以下（含100）	4
2	101~200	3
3	201~1000	2
4	1001~2000	1.5
5	2001~5000	0.8
6	5001~10000	0.4
7	10000以上	0.1

城镇基准地价评估收费标准 表8-3

档次	城镇面积（km^2）	收费标准（万元）
1	5以下（含5）	4~8（含8）
2	5~20（含20）	8~12（含12）
3	20~50（含50）	12~20（含20）
4	50以上	20~40

（三）房地产经纪收费

根据代理项目的不同，房地产经纪收费实行不同的收费标准。

房屋租赁代理收费，无论成交的租赁期限长短，均按半月至一月成交租金额标准，由双方协商一次性收取。

房屋买卖代理收费，按成交价格总额的0.5%~2.5%计收。实行独家代理的，由双方协商，但最高不超过成交价格的3%。

上述房地产估价、房地产经纪收费为国家制定的最高限标准。各地可根据当地实际情况，由省、自治区、直辖市价格部门会同房地产、土地管理部门制定当地具体执行的相应的收费标准。对经济特区的收费标准可适当规定高一些，但最高不能超过上述标准的30%。

第三节 房地产中介服务行业信用档案管理

一、我国房地产中介服务行业信用管理体系的发展

为了适应建立社会主义市场经济的需要，规范房地产市场行为，维护消费者合法权益，进一步启动住宅消费，促进住宅与房地产业健康发展，拉动国民经济增长和保持社会稳定，国家有关部门颁布了一系列规章制度。

2002年5月，原建设部、原国家计委、国家经贸委、财政部、国土资源部、国家工商总局、监察部联合印发的《关于整顿和规范房地产市场秩序的通知》要

求:"要充分利用网络信息手段,将各类房地产企业和中介服务机构及相关人员的基本情况,经营业绩,经营中违规、违法劣迹以及受到的处罚等记入企业和个人的信用档案,向社会公示,接受社会监督。要营造强大的舆论攻势,使有不良记录者付出代价。""通过网上公示制度,促进诚信制度的建立。"

2002年8月,原建设部印发了《关于建立房地产企业及执(从)业人员信用档案系统的通知》(建住房函[2002]192号),对全国房地产信用档案系统建设工作进行了统一部署,建立了包括房地产中介服务行业在内的房地产企业及执业人员或从业人员信用档案系统方案。其建设的目标是以房地产电子政务系统、房地产行业协(学)会自律管理系统和企业(中介机构)经营管理系统为基础,形成覆盖房地产行业所有企业、中介机构及执业人员或从业人员的信用档案系统,并通过中国住宅与房地产信息网实现各级房地产行政主管部门、协(学)会网站的互联互通。《房地产估价机构管理办法》规定,资质许可机关或者房地产估价行业组织应当建立房地产估价机构信用档案。房地产估价机构应当按照要求提供真实、准确、完整的房地产估价信用档案信息。

2006年7月,原建设部、国家发改委、国家工商总局联合印发的《关于进一步整顿规范房地产交易秩序的通知》(建住房[2006]166号)重申要"建立房地产交易诚信机制。房地产管理部门要加快构筑房地产交易信息服务平台。进一步完善房地产信用档案体系"。

二、房地产中介服务行业信用档案管理概述

(一)房地产中介服务行业信用档案的建立范围

根据《关于建立房地产企业及执(从)业人员信用档案系统的通知》的规定,房地产信用档案的建立范围是房地产开发企业、房地产中介服务机构、物业管理企业和房地产估价师、房地产经纪人、房地产经纪人协理等专业人员[统称执(从)业人员]。

2002年9月,原建设部开通了中国房地产估价信用档案,建立健全了一级资质房地产估价机构和注册房地产估价师信用档案。各省级房地产行政主管部门也陆续建立了二、三级资质房地产估价机构的信用档案。

2006年10月,中国房地产估价师与房地产经纪人学会开通了中国房地产经纪信用档案,并通过中国房地产经纪人网向社会公开。

根据《房地产估价机构管理办法》和《注册房地产估价师管理办法》的规定,注册房地产估价师或者其聘用单位违反规定,未按照要求提供房地产估价师信用档案信息的,由县级以上地方人民政府房地产主管部门责令限期改正;逾期未改正的,可处以1000元以上1万元以下的罚款。

(二)房地产中介服务行业信用档案的构成

房地产中介服务行业信用档案是房地产信用档案的重要组成部分。房地产中介服务行业信用档案包括:房地产估价机构信用档案、注册房地产估价师信用档案、注册房地产经纪人信用档案等房地产中介服务机构及其执(从)业人员信用

档案。

（三）房地产中介服务行业信用档案的内容

房地产中介服务行业信用档案记录房地产中介服务机构和注册房地产估价师、注册房地产经纪人等执（从）业人员的信用信息。

房地产估价机构、房地产经纪机构信用档案的主要内容包括：机构基本情况、机构良好行为记录、机构不良行为记录、估价项目汇总、估价项目基本情况、股东（合伙人）情况、注册房地产估价师基本情况、机构资质年审情况、投诉情况等。房地产估价机构和注册房地产估价师的违法违规行为，被投诉举报处理、行政处罚等情况，作为其不良行为记入其信用档案。

注册房地产估价师、注册房地产经纪人信用档案的主要内容包括：个人基本情况、个人业绩汇总、继续教育情况、科研能力表现、良好行为记录、不良行为记录、投诉情况等。按照《房地产估价机构管理办法》的规定，房地产估价机构的不良行为也作为该机构法定代表人或者执行合伙人的不良行为记入其信用档案。

（四）建立房地产中介服务行业信用档案的作用

通过建立房地产中介服务行业信用档案，为各级政府部门和社会公众监督房地产中介服务行业及执（从）业人员市场行为提供依据，为社会公众查询企业和个人信用信息提供服务，建立为社会公众对房地产中介服务领域违法违规行为提供投诉途径的信息管理系统，减少或避免商业欺诈、弄虚作假、损害消费者合法利益等行为的发生，使失信者在扩大经营范围、拓展业务等方面受到限制。

（五）建立房地产中介服务行业信用档案的意义

（1）建立房地产中介服务行业信用档案是规范房地产市场行为，维护消费者合法权益，进一步启动住宅消费，促进住宅与房地产业健康发展，拉动国民经济增长和保持社会稳定的客观需要。

客观反映房地产价值是房地产估价师和房地产估价机构的使命，为委托方提供真实可靠的信息是房地产经纪人的责任。市场经济是以契约为基础的信用经济，因此，诚实信用是保障房地产估价活动客观公正的基石，是保障房地产经纪活动真实、可靠的基础。

过去，由于缺乏有效的失信惩戒机制，个别房地产估价师、房地产经纪人诚信观念淡薄，房地产估价行业存在通过"回扣"等不正当手段承揽业务、迎合委托方要求出具估价报告等不良现象；房地产经纪行业存在把发布不实信息视为营销策略的误导行为。这些都严重损害了房地产中介服务行业的整体形象。

（2）加快房地产估价机构和房地产估价师、房地产经纪人诚信体系建设，大力提倡诚信为本的企业发展理念，不仅是政府构建公平竞争的市场经济秩序的需要，更是房地产估价、房地产经纪行业自身发展的必然要求。

（3）通过建立房地产中介服务行业信用档案，为各级政府部门和社会公众监督房地产中介服务行业及执（从）业人员的市场行为提供了依据，为社会公众查询企业和个人的信用信息提供了服务，为社会公众对房地产中介服务领域的违法违规行为提供了投诉途径，减少或避免了商业欺诈、弄虚作假、损害消费者合法利益等行为的发生,使失信者在扩大经营范围、拓展业务等方面受到了限制。

三、房地产中介服务行业信用档案管理

随着政府电子政务的发展,房地产信用档案系统将逐步与有关政府部门(如银行、工商、税收、质检、社保等)的信息系统互联互通,从同业征信向联合征信过渡,实现信息共享,以更加全面地反映房地产中介服务行业和执(从)业人员的信用状况。

(一) 管理原则

房地产中介服务行业信用档案按照"统一规划、分级建设、分步实施、信息共享"的原则进行,逐步实现房地产中介服务行业信用档案系统覆盖全行业的目标。各级房地产行政主管部门负责组织所辖区内房地产信用档案系统的建设与管理工作。

(二) 实施组织

住房和城乡建设部组织建立一级资质房地产估价机构及执(从)业人员信用档案系统。

中国房地产估价师与房地产经纪人学会为房地产中介服务行业信用档案的系统管理部门,在住房和城乡建设部领导下,负责一级资质房地产估价机构和房地产中介执(从)业人员信用档案的日常管理工作。

(三) 信息采集

信用档案信息充分利用现有信息资源,依法从政府部门、房地产中介行业自律组织、房地产中介服务机构、执(从)业人员、其他中介机构及社会公众等多种途径获得,并与机构资质审批、专业人员执(从)业资格注册工作有机结合。

对于不良行为记录,除了要求房地产中介服务机构自报外,各级房地产行政主管部门、各级房地产中介行业自律组织也应及时报送房地产中介服务机构和有关责任人员的违法违规处理情况,房地产信用档案将按规定予以公示。

房地产中介服务机构或执(从)业人员获部省级表彰或荣誉称号的,即可作为良好行为记录载入该企业或执(从)业人员的信用档案。对于良好行为记录,由房地产企业及执业人员直接报送,或由各级建设(房地产)行政主管部门、房地产中介行业自律组织采集并审核后提交系统管理部门。

房地产中介服务机构或执(从)业人员出现违反房地产法律法规及相关法律法规、标准规范的行为,并受到行政处罚的,即可作为不良行为记录载入该企业或执(从)业人员的信用档案。不良行为记录以企业自报为主,房地产企业应在受到行政处罚后10日内将有关信息直接报送系统管理部门;也可通过各级建设(房地产)行政主管部门、房地产中介行业自律组织将行政处罚意见和其他不良行为记录提交系统管理部门。

(四) 信息维护和更新

房地产中介服务行业信用档案是由政府组织建立的,由系统管理部门对信息进行维护和更新。

对涉及企业商业秘密的信息要注意保密,实行授权查询。未经核实的信息不得在网上公示。不良记录在公示前,必须经过严格的审核批准程序。

(五)投诉处理

根据《关于建立房地产企业及执(从)业人员信用档案系统的通知》的规定,系统管理部门对收到的投诉信息,要进行登记、整理、分类,并根据被投诉对象和投诉内容,或转交有关行政部门进行核查、处理,或转给被投诉机构进行处理。

房地产中介服务机构对系统管理部门转去的投诉在15日内反馈意见(包括处理结果或正在处理情况)。无正当理由未按时反馈的,将在网上公示投诉情况。

机构对已公示的违法违规行为进行整改后,可提请相关行政主管部门组织考核验收,并在网上公布整改结果。如要撤销公示,须由被公示单位提出申请,经相关行政主管部门同意,方可从网上撤销。

(六)信息查询

按照依法合理保护企业商业秘密和分类分级管理的原则,房地产中介服务机构、执(从)业人员信用档案内容分为公示信息和授权查询信息两大类。

公示信息可直接在中国住宅与房地产信息网、中国房地产估价师网和中国房地产经纪人网上免费查询。任何单位和个人均有权查阅信用档案公示信息。

授权信息(如房地产估价机构信用档案中估价项目名称、委托人名称、委托人联系电话等内容)查询需按照房地产信用档案管理规定的条件和程序进行查询。

复习思考题

1. 房地产中介服务的概念和特征各是什么?
2. 什么是房地产咨询、房地产估价和房地产经纪?
3. 简述房地产中介服务的作用和意义。
4. 对房地产中介服务人员的资格管理包括哪些内容?
5. 简述房地产中介服务机构的资质管理。
6. 对中介服务的业务管理包括哪些内容?
7. 什么是房地产经纪人?房地产经纪人在经纪活动中应当遵守哪些规定?
8. 简述房地产经纪活动中的收费标准。
9. 建立房地产中介服务行业信用档案的意义是什么?房地产中介服务行业信用档案包括哪些内容?
10. 房地产中介服务行业信用档案管理包括哪些内容?

第九章

住房公积金制度

为建立适应社会主义市场经济要求的新的城镇住房制度，形成稳定的住房资金来源，促进住房资金的积累、周转和政策性抵押贷款等制度的建立，转换住房分配机制，提高职工解决自住住房能力，根据《国务院关于深化城镇住房制度改革的决定》，1999 年我国开始施行了《住房公积金管理条例》(2002 年 3 月 24 日进行了修改)。本章简要介绍住房公积金的概念和特征，住房公积金管理的基本原则，住房公积金缴存、提取与使用，以及违反住房公积金管理规定的行为和处罚等方面的内容。

第一节 住房公积金概述

一、住房公积金的概念

住房公积金是指国家机关、国有企业、城镇集体企业、外商投资企业、城镇私营企业及其他城镇企业、事业单位及其在职职工缴存的长期住房储金。住房储金在职工工作期间，职工个人和所在单位均应按职工个人工资和职工工资总额的一定比例逐月缴纳，归职工个人所有，作为职工个人住房基金，专户储存、统一管理、专项使用。所有党政机关、群众团体、事业单位和企业的固定职工、劳动合同制职工以及三资企业中方员工，均应缴纳住房公积金。

住房公积金的这一定义包含以下五个方面的含义：

(1) 住房公积金只在城镇建立，农村不建立住房公积金制度。

(2) 只有在职职工才建立住房公积金制度。无工作的城镇居民不实行住房公积金制度，离退休职工也不实行住房公积金制度。

（3）住房公积金由两部分组成，一部分由职工所在单位缴存，另一部分由职工个人缴存，职工个人缴存部分由单位代扣后，连同单位缴存部分一并缴存到住房公积金个人账户内。

（4）住房公积金缴存的长期性。住房公积金制度一经建立，职工在职期间必须不间断地按规定缴存，除职工离退休或发生《住房公积金管理条例》规定的其他情形外，不得中止和中断。体现了住房公积金的稳定性、统一性、规范性和强制性。

（5）住房公积金是职工按规定存储起来的专项用于住房消费支出的个人住房储金，具有两个特征：一是积累性，即住房公积金虽然是职工工资的组成部分，但不以现金形式发放，并且必须存入住房公积金管理中心在受委托银行开设的专户内，实行专户管理；二是专用性，即住房公积金实行专款专用，存储期间只能按规定用于购、建、大修自住住房，或缴纳房租。职工只有在离退休、死亡、完全丧失劳动能力并与单位终止劳动关系或户口迁出原居住城市时，才可提取本人账户内的住房公积金。

二、住房公积金制度的作用

住房公积金把住房改革和住房发展紧密地结合起来，解决了长期困扰我国的住房机制转换问题和政策性住房融资问题。其作用有：

（1）在职工工作年限内，住房公积金不仅仅由职工本人按工资的一定比例缴存，职工所在单位也要按职工工资的一定比例给予资助。这两笔钱作为住房公积金储存在职工个人住房公积金账户内，计算利息，且连本带息全归职工个人所有。

（2）每月缴存住房公积金相当于为职工自身的住房消费作储蓄，职工只要发生购房等政策允许的情况，就可以按照规定的限额及频率提取使用。

（3）职工或职工家庭遇政策规定范围内的突发事件，可以按照规定提取账户内的住房公积金，以缓解由此造成的经济压力。

（4）当职工退休时，职工个人账户内尚未提取的住房公积金，可以一次性结算本息后予以销户提取，这样，相当于一笔养老金。

（5）职工建立住房公积金满足一定条件后，在购建住房时，可以申请住房公积金贷款，该贷款较之普通银行商业性个人住房贷款具有利率低等优势。

（6）按照规定缴存的住房公积金，免征个人所得税和利息所得税，即可以获得税收优惠。

三、住房公积金管理的基本原则

（1）职工个人缴存的住房公积金和职工所在单位为职工缴存的住房公积金，属于职工个人所有。

（2）住房公积金的管理实行住房公积金管理委员会决策、住房公积金管理中心运作、银行专户存储、财政监督的原则。

（3）住房公积金应当用于职工购买、建造、翻建、大修自住住房，任何单位和个人不得挪作他用。

（4）住房公积金的存、贷利率由中国人民银行提出，经征求国务院建设行政主管部门的意见后，报国务院批准。

（5）国务院建设行政主管部门会同国务院财政部门、中国人民银行拟定住房公积金政策，并监督执行。省、自治区人民政府建设行政主管部门会同同级财政部门以及中国人民银行分支机构，负责本行政区域内住房公积金管理法规、政策执行情况的监督。

四、住房公积金管理机构及其职责

直辖市和省、自治区人民政府所在地的市以及其他设区的市（地、州、盟），应当设立住房公积金管理委员会，作为住房公积金管理的决策机构。住房公积金管理委员会的成员中，人民政府负责人和建设、财政、人民银行等有关部门负责人以及有关专家占1/3，工会代表和职工代表占1/3，单位代表占1/3。住房公积金管理委员会主任应当由具有社会公信力的人士担任。

住房公积金管理委员会在住房公积金管理方面履行下列职责：

（1）依据有关法律、法规和政策，制定和调整住房公积金的具体管理措施，并监督实施；

（2）根据《住房公积金管理条例》第十八条的规定，拟定住房公积金的具体缴存比例；

（3）确定住房公积金的最高贷款额度；

（4）审批住房公积金归集、使用计划；

（5）审议住房公积金增值收益分配方案；

（6）审批住房公积金归集、使用计划执行情况的报告。

直辖市和省、自治区人民政府所在地的市以及其他设区的市（地、州、盟）应当按照精简、效能的原则，设立一个住房公积金管理中心，负责住房公积金的管理运作。县（市）不设立住房公积金管理中心。住房公积金管理中心可以在有条件的县（市）设立分支机构。住房公积金管理中心与其分支机构应当实行统一的规章制度，进行统一核算。住房公积金管理中心是直属城市人民政府的不以盈利为目的的独立的事业单位。

住房公积金管理中心履行下列职责：

（1）编制、执行住房公积金的归集、使用计划；

（2）负责记载职工住房公积金的缴存、提取、使用等情况；

（3）负责住房公积金的核算；

（4）审批住房公积金的提取、使用；

（5）负责住房公积金的保值和归还；

（6）编制住房公积金归集、使用计划执行情况的报告；

（7）承办住房公积金管理委员会决定的其他事项。

住房公积金管理委员会应当按照中国人民银行的有关规定，指定受委托办理住房公积金金融业务的商业银行；住房公积金管理中心应当委托受委托银行办理住房公积金贷款、结算等金融业务和住房公积金账户的设立、缴存、归还等手续。住房公积金管理中心应当与受委托银行签订委托合同。

第二节　住房公积金缴存、提取和使用

一、住房公积金缴存

住房公积金管理中心应当在受委托银行设立住房公积金专户。单位应当到住房公积金管理中心办理住房公积金缴存登记，经住房公积金管理中心审核后，到受委托银行为本单位职工办理住房公积金账户设立手续。每个职工只能有一个住房公积金账户。住房公积金管理中心应当建立职工住房公积金明细账，记载职工个人住房公积金的缴存、提取等情况。

新设立的单位应当自设立之日起 30 日内到住房公积金管理中心办理住房公积金缴存登记，并自登记之日起 20 日内持住房公积金管理中心的审核文件，到受委托银行为本单位职工办理住房公积金账户设立手续。单位合并、分立、撤销、解散或者破产的，应当自发生上述情况之日起 30 日内由原单位或者清算组织到住房公积金管理中心办理变更登记或者注销登记，并自办妥变更登记或者注销登记之日起 20 日内持住房公积金管理中心的审核文件，到受委托银行为本单位职工办理住房公积金账户转移或者封存手续。

单位录用职工的，应当自录用之日起 30 日内到住房公积金管理中心办理缴存登记，并持住房公积金管理中心的审核文件，到受委托银行办理职工住房公积金账户的设立或者转移手续。

单位与职工终止劳动关系的，单位应当自劳动关系终止之日起 30 日内到住房公积金管理中心办理变更登记，并持住房公积金管理中心的审核文件，到受委托银行办理职工住房公积金账户转移或者封存手续。

住房公积金月缴存额，为职工本人上一年度月平均工资分别乘以职工和单位住房公积金缴存比例后的和，即：

住房公积金月缴存额 = 职工本人上一年度月平均工资 × 职工住房公积金缴存比例 + 职工本人上一年度月平均工资 × 单位住房公积金缴存比例

职工单位对职工缴存住房公积金的工资基数每年核定一次，汇缴基数为上年 7 月 1 日到当年 6 月 30 日。

新参加工作的职工从参加工作的第二个月开始缴存住房公积金，月缴存额为职工本人当月工资乘以职工住房公积金缴存比例。单位新调入的职工从调入单位发放工资之日起缴存住房公积金，月缴存额为职工本人当月工资乘以职工住房公积金缴存比例。

职工和单位住房公积金的缴存比例均不得低于职工上一年度月平均工资的5%；有条件的城市，可以适当提高缴存比例，原则上不高于12%。具体缴存比例由住房公积金管理委员会拟定，经本级人民政府审核后，报省、自治区、直辖市人民政府批准。

职工个人缴存的住房公积金，由所在单位每月从其工资中代扣代缴。单位应当于每月发放职工工资之日起5日内将单位缴存的和为职工代缴的住房公积金汇缴到住房公积金专户内，由受委托银行计入职工住房公积金账户。单位应当按时、足额缴存住房公积金，不得逾期缴存或者少缴。对缴存住房公积金确有困难的单位，经本单位职工代表大会或者工会讨论通过，并经住房公积金管理中心审核，报住房公积金管理委员会批准后，可以降低缴存比例或者缓缴；待单位经济效益好转后，再提高缴存比例或者补缴。

住房公积金自存入职工住房公积金账户之日起按照国家规定的利率计息。职工当年缴存的住房公积金按结息日挂牌公告的活期存款利率计算，上年结转的按结息日挂牌公告的3个月整存整取存款利率计算。职工住房公积金自存入职工住房公积金个人账户之日起计息，按年结息，本息逐年结息。每年6月30日为结息日。住房公积金管理中心应当为缴存住房公积金的职工发放缴存住房公积金的有效凭证。

单位为职工缴存的住房公积金，按照下列规定列支：
（1）机关在预算中列支；
（2）事业单位由财政部门核定收支后，在预算或者费用中列支；
（3）企业在成本中列支。

二、住房公积金的提取和使用

职工有下列情形之一的，可以提取职工住房公积金账户内的存储余额：
（1）购买、建造、翻建、大修自住住房的；
（2）离休、退休的；
（3）完全丧失劳动能力，并与单位终止劳动关系的；
（4）出境定居的；
（5）偿还购房贷款本息的；
（6）房租超出家庭工资收入的规定比例的。

依照第（2）、（3）、（4）项规定，提取职工住房公积金的，应当同时注销职工住房公积金账户。职工死亡或者被宣告死亡的，职工的继承人、受遗赠人可以提取职工住房公积金账户内的存储余额；无继承人也无受遗赠人的，职工住房公积金账户内的存储余额纳入住房公积金的增值收益。

职工提取住房公积金账户内的存储余额的，所在单位应当予以核实，并出具提取证明。职工应当持提取证明向住房公积金管理中心申请提取住房公积金。住房公积金管理中心应当自受理申请之日起3日内作出准予提取或者不准提取的决定，并通知申请人；准予提取的，由受委托银行办理支付手续。

缴存住房公积金的职工,在购买、建造、翻建、大修自住住房时,可以向住房公积金管理中心申请住房公积金贷款。住房公积金管理中心应当自受理申请之日起15日内作出准予贷款或者不准贷款的决定,并通知申请人;准予贷款的,由受委托银行办理贷款手续。住房公积金贷款的风险,由住房公积金管理中心承担。申请人申请住房公积金贷款的,应当提供担保。

住房公积金管理中心在保证住房公积金提取和贷款的前提下,经住房公积金管理委员会批准,可以将住房公积金用于购买国债。住房公积金管理中心不得向他人提供担保。住房公积金的增值收益应当存入住房公积金管理中心在受委托银行开立的住房公积金增值收益专户,用于建立住房公积金贷款风险准备金、住房公积金管理中心的管理费用和建设城市廉租住房的补充资金。住房公积金管理中心的管理费用,由住房公积金管理中心按照规定的标准编制全年预算支出总额,报本级人民政府财政部门批准后,从住房公积金增值收益中上缴本级财政,由本级财政拨付。住房公积金管理中心的管理费用标准,由省、自治区、直辖市人民政府建设行政主管部门会同同级财政部门按照略高于国家规定的事业单位费用标准制定。

三、住房公积金的监督

地方有关人民政府财政部门应当加强对本行政区域内住房公积金归集、提取和使用情况的监督,并向本级人民政府的住房公积金管理委员会通报。住房公积金管理中心在编制住房公积金归集、使用计划时,应当征求财政部门的意见。住房公积金管理委员会在审批住房公积金归集、使用计划和计划执行情况的报告时,必须有财政部门参加。住房公积金管理中心编制的住房公积金年度预算、决算,应当经财政部门审核后,提交住房公积金管理委员会审议。住房公积金管理中心应当每年定期向财政部门和住房公积金管理委员会报送财务报告,并将财务报告向社会公布。住房公积金管理中心应当依法接受审计部门的审计监督。

住房公积金管理中心和职工有权督促单位按时履行下列义务:
(1) 住房公积金的缴存登记或者变更、注销登记;
(2) 住房公积金账户的设立、转移或者封存;
(3) 足额缴存住房公积金。

住房公积金管理中心应当督促受委托银行及时办理委托合同约定的业务。受委托银行应当按照委托合同的约定,定期向住房公积金管理中心提供有关的业务资料。职工、单位有权查询本人、本单位住房公积金的缴存、提取情况,住房公积金管理中心、受委托银行不得拒绝。职工、单位对住房公积金账户内的存储余额有异议的,可以申请受委托银行复核;对复核结果有异议的,可以申请住房公积金管理中心重新复核。受委托银行、住房公积金管理中心应当自收到申请之日起5日内给予书面答复。职工有权揭发、检举、控告挪用住房公积金的行为。

第三节 违反住房公积金管理规定的行为和处罚

一、违反住房公积金管理规定的行为

根据我国《住房公积金管理条例》的规定，下列行为违反住房公积金管理规定：

（1）单位不办理住房公积金缴存登记或者不为本单位职工办理住房公积金账户设立手续的；

（2）单位逾期不缴或者少缴住房公积金的；

（3）非法审批住房公积金使用计划的；

（4）住房公积金管理中心有下列行为之一的：

1）未按照规定设立住房公积金专户；

2）未按照规定审批职工提取、使用住房公积金；

3）未按照规定使用住房公积金增值收益；

4）委托住房公积金管理委员会指定的银行以外的机构办理住房公积金金融业务；

5）未建立职工住房公积金明细账；

6）未为缴存住房公积金的职工发放缴存住房公积金的有效凭证；

7）未按照规定用住房公积金购买国债。

（5）挪用住房公积金的；

（6）国家机关工作人员在住房公积金监督管理工作中滥用职权、玩忽职守、徇私舞弊的。

二、处罚标准

（1）对不办理住房公积金缴存登记或者不为本单位职工办理住房公积金账户设立手续的单位，根据《住房公积金管理条例》第三十七条之规定，由住房公积金管理中心责令限期办理；逾期不办理的，处1万元以上5万元以下的罚款。

（2）对逾期不缴或者少缴住房公积金的单位，根据《住房公积金管理条例》第三十八条之规定，由住房公积金管理中心责令限期缴存；逾期仍不缴存的，可以申请人民法院强制执行。

（3）对住房公积金管理委员会违法审批住房公积金使用计划的，根据《住房公积金管理条例》第三十九条之规定，由国务院建设行政主管部门会同国务院财政部门或者由省、自治区人民政府建设行政主管部门会同同级财政部门，依据管理职权责令限期改正。

（4）对住房公积金管理中心未按照规定设立住房公积金专户、未按照规定审批职工提取、使用住房公积金、未按照规定使用住房公积金增值收益、委托住房公积金管理委员会指定的银行以外的机构办理住房公积金金融业务、未建立职工住房公积金明细账、未为缴存住房公积金的职工发放缴存住房公积金的有效凭证、

未按照规定用住房公积金购买国债的,根据《住房公积金管理条例》第四十条之规定,由国务院建设行政主管部门或者省、自治区人民政府建设行政主管部门依据管理职权,责令限期改正;对负有责任的主管人员和其他直接责任人员,依法给予行政处分。

(5) 对挪用住房公积金的,根据《住房公积金管理条例》第四十一条之规定,由国务院建设行政主管部门或者省、自治区人民政府建设行政主管部门依据管理职权,追回挪用的住房公积金,没收违法所得;对挪用或者批准挪用住房公积金的人民政府负责人和政府有关部门负责人以及住房公积金管理中心负有责任的主管人员和其他直接责任人员,依照刑法关于挪用公款罪或者其他罪的规定,依法追究刑事责任;尚不够刑事处罚的,给予降级或者撤职的行政处分。

(6) 对住房公积金管理中心违反财政法规的,由财政部门依法给予行政处罚。

(7) 对住房公积金管理中心向他人提供担保的,根据《住房公积金管理条例》第四十三条之规定,对直接负责的主管人员和其他直接责任人员依法给予行政处分。

(8) 对国家机关工作人员在住房公积金监督管理工作中滥用职权、玩忽职守、徇私舞弊,构成犯罪的,依法追究刑事责任;尚不构成犯罪的,依法给予行政处分。

复习思考题

1. 什么是住房公积金?住房公积金包括哪些方面的含义?
2. 简述住房公积金制度给国家、企业及职工个人带来的好处。
3. 简述住房公积金管理的基本原则。
4. 住房公积金的缴存基数以及单位及个人上缴住房公积金的比例如何确定?
5. 住房公积金的提取和使用各有何要求?
6. 哪些行为是违反住房公积金管理规定的行为?

第十章

房地产税收制度

房地产税收制度是调节房地产各经济主体经济利益关系的主要手段,可以加强国家宏观调控,完善房地产经济运行机制。房地产税收在社会经济发展过程中发挥着重要作用。我国的房地产税收制度十分复杂,在房地产税收中,既有涉及房地产经营的综合性税种,如营业税,也有众多的房地产专门税收,如房产税、契税等。本章主要介绍税收制度的一般原理、房地产主要税收和与房地产相关的税费。

第一节 税收制度概述

一、税收的概念和特征

(一) 税收的概念

税收是国家参与社会剩余产品分配的一种规范形式,其本质是国家凭借政治权力,按照法律规定的程序和标准,无偿地取得财政收入的一种手段。

(二) 税收的特征

税收具有强制性、无偿性和固定性三种特征。

1. 强制性

税收是国家凭借政治权力开征的,国家运用法律手段公布征税标准,并运用行政手段和司法手段来保证征税任务的完成。每个公民、企业单位都有依法纳税的义务。对拒不纳税或者逃避纳税的,国家有权强制征收,并有权给予法律制裁。

2. 无偿性

税收是国家凭借政治权力强制征收的，其征收的税款归国家所有。国家对具体纳税人既不需要直接偿还，也不必付出任何代价。

3. 固定性

国家在征税之前就以法律法规的形式，将征税对象、征收比例或数额等标准公布于众，然后按事先公布的标准征收。征税对象、征收比例或数额等标准制定公布后，在一定时间内保持稳定不变，使征纳双方都知道该如何去做。

二、税收法律关系

国家征税与纳税人纳税，在形式上表现为利益分配的关系。通过法律明确双方的权利与义务后，这种关系就成为一种特定的法律关系。了解税收法律关系，对于正确理解国家税法的本质，依法纳税，依法征税都具有重要的意义。

税收法律关系与民事法律关系一样，包括主体、客体和内容三个要素。

（一）税收法律关系主体

税收法律关系主体，是指税收法律关系中享有权利和承担义务的当事人。

在税收法律关系中，主体的一方是代表国家行使征税职责的国家税务机关，包括国家各级税务机关、海关和财政机关；主体的另一方是履行纳税义务的人，包括法人、自然人和其他组织。因为主体双方是行政管理者与被管理者的关系，所以双方的权利与义务不对等。而在民事法律关系中，主体双方的权利与义务平等。因此，主体双方的权利与义务不对等是税收法律关系的一个重要特征。

（二）税收法律关系客体

税收法律关系客体，是指税收法律关系之间权利和义务所指向的对象，也就是征税对象。例如，所得税法律关系客体就是生产经营所得和其他所得；财产税法律关系客体即是财产。

税收法律关系客体也是国家利用税收杠杆调整和控制的目标。在某一时期，国家根据宏观经济形势发展的需要，通过扩大或缩小征税范围调整征税对象，以达到限制或鼓励国民经济中某些产业、行业发展的目的。

（三）税收法律关系内容

税收法律关系内容，是指在税收法律关系主体之间，基于税收法律关系客体所形成的权利和义务。它规定了税收法律关系主体可以有什么行为，不可以有什么行为，若违反了这些规定，须承担什么样的法律责任。

纳税义务人的权利包括：多缴申请退还权、延期纳税权、依法申请减免税权、申请复议和提出诉讼权等；其义务包括：按税法规定办理税务登记、进行纳税申报、接受税务检查、依法缴纳税款等。

三、税收制度

（一）税收制度的概念

税收制度简称税制，是国家各项税收法律、法规、规章和税收管理体制等的总称，是国家处理税收分配关系的总规范。其中，税收法律、法规及规章是税收制度的主体。

（二）税收制度的构成要素

1. 纳税人

纳税人即纳税义务人，是国家行使课税权所指向的单位和个人，即税法规定的直接负有纳税义务的单位和个人。

纳税人不同于负税人，纳税人是直接向国家缴纳税款的单位和个人；负税人是实际负担税款的单位和个人。

2. 课税对象

课税对象又称征税对象，是税法规定的课税目的物，即国家对什么事物征税。

课税对象决定税收的课税范围，是区别征税与不征税的主要界限，也是区别不同税种的主要标志。

3. 计税依据

计税依据也称课税依据、课税基数，是计算应纳税额的根据。

计税依据按照计量单位的不同，划分为从价计征和从量计征。市场经济条件下，除一些特殊税种外，绝大多数的税种都采取从价计征。

4. 税率或税额标准

税率是据以计算应纳税额的比率，即对课税对象的征收比例。税率是税收制度的中心环节，直接关系到国家财政收入和纳税人的负担。

按税率和税基的关系划分，税率主要有比例税率、累进税率和定额税率三类。

比例税率，是指对同一课税对象，不论其数额大小，统一按一个比例征税，同一课税对象的不同纳税人税负相同。

定额税率是指在从量计税时，按照计税依据的计量单位直接规定的应纳税额。定额税率分为地区差别定额税率、分类分级定额税率、幅度定额税率和地区差别、分类分级和幅度相结合的定额税率四种。

累进税率，是指随着征税对象的数额由低到高逐级增加，所适用的税率也随之逐级提高的税率。即，按照征税对象数额的大小，划分为若干等级，由低到高规定相应的税率，征税对象数额越大，适用的税率越高。累进税率分为全额累进税率、超额累进税率、全率累进税率和超率累进税率四种。

5. 附加、加成和减免

纳税人负担的轻重，主要通过税率的高低来调节。但是，也可以通过附加、加成和减免的措施来调节。

附加和加成是加重纳税人负担的措施。附加是地方附加的简称，是指地方政府在正税之外附加征收的一部分税款。通常把按国家税法规定的税率征收的税款称为正税，把正税以外征收的附加称为副税。加成是加成征收的简称，加一成等于加正税的10%，加二成等于加正税的20%，依此类推。加成与附加不同，加成只对特定的纳税人加征，附加对所有纳税人加征。加成一般是在收益课税中采用，以便有效地调节某些纳税人的收入，附加则不一定。

减税、免税以及规定起征点和免征额是减轻纳税人负担的措施。减税就是减征部分税款,免税就是免缴全部税款。减免税是国家根据一定时期的政治、经济、社会政策的要求而对某些特定的生产经营活动或某些特定的纳税人给予的优惠。

6. 违章处理

违章处理,是指对纳税人违反税法行为的处置。

纳税人的违章行为通常包括偷税、抗税、漏税、欠税等不同情况。偷税,是指纳税人有意识地采取非法手段不缴或少缴税款的违法行为。抗税,是指纳税人对抗国家税法拒绝纳税的违法行为。欠税即拖欠税款,是指纳税人不按规定期限缴纳税款的违章行为。偷税和抗税属于违法犯罪行为;漏税和欠税属一般违章行为,不构成犯罪。

对纳税人的违章行为,可以根据情节轻重,分别采取批评教育、强行扣款、加收滞纳金、罚款、追究刑事责任等方式进行处理。

四、税收的征管

为了加强税收征收管理,规范税收征收和缴纳行为,保障国家税收收入,保护纳税人的合法权益,促进经济和社会发展,第九届全国人民代表大会常务委员会第二十一次会议于2001年4月28日修订通过《中华人民共和国税收征收管理法》(以下简称《税收征管法》),并于2001年5月1日起施行。

根据《税收征管法》的规定,税收的开征、停征以及减税、免税、退税、补税,依照法律的规定执行;法律授权国务院规定的,依照国务院制定的行政法规的规定执行。任何机关、单位和个人不得违反法律、行政法规的规定,擅自作出税收开征、停征以及减税、免税、退税、补税和其他同税收法律、行政法规相抵触的决定。

法律、行政法规规定的纳税人和扣缴义务人必须依照法律、行政法规的规定缴纳税款、代扣代缴、代收代缴税款。

纳税人、扣缴义务人有权要求税务机关为纳税人、扣缴义务人的情况保密。税务机关应当依法为纳税人、扣缴义务人的情况保密。

纳税人依法享有申请减税、免税、退税的权利。纳税人、扣缴义务人对税务机关所作出的决定,享有陈述权、申辩权,依法享有申请行政复议、提起行政诉讼、请求国家赔偿等权利,同时还依法享有控告和检举税务机关、税务人员的违法违纪行为的权利。

五、现行房地产税收

我国现行房地产税收有房产税、城镇土地使用税、耕地占用税、土地增值税、契税。其他与房地产紧密相关的税种主要有固定资产投资方向调节税、营业税、城市维护建设税、企业所得税、个人所得税、印花税等。

按照课税对象性质的不同,可将上述税种分为流转税、收益税、财产税、资源税和行为目的税五大类。

第二节 房地产主要税收

一、房产税

房产税,是指以房产为课税对象,按房产的计税余值或租金收入为计税依据,向产权所有人征收的一种财产税。征收房产税的法律依据是:①1986年9月15日国务院发布的《中华人民共和国房产税暂行条例》(以下简称《房产税暂行条例》),并于10月1日起施行;②1986年9月25日财政部、国家税务总局发布的《财政部国家税务总局关于房产税若干具体问题的解释和暂行规定》(以下简称《解释和暂行规定》);③2005年12月23日财政部、国家税务总局发布的《财政部国家税务总局关于具备房屋功能的地下建筑征收房产税的通知》(以下简称《征税通知》),并于2006年1月1日起施行;④2008年12月31日,财政部、国家税务总局令第152号发布的《财政部国家税务总局关于房产税城镇土地使用税有关问题的通知》(以下简称《有关问题通知》),并于2009年1月1日起执行。

1. 纳税人

房产税的纳税人,是指中国境内拥有房屋产权的单位和个人。

根据《房产税暂行条例》的规定,产权属于全民所有的,以经营管理的单位和个人为纳税人;产权出典的,以承典人为纳税人;产权所有人、承典人均不在房产所在地的,或者产权未确定以及租典纠纷未解决的,以房产代管人或者使用人为纳税人。

2008年12月31日,国务院令第546号公布:"自2009年1月1日起,外商投资企业、外国企业和组织以及外籍个人,依照《房产税暂行条例》缴纳房产税。"

2. 课税对象

房产税的课税对象是房产。

根据《房产税暂行条例》的规定,房产税在城市、县城、建制镇和工矿区征收。

3. 计税依据

房产税的计税依据根据房产是否出租分为两种。

(1) 非出租的房产

以房产原值一次减除10%~30%后的余值为计税依据。具体减除幅度由省、自治区、直辖市人民政府确定。没有房产原值作为依据的,由房产所在地税务机关参考同类房产核定。

根据《有关问题通知》的规定,对依照房产原值计税的房产,不论是否记载在会计账簿固定资产科目中,均应按照房屋原价计算缴纳房产税。房屋原价应根据国家有关会计制度规定进行核算。对纳税人未按国家会计制度规定核算并记载的,应按规定予以调整或重新评估。

(2) 出租的房产

以房产租金收入为计税依据。租金收入是房屋所有权人出租房产使用权所得的报酬，包括货币收入和实物收入。对以劳务或其他形式为报酬抵付房租收入的，应根据当地房产的租金水平，确定一个标准租金额按租计征。

4. 税率

房产税采用比例税率。根据《房产税暂行条例》的规定，依照房产余值计算缴纳的，税率为1.2%；依照房产租金收入计算缴纳的，税率为12%。

5. 纳税地点和纳税期限

房产税在房产所在地缴纳。房产不在同一地方的纳税人，应分别向房产所在地的税务机关纳税。

房产税按年计征，分期缴纳。具体纳税期限由各省、自治区、直辖市人民政府规定。

6. 免税

根据《房产税暂行条例》的规定，下述房产免征房产税：

（1）国家机关、人民团体、军队自用的房产。但是，上述单位的出租房产以及非自身业务使用的生产、经营用房，不属于免税范围。

（2）由国家财政部门拨付事业经费的单位自用的房产。

（3）宗教寺庙、公园、名胜古迹自用的房产。但是，上述房产附设的营业用房及出租的房产，不属于免税范围。

（4）个人所有非营业用的房产。房地产开发企业开发的商品房在出售前，对房地产开发企业而言是一种产品，因此，对房地产开发企业建造的商品房，在售出前，不征收房产税；但对售出前房地产开发企业已使用或出租、出借的商品房应按规定征收房产税。

（5）经财政部批准免税的其他房产。

7. 具备房屋功能的地下建筑的房产税政策

根据《征税通知》的规定，凡在房产税征收范围内的具备房屋功能的地下建筑，包括与地上房屋相连的地下建筑以及完全建在地面以下的建筑、地下人防设施等，均应当依照有关规定征收房产税。上述具备房屋功能的地下建筑，是指有屋面和围护结构，能够遮风避雨，可供人们在其中生产、经营、工作、学习、娱乐、居住或储藏物资的场所。

二、城镇土地使用税

城镇土地使用税是指以城镇土地为课税对象，向拥有土地使用权的单位和个人征收的一种税。征收城镇土地使用税的法律依据是：①1988年9月27日国务院发布的《中华人民共和国城镇土地使用税暂行条例》（以下简称《城镇土地使用税暂行条例》），并于1988年11月1日起施行；②2006年12月31日，又对该《城镇土地使用税暂行条例》进行了修订，并于2007年1月1日起施行。

1. 纳税人

城镇土地使用税的纳税人，是指拥有土地使用权的单位和个人。

根据《城镇土地使用税暂行条例》的规定,单位包括国有企业、集体企业、私营企业、股份制企业、外商投资企业、外国企业以及其他企业和事业单位、社会团体、国家机关、军队以及其他单位;个人包括个体工商户以及其他个人。

拥有土地使用权的纳税人不在土地所在地的,由代管人或实际使用人缴纳;土地使用权未确定或权属纠纷未解决的,由实际使用人纳税;土地使用权共有的,由共有各方划分使用比例分别纳税。

2. 课税对象

城镇土地使用税的课税对象,是指城市、县城、建制镇和工矿区内的土地。

3. 计税依据

城镇土地使用税的计税依据,是指纳税人实际占用的土地面积。

纳税人实际占用的土地面积,是指由省、自治区、直辖市人民政府确定的单位组织测定的土地面积。

4. 适用税额

城镇土地使用税采用分类分级的幅度定额税率。根据《城镇土地使用税暂行条例》的规定,每平方米年幅度税额按照城市规模分为:大城市1.5～30元;中等城市1.2～24元;小城市0.9～18元;县城、建制镇、工矿区0.6～12元四个档次。

省、自治区、直辖市人民政府,应当在相应的适用税额幅度内,根据市政建设状况、经济繁荣程度等条件,确定所辖地区的适用税额幅度。

市、县人民政府应当根据实际情况,将本地区土地划分为若干等级,在省、自治区、直辖市人民政府确定的税额幅度内,制定相应的适用税额标准,报省、自治区、直辖市人民政府批准执行。

经省、自治区、直辖市人民政府批准,经济落后地区土地使用税的适用税额标准可以适当降低,但降低额不得超过相应档次最低税额的30%。经济发达地区土地使用税的适用税额标准可以适当提高,但须报经财政部批准。

5. 纳税地点和纳税期限

城镇土地使用税由土地所在地的税务机关征收。土地管理机关应当向土地所在地的税务机关提供土地使用权属资料。纳税人使用的土地不属于同一省(自治区、直辖市)管辖范围的,应由纳税人分别向土地所在地的税务机关缴纳;在同一省(自治区、直辖市)管辖范围内,纳税人跨地区使用的土地,其纳税地点由省(自治区、直辖市)税务机关确定。

城镇土地使用税按年计算,分期缴纳。各省、自治区、直辖市可结合当地情况,分别确定按月、季或半年等不同的期限缴纳。

6. 免税

(1) 政策性免税

根据《城镇土地使用税暂行条例》的规定,下列土地免缴土地使用税:国家机关、人民团体、军队自用的土地;由国家财政部门拨付事业经费的单位自用的土地;宗教寺庙、公园、名胜古迹自用的土地;市政街道、广场、绿化地带等公共用地；直接用于农、林、牧、渔业的生产用地；经批准开山填海整治的土地和改造的废弃土地，从使用的月份起免缴城镇土地使用税 5 年至 10 年；由财政部另行规定的能源、交通、水利等设施用地和其他用地。

纳税人缴纳土地使用税确有困难，需要定期减免的，由省、自治区、直辖市税务机关审核后，报国家税务局批准。

（2）由地方确定的免税

个人所有的居住房屋及院落用地；房地产管理部门在房租调整改革前经租的居民住房用地；免税单位职工家属的宿舍用地；民政部门举办的安置残疾人占一定比例的福利工厂用地。集体和个人举办的学校、医院、托儿所、幼儿园用地是否免税，由省、自治区、直辖市税务机关确定。

三、耕地占用税

耕地占用税是指对占用耕地建房或者从事其他非农业建设的单位和个人征收的一种税。征收耕地占用税的法律依据是：①2007 年 12 月 1 日国务院发布的《中华人民共和国耕地占用税暂行条例》（以下简称《耕地占用税暂行条例》），并于 2008 年 1 月 1 日起施行；②2008 年 2 月 26 日财政部、国家税务总局发布的《中华人民共和国耕地占用税暂行条例实施细则》（以下简称《耕地占用税暂行条例实施细则》），并于公布之日起施行。

1. 纳税人

耕地占用税的纳税人，是占用耕地建房或者从事其他非农业建设的单位和个人。

根据《耕地占用税暂行条例》的规定，耕地是指用于种植农作物的土地；单位包括国有企业、集体企业、私营企业、股份制企业、外商投资企业、外国企业以及其他企业和事业单位、社会团体、国家机关、部队以及其他单位；个人包括个体工商户以及其他个人。

对于农民家庭占用耕地建房的，家庭成员中除未成年人和没有行为能力的人外，都可为耕地占用税的纳税人。

2. 课税对象

耕地占用税的征税对象，是占用耕地从事其他非农业建设的行为。

根据《耕地占用税暂行条例》的规定，占用林地、牧草地、农田水利用地、养殖水面以及渔业水域滩涂等其他农用地，建房或者从事非农业建设的，征收耕地占用税；建设直接为农业生产服务的生产设施的，不征收耕地占用税。

3. 计税依据

耕地占用税以纳税人实际占用耕地面积为计税依据，按照规定税率一次性计算征收。

4. 适用税额

耕地占用税实行定额税率。根据《耕地占用税暂行条例》的规定，以县为单位，耕地占用税税率分为：人均耕地在 1 亩以下（含 1 亩）的地区，10～50 元/m^2；

人均耕地在 1~2 亩（含 2 亩）的地区，8~40 元/m²；人均耕地在 2~3 亩（含 3 亩）的地区，6~30 元/m²；人均耕地在 3 亩以上的地区，5~25 元/m² 四个档次。

5. 加成征税

根据《耕地占用税暂行条例》的规定，经济特区、经济技术开发区和经济发达、人均耕地特别少的地区，适用税额可以适当提高，但最高不得超过规定税额的 50%；占用基本农田的，适用税额还应当在上述适用税额的基础上再提高 50%。

6. 纳税地点和纳税期限

根据《耕地占用税暂行条例》的规定，耕地占用税的征收管理，依照《中华人民共和国税收征收管理法》（以下简称《税收征收管理法》）有关规定执行。

耕地占用税由地方税务机关负责征收。土地管理部门在通知单位或者个人办理占用耕地手续时，应当同时通知耕地所在地同级地方税务机关。获准占用耕地的单位或者个人应当在收到土地管理部门的通知之日起 30 日内缴纳耕地占用税。土地管理部门凭耕地占用税完税凭证或者免税凭证和其他有关文件发放建设用地批准书。

根据《耕地占用税暂行条例实施细则》的规定，经批准占用耕地的，耕地占用税纳税义务发生时间为纳税人收到土地管理部门办理占用农用地手续通知的当天。未经批准占用耕地的，耕地占用税纳税义务发生时间为纳税人实际占用耕地的当天。

7. 减税、免税

（1）减税范围

1）铁路线路、公路线路、飞机场跑道、停机坪、港口、航道占用耕地，减按每平方米 2 元的税额征收耕地占用税。根据实际需要，国务院财政、税务主管部门商国务院有关部门并报国务院批准后，可以免征或者减征耕地占用税。

2）农村居民占用耕地新建住宅，按照当地适用税额减半征收耕地占用税。

3）农村烈士家属、残疾军人、鳏寡孤独以及革命老根据地、少数民族聚居区和边远贫困山区生活困难的农村居民，在规定用地标准以内新建住宅缴纳耕地占用税确有困难的，经所在地乡（镇）人民政府审核，报经县级人民政府批准后，可以免征或者减征耕地占用税。

4）农村居民经批准搬迁，原宅基地恢复耕种，凡新建住宅占用耕地不超过原宅基地面积的，不征收耕地占用税；超过原宅基地面积的，对超过部分按照当地适用税额减半征收耕地占用税。

5）占用林地、牧草地、农田水利用地、养殖水面以及渔业水域滩涂等其他农用地建房或者从事非农业建设的，适用税额可以适当低于当地占用耕地的适用税额，具体适用税额按照各省、自治区、直辖市人民政府的规定执行。

（2）免税范围

1）军事设施占用耕地；

2）学校、幼儿园、养老院、医院占用耕地。

根据《耕地占用税暂行条例》的规定，免征或者减征耕地占用税后，纳税人改变原占地用途，不再属于免征或者减征耕地占用税情形的，应当按照当地适用税额补缴耕地占用税。

四、土地增值税

土地增值税是指对有偿转让国有建设用地使用权及地上建筑物和其他附着物的单位和个人征收的一种税。征收土地增值税的法律依据是：①1993年12月13日，国务院发布的《中华人民共和国土地增值税暂行条例》（以下简称《土地增值税暂行条例》），并于1994年1月1日起施行；②1995年1月27日，财政部发布的《中华人民共和国土地增值税暂行条例实施细则》（以下简称《土地增值税暂行条例实施细则》），并于发布之日起施行；③1995年5月25日，财政部、国家税务总局发布的《关于土地增值税一些具体问题规定的通知》（以下简称《具体问题规定的通知》）；④2006年3月2日，财政部、国家税务总局发布的《关于土地增值税若干问题的通知》（以下简称《若干问题的通知》），并于发布之日起施行；⑤2006年10月20日，财政部、国家税务总局发布的《关于土地增值税普通标准住宅有关政策的通知》。

1. 纳税人

根据《土地增值税暂行条例》的规定，转让国有土地使用权（国土资源部于2007年11月1日起将"国有土地使用权"改称为"国有建设用地使用权"）、地上的建筑物及其附着物（以下简称转让房地产）并取得收入的单位和个人，为土地增值税的纳税人。

根据《土地增值税暂行条例实施细则》的规定，转让是指以出售或者其他方式有偿转让房地产的行为，不包括以继承、赠与方式无偿转让房地产的行为；收入包括转让房地产的全部价款及有关的经济收益；单位是指各类企业单位、事业单位、国家机关和社会团体及其他组织；个人包括个体经营者。

2. 课税对象

土地增值税的课税对象是有偿转让房地产所取得的土地增值额。

根据《土地增值税暂行条例》的规定，土地增值额为纳税人转让房地产所取得的收入减除规定扣除项目金额后的余额。纳税人转让房地产所取得的收入，包括货币收入、实物收入和其他收入。

3. 扣除项目

根据《土地增值税暂行条例》的规定，计算增值额的扣除项目包括取得土地使用权所支付的金额；开发土地的成本、费用；新建房及配套设施的成本、费用，或者旧房及建筑物的评估价格；与转让房地产有关的税金；财政部规定的其他扣除项目。

根据《具体问题规定的通知》的规定，纳税人转让旧房及建筑物时因计算纳税的需要而对房地产进行评估，其支付的评估费用允许在计算增值额时予以扣除。

根据《若干问题的通知》的规定，纳税人转让旧房及建筑物，凡不能取得评估价格，但能提供购房发票的，经当地税务部门确认，《土地增值税暂行条例》第六条第（一）、（三）项规定的扣除项目的金额，可按发票所载金额并从购买年度起至转让年度止每年加计5%计算。

对纳税人购房时缴纳的契税，凡能提供契税完税凭证的，准予作为"与转让房地产有关的税金"予以扣除，但不作为加计5%的基数。

对于转让旧房及建筑物，既没有评估价格，又不能提供购房发票的，地方税务机关可以根据《税收征收管理法》第三十五条的规定，实行核定征收。

4. 计税依据

根据《土地增值税暂行条例》的规定，土地增值税按照纳税人转让房地产所取得的增值额和规定的税率计算征收。

纳税人若有隐瞒、虚报房地产成交价格，提供扣除项目金额不实，转让房地产的成交价格低于房地产评估价格，又无正当理由等情形之一的，按照房地产评估价格计算征收。

5. 税率和应纳税额的计算

根据《土地增值税暂行条例》的规定，土地增值税实行四级超额累进税率：

（1）增值额未超过扣除项目金额50%的部分，税率为30%；

（2）增值额超过扣除项目金额50%，未超过100%的部分，税率为40%；

（3）增值额超过扣除项目金额100%，未超过200%的部分，税率为50%；

（4）增值额超过扣除项目金额200%以上部分，税率为60%。

根据《土地增值税暂行条例实施细则》的规定，每级"增值额未超过扣除项目金额"的比例，均包括本比例数。

6. 纳税地点和纳税期限

根据《土地增值税暂行条例》的规定，纳税人应当自转让房地产合同签订之日起7日内，向房地产所在地主管税务机关办理纳税申报，并在税务机关核定的期限内缴纳土地增值税。

根据《具体问题规定的通知》的规定，税务机关核定的纳税期限，应在纳税人签订房地产转让合同之后、办理房地产权属转让（即过户及登记）手续之前。

纳税人未按照《土地增值税暂行条例》缴纳土地增值税的，土地管理部门、房地产管理部门不得办理有关的权属变更手续。

7. 免税

（1）根据《土地增值税暂行条例》的规定，纳税人建造普通标准住宅出售，增值额未超过扣除项目金额20%的；或者，因国家建设需要依法征用、收回的房地产，免征土地增值税。

根据《具体问题规定的通知》的规定，对纳税人既建普通标准住宅又搞其他房地产开发的，应分别核算增值额。不分别核算增值额或不能准确核算增值额的，其建造的普通标准住宅不能适用《土地增值税暂行条例》相应免税规定。

根据《土地增值税暂行条例实施细则》的规定，符合上述免税规定的单位和个人，须向房地产所在地税务机关提出免税申请，经税务机关审核后，免予征收土地增值税。

(2) 根据《具体问题规定的通知》的规定，对于以房地产进行投资、联营的，投资、联营的一方以土地（房地产）作价入股进行投资或作为联营条件，将房地产转让到所投资、联营的企业中时，暂免征收土地增值税。对投资、联营企业将上述房地产再转让的，应征收土地增值税。

对于一方出地，一方出资金，双方合作建房，建成后按比例分房自用的，暂免征收土地增值税；建成后转让的，应征收土地增值税。

在企业兼并中，对被兼并企业将房地产转让到兼并企业中的，暂免征收土地增值税。

对个人之间互换自有居住用房地产的，经当地税务机关核实，可以免征土地增值税。

(3) 根据《若干问题规定的通知》的规定，对于以土地（房地产）作价入股进行投资或联营的，凡所投资、联营的企业从事房地产开发的，或者房地产开发企业以其建造的商品房进行投资和联营的，均不适用《具体问题规定的通知》第一条暂免征收土地增值税的规定。

五、契税

契税是指在土地、房屋权属发生转移时，对产权承受人征收的一种税。征收契税的法律依据是：①1997年7月7日，国务院发布的《中华人民共和国契税暂行条例》（以下简称《契税暂行条例》）；②1997年10月28日，财政部发布的《财政部关于印发〈中华人民共和国契税暂行条例细则〉的通知》（以下简称《契税暂行条例细则》）。这两部法律规范都于1997年10月1日起施行。

1. 纳税人

根据《契税暂行条例》的规定，在中华人民共和国境内转移土地、房屋权属，承受的单位和个人为契税的纳税人。

根据《契税暂行条例细则》的规定，土地、房屋权属是指土地使用权、房屋所有权；承受是指以受让、购买、受赠、交换等方式取得土地、房屋权属的行为；单位是指企业单位、事业单位、国家机关、军事单位和社会团体以及其他组织；个人是指个体经营者及其他个人。

2. 课税对象

契税的征税对象是发生产权转移变动的土地、房屋。

根据《契税暂行条例》的规定，转移土地、房屋权属的行为包括国有土地使用权出让；土地使用权转让，包括出售、赠与和交换；房屋买卖；房屋赠与；房屋交换。

根据《契税暂行条例细则》的规定，视同土地使用权转让、房屋买卖或者房屋赠与征税的土地、房屋权属转移方式包括以土地、房屋权属作价投资、入股；以土地、房屋权属抵债；以获奖方式承受土地、房屋权属；以预购方式或者预付集资建房款方式承受土地、房屋权属。

2004年9月2日,《国家税务总局关于继承土地、房屋权属有关契税问题的批复》(国税函〔2004〕1036号)明确指出,对于《中华人民共和国继承法》规定的法定继承人(包括配偶、子女、父母、兄弟姐妹、祖父母、外祖父母)继承土地、房屋权属,不征契税;非法定继承人根据遗嘱承受死者生前的土地、房屋权属,属于赠与行为,应征收契税。

2005年3月22日,《财政部国家税务总局关于城镇房屋拆迁有关税收政策的通知》(财税〔2005〕45号)明确指出,对拆迁居民因拆迁重新购置住房的,对购房成交价格中相当于拆迁补偿款的部分免征契税,成交价格超过拆迁补偿款的,对超过部分征收契税。

3. 计税依据

根据房地产权属转让方式的不同,可将契税的计税依据划分为不同标准。

根据《契税暂行条例》的规定,当国有土地使用权出让、土地使用权出售、房屋买卖时,契税的计税依据为成交价格;当土地使用权赠与、房屋赠与时,契税的计税依据由征收机关参照土地使用权出售、房屋买卖的市场价格核定;当土地使用权交换、房屋交换时,契税的计税依据为所交换的土地使用权、房屋的价格的差额。

4. 税率和应纳税额的计算

根据《契税暂行条例》的规定,契税的税率为3%~5%。各地适用税率,由省、自治区、直辖市人民政府按照本地区的实际情况,在规定的幅度内确定,并报财政部和国家税务总局备案。

契税应纳税额依照税率和计税依据计算征收。即:

$$应纳税额 = 计税依据 \times 税率$$

5. 纳税地点和纳税期限

根据《契税暂行条例》的规定,契税征收机关为土地、房屋所在地的财政机关或者地方税务机关。具体征收机关由省、自治区、直辖市人民政府确定。

契税的纳税义务发生时间,为纳税人签订土地、房屋权属转移合同的当天,或者纳税人取得其他具有土地、房屋权属转移合同性质凭证的当天。纳税人应当自纳税义务发生之日起10日内,向土地、房屋所在地的契税征收机关办理纳税申报,并在契税征收机关核定的期限内缴纳税款。

6. 减税、免税

(1) 根据《契税暂行条例》的规定,国家机关、事业单位、社会团体、军事单位承受土地、房屋用于办公、教学、医疗、科研和军事设施的,免征契税;城镇职工按规定第一次购买公有住房的,免征契税;因不可抗力灭失住房而重新购买住房的,酌情准予减征或者免征契税;财政部规定的其他减征、免征契税的项目。

经批准,减征、免征契税的纳税人改变有关土地、房屋的用途,不再属于减征、免征契税范围,应当补缴已经减征、免征的税款。

(2) 根据《契税暂行条例细则》的规定,土地使用权交换、房屋交换时,交换价值相等的，免征契税；土地、房屋被县级以上人民政府征用、占用后，重新承受土地、房屋权属的，是否减征或者免征契税，由省、自治区、直辖市人民政府确定；纳税人承受荒山、荒沟、荒丘、荒滩土地使用权，用于农、林、牧、渔业生产的，免征契税；依照我国有关法律规定以及我国缔结或参加的双边和多边条约或协定的规定应当予以免税的外国驻华使馆、领事馆、联合国驻华机构及其外交代表、领事官员和其他外交人员承受土地、房屋权属的，经外交部确认，可以免征契税。

第三节 房地产相关税收

一、营业税、城市维护建设税和教育费附加

营业税、城市维护建设税和教育费附加俗称"两税一费"。征收"两税一费"的法律依据是：①1993年12月13日，国务院发布的《中华人民共和国营业税暂行条例》（2008年11月5日修订），并于2009年1月1日起施行；②1985年2月8日，国务院发布的《中华人民共和国城市维护建设税暂行条例》，并于1985年度起施行；③1986年4月28日，国务院发布的《征收教育费附加的暂行规定》，于1986年7月1日起施行，2005年8月20日国务院又作了修订，并于2005年10月1日起施行。

（一）营业税

营业税是对在我国境内提供应税劳务、转让无形资产或销售不动产的单位和个人，就其所取得的营业额征收的一种税。营业税属于流转税制中的一个主要税种。

1. 纳税人

在中华人民共和国境内提供应税劳务、转让无形资产或者销售不动产的单位和个人，为营业税的纳税人。

2. 课税对象

营业税的课税对象为在我国境内提供应税劳务、转让无形资产和销售不动产的经营行为。

3. 计税依据

营业税的计税依据为各种应税劳务收入的营业额、转让无形资产的转让额、销售不动产的销售额（三者统称为营业额）。

4. 税率和应纳税额的计算

销售不动产的营业税税率为5%。

营业税应纳税额的计算公式为：

$$应纳税额 = 营业额 \times 税率$$

5. 纳税地点和纳税时间

营业税由税务机关征收。纳税人转让、出租土地使用权，应当向土地所在地

的主管税务机关申报纳税；纳税人销售、出租不动产应当向不动产所在地的主管税务机关申报纳税。

营业税纳税义务发生时间为纳税人提供应税劳务、转让无形资产或者销售不动产并收讫营业收入款项或者取得索取营业收入款项凭据的当天。

6. 相关规定

1999年7月29日，财政部、国家税务总局《关于调整房地产市场若干税收政策的通知》（财税字〔1999〕210号）明确指出，自1999年8月1日起，个人自建自用住房，销售时免征营业税；企业、行政事业单位按房改成本价、标准价出售住房的收入，暂免征收营业税。

2006年5月24日，国务院办公厅令第37号《关于调整住房供应结构稳定住房价格的意见》明确指出，从2006年6月1日起，对购买住房不足5年转手交易的，销售时按其取得的售房收入全额征收营业税；个人购买普通住房超过5年（含5年）转手交易的，销售时免征营业税；个人购买非普通住房超过5年（含5年）转手交易的，销售时按其售房收入减去购买房屋的价款后的差额征收营业税。

（二）城市维护建设税

城市维护建设税是我国为了加强城市的维护建设，扩大和稳定城市维护建设资金的来源，随增值税、消费税和营业税附征并专门用于城市维护建设的一个税种。

1. 纳税人

凡缴纳产品税、增值税、营业税的单位和个人，都是城市维护建设税的纳税人。包括国有企业、集体企业、私营企业、股份制企业、其他企业和行政单位、事业单位、军事单位、社会团体、其他单位，以及个体工商户及其他个人。目前，对外商投资企业和外国企业缴纳的增值税、消费税、营业税不征收城市维护建设税。

2. 计税依据

城市维护建设税，以纳税人实际缴纳的增值税、消费税、营业税税额为计税依据。城市维护建设税本身并没有特定的、独立的征税对象。

3. 税率和应纳税额的计算

城市维护建设税实行地区差别税率，按照纳税人所在地的不同，税率分别规定为7%、5%、1%三个档次，具体是：纳税人所在地在城市市区的，税率为7%；在县城、建制镇的，税率为5%；不在城市市区、县城、建制镇的，税率为1%。

城市维护建设税的应纳税额大小由纳税人实际缴纳的增值税、消费税、营业税税额决定，其计算公式为：

应纳税额＝纳税人实际缴纳的增值税、消费税、营业税税额×适用税率

4. 纳税地点和纳税时间

城市维护建设税的纳税地点为纳税人缴纳增值税、消费税、营业税的地点。
城市维护建设税的纳税期限分别与增值税、消费税、营业税的纳税期限一致。

(三)教育费附加

教育费附加是为加快地方教育事业发展,扩大地方教育经费的资金而征收的一项专用基金。

1. 征收对象

教育费附加的征收对象是缴纳增值税、消费税、营业税的单位和个人。

2. 征收依据

教育费附加的征收依据是其实际缴纳的增值税、消费税和营业税。分别与增值税、营业税、消费税同时缴纳。

3. 计征比率和计算公式

教育费附加计征比率曾几经变化。1986年开征时,规定为1%;1990年5月《国务院关于修改〈征收教育费附加的暂行规定〉的决定》中规定为2%;按照1994年2月7日《国务院关于教育费附加征收问题的紧急通知》的规定,现行教育费附加征收比率为3%。

教育费附加的计算公式为:

应纳教育费附加 = 实纳增值税、消费税、营业税 × 征收比率

二、企业所得税

企业所得税是指以企业的生产经营所得和其他所得为征收对象所征收的一种税。征收企业所得税的法律依据是:①2007年3月16日发布的《中华人民共和国企业所得税法》(以下简称《企业所得税法》);②2007年12月6日国务院发布的《中华人民共和国企业所得税法实施条例》。这两部法律规范都于2008年1月1日起施行。

1. 纳税人和课税对象

根据《企业所得税法》的规定,在中华人民共和国境内,企业和其他取得收入的组织(以下统称企业)为企业所得税的纳税人。

个人独资企业和合伙企业征收个人所得税,不适用《企业所得税法》。

企业分为居民企业和非居民企业。

(1) 居民企业

居民企业是指依法在中国境内成立,或者依照外国(地区)法律成立但实际管理机构在中国境内的企业。

居民企业应当就其来源于中国境内、境外的所得缴纳企业所得税。

(2) 非居民企业

非居民企业是指依照外国(地区)法律成立且实际管理机构不在中国境内,但在中国境内设立机构、场所的,或者在中国境内未设立机构、场所,但有来源于中国境内所得的企业。

非居民企业在中国境内设立机构、场所的,应当就其所设机构、场所取得的来源于中国境内的所得,以及发生在中国境外但与其所设机构、场所有实际联系的所得,缴纳企业所得税。非居民企业在中国境内未设立机构、场所的,或者虽

设立机构、场所但取得的所得与其所设机构、场所没有实际联系的，应当就其来源于中国境内的所得缴纳企业所得税。

2. 税率

企业所得税的税率为25%。

非居民企业在中国境内未设立机构、场所的，或者虽设立机构、场所但取得的所得与其所设机构、场所没有实际联系的，就其来源于中国境内的所得缴纳企业所得税的，适用税率为20%。

3. 应纳税所得额

企业每一纳税年度的收入总额，减除不征税收入、免税收入、各项扣除以及允许弥补的以前年度亏损后的余额，为应纳税所得额。

4. 应纳税额

企业的应纳税所得额乘以适用税率，减除依照《企业所得税法》关于税收优惠的规定减免和抵免的税额后的余额，为应纳税额。

5. 与房地产相关的企业所得税相关规定

2009年3月6日，国家税务总局令第31号发布《房地产开发经营业务企业所得税处理办法》（以下简称《处理办法》），并于2008年1月1日起执行。

《处理办法》适用于中国境内从事房地产开发经营业务的企业。

《处理办法》根据《企业所得税法》及其实施条例、《税收征收管理法》及其实施细则等有关税收法律、行政法规的规定制定，加强了从事房地产开发经营企业的企业所得税征收管理，规范了从事房地产开发经营业务企业的纳税行为。

三、个人所得税

个人所得税是指以个人（自然人）取得的各项应税所得为征收对象所征收的一种税。征收个人所得税的法律依据是：2007年12月29日发布的《全国人民代表大会常务委员会关于修改〈中华人民共和国个人所得税法〉的决定》，并于2008年3月1日起施行。

1. 纳税人和课税对象

在中国境内有住所，或者无住所而在境内居住满一年的个人，从中国境内和境外取得的所得，应缴纳个人所得税。

在中国境内无住所又不居住或者无住所而在境内居住不满一年的个人，从中国境内取得的所得，应缴纳个人所得税。

个人所得包括：工资、薪金所得；个体工商户的生产、经营所得；对企事业单位的承包经营、承租经营所得；劳务报酬所得；稿酬所得；特许权使用费所得；利息、股息、红利所得；财产租赁所得；财产转让所得；偶然所得；经国务院财政部门确定征税的其他所得。

2. 与房地产相关的个人所得税税率

财产租赁所得、财产转让所得，适用比例税率，税率为20%。

3. 与房地产相关的个人所得税应纳税所得额

个人转让住房，以其转让收入额减除财产原值和合理费用后的余额为应纳税所得额。

4. 与房地产相关的个人所得税相关规定

（1）《国家税务总局关于个人住房转让所得征收个人所得税有关问题的通知》

2006 年 7 月 18 日，《国家税务总局关于个人住房转让所得征收个人所得税有关问题的通知》（国税发〔2006〕108 号）发布如下内容：

对住房转让所得征收个人所得税时，以实际成交价格为转让收入。

对转让住房收入计算个人所得税应纳税所得额时，纳税人可凭原购房合同、发票等有效凭证，经税务机关审核后，允许从其转让收入中减除房屋原值、转让住房过程中缴纳的税金及有关合理费用。

纳税人未提供完整、准确的房屋原值凭证，不能正确计算房屋原值和应纳税额的，税务机关可根据《税收征收管理法》第三十五条的规定，对其实行核定征税，即按纳税人住房转让收入的一定比例核定应纳个人所得税额。

（2）《财政部国家税务总局关于城镇房屋拆迁有关税收政策的通知》

2005 年 3 月 22 日，《财政部国家税务总局关于城镇房屋拆迁有关税收政策的通知》（财税〔2005〕45 号）明确指出，对被拆迁人按照国家有关城镇房屋拆迁管理办法规定的标准取得的拆迁补偿款，免征个人所得税。

四、印花税

印花税是指对因商事活动、产权转移、权利许可证照授受等行为而书立、领受的应税凭证征收的一种税。征收印花税的法律依据是：①1988 年 8 月 6 日，国务院发布的《中华人民共和国印花税暂行条例》；②1988 年 9 月 29 日，财政部发布的《中华人民共和国印花税暂行条例施行细则》。这两部法律规范都于 1988 年 10 月 1 日起施行。

1. 纳税人

印花税的纳税人为在中国境内书立、领受税法规定应税凭证的单位和个人，包括国内各类企业、事业、机关、团体、部队及中外合资企业、中外合作企业、外商独资企业、外国公司和其他经济组织及其在华机构等单位和个人。

2. 应税凭证

印花税的应税凭证主要是经济活动中最普遍、最大量的各种商事和产权凭证。包括购销、加工承揽、建设工程勘察设计、建设安装工程承包、财产租赁、货物运输、仓储保管、借款、财产保险、技术等合同或者具有合同性质的凭证；产权转移书据；营业账簿；权利、许可证照；经财政部确定征税的其他凭证。

3. 计税依据

根据应税凭证的种类，印花税的计税依据划分为三种情况。

（1）合同或具有合同性质的凭证，以凭证所载金额作为计税依据。具体包括购销金额、加工或承揽收入、收取费用、承包金额、租赁金额、运输费用、仓储保管费用、借款金额、保险费收入等项。

（2）营业账簿中记载资金的账簿，以固定资产原值和自有流动资金总额作为计税依据。

（3）不记载金额的营业执照，专利证、专利许可证照，以及企业的日记账簿和各种明细分类账簿等辅助性账簿，按凭证或账簿的件数纳税。

4. 税率

印花税的税率采用比例税率和定额税率两种。

5. 免税

财产所有人将财产捐赠给政府、社会福利单位、学校所书立的书据，已纳印花税凭证的副本或抄本，外国政府或者国际金融组织向我国政府及国家金融机构提供优惠贷款所立的合同，有关部门根据国家政策需要发放的无息、贴息贷款合同，经财政部批准免税的其他凭证，免征印花税。

第四节 廉租房、经济适用房和住房租赁税收政策

为了促进廉租住房、经济适用住房制度建设和住房租赁市场的健康发展，2008年3月3日，财政部、国家税务总局发布《关于廉租住房经济适用住房和住房租赁有关税收政策的通知》（财税〔2008〕24号）。

一、支持廉租住房、经济适用住房建设的税收政策

自2007年8月1日起，廉租住房、经济适用住房市场执行以下税收政策：

（1）对廉租住房经营管理单位按照政府规定价格、向规定保障对象出租廉租住房的租金收入，免征营业税、房产税。

（2）对廉租住房、经济适用住房建设用地以及廉租住房经营管理单位按照政府规定价格、向规定保障对象出租的廉租住房用地，免征城镇土地使用税。

开发商在经济适用住房、商品住房项目中配套建造廉租住房，在商品住房项目中配套建造经济适用住房，如能提供政府部门出具的相关材料，可按廉租住房、经济适用住房建筑面积占总建筑面积的比例免征开发商应缴纳的城镇土地使用税。

（3）企事业单位、社会团体以及其他组织转让旧房作为廉租住房、经济适用住房房源且增值额未超过扣除项目金额20%的，免征土地增值税。

（4）对廉租住房、经济适用住房经营管理单位与廉租住房、经济适用住房相关的印花税以及廉租住房承租人、经济适用住房购买人涉及的印花税予以免征。

开发商在经济适用住房、商品住房项目中配套建造廉租住房，在商品住房项目中配套建造经济适用住房，如能提供政府部门出具的相关材料，可按廉租住房、经济适用住房建筑面积占总建筑面积的比例免征开发商应缴纳的印花税。

（5）对廉租住房经营管理单位购买住房作为廉租住房、经济适用住房经营管理单位回购经济适用住房继续作为经济适用住房房源的，免征契税。

（6）对个人购买经济适用住房，在法定税率基础上减半征收契税。

(7) 对个人按《廉租住房保障办法》（原建设部等9部委令第162号）规定取得的廉租住房货币补贴，免征个人所得税；对于所在单位以廉租住房名义发放的不符合规定的补贴，应征收个人所得税。

(8) 企事业单位、社会团体以及其他组织于2008年1月1日前捐赠住房作为廉租住房的，按《中华人民共和国企业所得税暂行条例》（国务院令第137号）、《中华人民共和国外商投资企业和外国企业所得税法》有关公益性捐赠政策执行；2008年1月1日后捐赠的，按《中华人民共和国企业所得税法》有关公益性捐赠政策执行。个人捐赠住房作为廉租住房的，捐赠额未超过其申报的应纳税所得额30%的部分，准予从其应纳税所得额中扣除。

二、支持住房租赁市场发展的税收政策

自2008年3月1日起，住房租赁市场执行以下税收政策：

(1) 对个人出租住房取得的所得减按10%的税率征收个人所得税。

(2) 对个人出租、承租住房签订的租赁合同，免征印花税。

(3) 对个人出租住房，不区分用途，在3%税率的基础上减半征收营业税，按4%的税率征收房产税，免征城镇土地使用税。

(4) 对企事业单位、社会团体以及其他组织按市场价格向个人出租用于居住的住房，减按4%的税率征收房产税。

复习思考题

1. 什么是税收？税收有哪些特征？
2. 简述税收法律关系。
3. 什么是税收制度？税收制度的基本构成要素有哪些？
4. 我国现行的房地产业有哪些税种？
5. 房产税的计税依据和税率有哪些？
6. 城镇土地使用税的课税对象有哪些？适用税额是多少？
7. 土地增值税的税率具体有哪些规定？
8. 什么是契税？契税在什么情况下由谁缴？
9. 什么是营业税？销售不动产的营业税税率是多少？
10. 什么是企业所得税？企业所得税的税率是多少？

第十一章

物业管理制度

物业管理既是房地产开发的延续和完善,又是集服务、管理、经营为一体的服务性行业。它与其他行业相比,在服务、管理的对象上和运作方式上都有其自身的特点。本章主要阐述了物业管理的基本概念和特性、物业管理基本原则、物业管理的内容和主要环节、物业管理主体以及物业管理运作中的相关知识等。

第一节 物业管理概述

一、物业和物业管理

（一）物业的含义

物业是一个较为广义的范畴。"物业"一词在香港及东南亚一带是作为房地产的别称或同义语而使用的。物业与房地产既有联系又有区别。物业一般指某项具体的建筑物及相关的设施、设备、场地等,是个微观的概念;房地产则一般泛指一个国家、地区或城市所有的房产和地产,相比之下是个宏观的概念。

现实中所称的物业,是一个狭义范畴,一般是指具体的房屋建筑及相关的设施、设备、场地。如住宅、工业厂房、商业用房等建筑物及其附属的设施、设备和相关场地。

从物业的概念中可以看出,一个完整的物业,应至少包括以下几个部分：

（1）建筑物。即已建成并投入使用的各类房屋及相关建筑,包括房屋建筑、构筑物等。

（2）设施。即主要与建筑物配套的公共使用的给水排水管、供配电、消防、通信网络以及室外公建设施（如幼儿园、医院、运动场馆）等。

（3）设备。即主要与建筑物相配套的专用机械、电气等。如电梯、空调、备用电源等。

（4）场地。即建筑物规划范围以内的所有土地，包括建筑地块、建筑物周围空地、绿地以及物业范围内的非主干交通道路等。

物业可大可小，可以是群体建筑物，如住宅小区；也可以是单体建筑物，如高层住宅、写字楼等。物业还可以分割，如大物业可以划分为小物业，住宅小区物业可以划分为几个小的单体住宅楼等。

物业按其用途分，主要有居住类物业、商业类物业、生产类物业、公众类物业、行政类物业、公共类物业、专用类物业以及其他类物业等；按其经营性质分，主要有收益性物业和非收益性物业。

（二）物业管理的含义

按照《物业管理条例》第二条的规定："物业管理是指业主通过选聘物业服务企业，由业主和物业服务企业按照物业服务合同约定，对房屋及配套的设施设备和相关场地进行维修、养护、管理，维护相关区域内的环境卫生和秩序的活动。"根据物业管理这个概念的内涵与外延可以这样理解：

（1）物业管理的主体主要是业主（包括业主大会与业主委员会）和物业服务企业；

（2）物业管理的对象是完整的物业，即房屋、配套的设施设备和相关场地等；

（3）物业管理服务的对象是人，即业主或非业主使用人；

（4）物业管理的"劳务"的投入能对物业这个特殊商品提升其使用功能，延长使用年限，完善内外环境，使其保值增值；

（5）物业管理需要专业化的管理与服务，并采用现代化的管理手段；

（6）物业管理与现代社区建设密切关联，是创建和谐社区的重要载体。

（三）物业管理的特性

物业管理具有社会化、专业化、企业化、市场化的基本特性。

1. 社会化

物业管理的社会化有三种含义：①是指物业管理将分散的社会分工汇集起来统一管理。诸如房屋和设施设备维修、养护、管理、保洁、保安、绿化服务管理等等。②是指面向社会的物业管理。房地产开发公司或业主应遵循市场经济客观规律，将开发或持有的物业推向社会，通过公开、公平、公正的市场竞争，把物业交给管理水平高、运作规范的专业服务企业来管理。③是指物业管理本身也应社会化。即物业服务企业可将一部分管理项目分离出去，使其成为社会分工中的一个专门行业，这有助于提高物业管理的水平和效率。

2. 专业化

物业管理的专业化是指物业服务企业通过合同或契约的签订，按照业主或使用人的意志和要求去实施专业化管理。它包括物业管理组织机构的专业化、管理人员的专业化、管理手段的专业化、管理技术和方法的专业化等。物业管理专业化是现代化大生产的社会化专业分工的必然结果。

3. 企业化

物业管理是一种企业化的经营管理行为。物业服务企业作为一个独立的法人，应按照《公司法》的规定运行，必须依照物业管理市场的运行规则参与市场竞争，依靠自己的经营能力和优质的服务在物业管理市场上争取自己的位置和拓展业务，用管理的业绩去赢得商业信誉。

4. 市场化

在市场经济条件下，物业管理的属性是经营，它所提供的商品是劳务和服务，其性质是有偿的，方式是等价的，即推行有偿服务，合理收费。业主通过市场化的招标投标方式选聘物业服务企业，物业服务企业向业主或使用人提供劳务和服务，业主或使用人购买并消费这种服务。这种通过市场竞争机制和商品经营的方式所实现的商业行为就是市场化。双向选择和等价有偿是物业管理市场化的集中体现。

（四）物业管理的目标与原则

1. 物业管理的目标

物业管理是集服务、管理、经营为一体的服务性行业。它的管理、经营是通过服务来体现的，因此物业管理是寓管理、经营于服务之中。物业管理的目标是通过有效的服务与管理，为业主和使用人提供一个优美整洁、舒适方便、安全文明的工作或生活环境；通过有效的管理与经营，改善物业的内外环境，完善物业的使用功能，提升物业的使用价值和经济价值，促使物业的保值增值；通过有效的服务、管理与经营，最终实现经济、社会、环境三个效益的统一和增长，从而提高城市的现代文明程度。

2. 物业管理的原则

（1）以人为本、服务第一的原则

这一原则是物业管理的根本原则和首要原则。物业管理作为服务性行业，它的所有活动归根结底都是为了服务于人。它要求物业服务企业和物业管理的从业人员，必须树立以人为本、服务第一的基本理念，通过提供全面、优质、高效的服务与管理，为业主或使用人营造良好的工作和生活环境。

（2）业主自治与专业管理相结合的原则

这一原则旨在规范业主与物业服务企业的关系，划清业主与物业服务企业的地位、职责、权利和义务。其主要体现为：①业主自治管理。它是指业主作为房屋所有权人在物业管理中处于主导地位，选聘物业服务企业实施管理只是业主管理的主要方式，业主还可以根据实际情况决定采取其他方式；业主的自治管理一般是通过业主大会、业主委员会这种组织形式来实现的。当然，业主自治管理并不意味着业主直接实施管理，目前主要还是通过物业服务合同的形式委托物业服务企业实施各项具体管理实务，体现业主自治管理的权利（决策、选聘、审议和监督权等）和义务（履行合同、规约和规章制度，协助和协调各方关系等）。②专业管理。它是指物业管理主要由物业服务企业对物业实施管理和服务，专业管理主要体现在专门的组织机构、专业人员配备、专业工具设备、科学规范的管理措施和工作程序等几个方面。

（3）统一管理，综合服务的原则

这一原则体现物业管理的基本特性和要求，包括统一管理和综合服务两方面，并且有机地结合在一起。统一管理实施的前提是"一个相对独立的物业区域，建立一个业主大会，委托一个物业服务企业管理"。这是由物业的房屋以及设施设备相互连接、相互贯通的整体性和系统性以及房屋产权与业主意志的多元性所决定的。综合服务指的是物业服务企业一方面根据物业服务合同为全体业主和使用人提供公共性的基本管理服务，另一方面还要根据业主和使用人多元化、多层次的需求，通过服务项目和收费标准，由全体业主和使用人进行选择性购买或根据个别业主和使用人的委托向其提供特约服务，以满足其个性化的需求。

二、物业管理的内容

物业管理作为一个新兴行业，是生产特殊的"商品"——劳务和服务的。其范围相当广泛，服务项目多层次、多元化，涉及的工作内容比较繁琐复杂。按服务的性质和提供的方式，可把物业管理的管理服务内容分为以下三个方面：

1. 基本管理服务

基本管理服务是指业主与物业服务企业通过物业服务合同约定的公共性服务，它主要是指直接针对物业和所有业主或使用人的各项管理与服务。一般包括：①对房屋及配套的设施设备和相关场地进行维修、养护、管理；②对相关区域内的环境卫生和秩序进行维护。具体地说，它包括以下内容：

（1）房屋管理；
（2）设施设备管理；
（3）环境卫生的管理服务；
（4）绿化管理服务；
（5）治安管理服务；
（6）消防协助管理服务；
（7）车辆道路协助管理服务；
（8）物业装饰装修管理服务；
（9）物业档案资料的管理；
（10）专项维修资金的代管服务；
（11）其他管理服务的事项。

2. 综合经营管理与服务

综合经营管理与服务是指物业服务企业为了方便业主和使用人的生活和工作而提供的全方位、多层次的委托性服务，主要涉及：衣着方面、饮食方面、居住方面、行旅方面、娱乐康体方面、购物方面、家政方面、网络社区方面等。

3. 社区管理与服务

社区管理与服务是指物业服务企业协助街道办事处、居委会（家委会）等进行社区精神文明建设等的一系列管理活动。

在实践中,以上三大类业务项目具有相互促进、相互补充的内在有机联系。其中,第一大类是基本的,也是物业管理的基础工作,一切物业服务企业首先应做好第一大类的工作。第二、第三大类是物业管理业务的拓展,是服务广度的拓展和深度的延伸,这可根据各个物业服务企业的实际情况、业主和使用人的实际需求或社区的统一布置来安排。

作为经营管理的物业服务企业,除较好地开展上述三大类的工作,在物业管理工作中还必须包括客户管理、费用管理、项目谈判、企业内部管理等内容。

三、物业管理的主要环节

物业管理是一个复杂而又完整的系统工程,从房地产项目的规划设计开始到物业管理工作的全面运作,物业管理工作一般可分为四个阶段:物业管理的前期策划阶段,物业管理的前期准备阶段,物业管理的启动阶段,物业管理的日常运作阶段。每个阶段都有各自若干基本环节。

1. 物业管理的前期策划阶段

这一阶段的工作包括物业管理的早期介入、制定物业管理方案两个基本环节。

(1) 物业管理的早期介入

早期介入的主要内容,包括物业服务企业对早期介入的准备以及在规划设计、施工监理、设备安装、租售代理等阶段的介入,即为建设单位提供有益的建设性意见。早期介入并不要求整个物业服务企业人员的全体介入,而只是物业服务企业或者物业管理处的负责人与技术人员的参与。

(2) 制定物业管理方案

在早期介入的同时,就应该着手制定物业管理方案。由于这时物业服务企业还没有正式到位,物业管理方案的制订由房地产开发公司完成,在实际操作中,房地产开发公司往往聘请物业服务企业为其代做物业管理方案。物业管理方案的主要内容包括:确定管理档次;确定服务标准;财务收支预算等。

2. 物业管理的前期准备阶段

物业管理的前期准备阶段具体包括物业管理的招标与投标、物业管理机构的组建及规章制度的制定等各个基本环节。

(1) 物业管理的招标与投标

对房地产开发公司来说,首先需要进行物业管理的招标,选聘合适的物业服务企业,然后才可能有具体的物业管理。而对物业服务企业来讲,则首先需要参加物业管理的投标,取得该项目的物业管理权后,才能做好物业管理的准备并在适当的时候开始具体的物业管理工作。

一般来讲,物业管理的招标与投标需要做的基础工作,就是制定物业管理招标书或投标书以及编制与确定物业管理方案。在这个前提下,进行招标或参与投标。在确定了物业服务企业后,以下的各环节就由物业服务企业来进行。

(2) 物业管理机构设置与人员安排

就某一个物业项目而言，物业服务企业可能需要另行组建新的物业管理机构或物业管理处，通过这个机构来具体实施该项目的物业管理。当然，在对物业承接查验前，只需要组织管理层人员参与，临近物业正式承接时，再考虑安排作业层人员到位。如是新招聘人员，要对其进行培训，经考核后才能上岗工作。

（3）规章制度的制定

规章制度是物业服务企业进行物业管理的依据，也是物业管理能否顺利进行的保证。规章制度一般包括内部管理制度和外部管理制度两个方面。在内部管理制度中，最基本的制度就是员工管理办法。该办法主要包括劳动用工制度、员工行为规范、员工福利制度、员工奖惩制度以及岗位责任制等内容。外部管理制度是针对物业服务企业内部管理制度来说的，其主要内容有管理规约、住户手册、各项守则与管理规定等。

3. 物业管理的启动阶段

物业管理的全面启动以物业的承接查验为标志。从物业的承接查验开始到业主大会和业主委员会的成立，包括承接查验、入住管理、产权备案与档案资料的建立、首次业主大会的召开与业主委员会成立四个基本环节。

（1）承接查验

承接查验是直接关系到物业管理工作能否正常、顺利开展的重要环节。它包括新建物业和原有物业的承接查验。承接查验的完成，标志着物业管理工作全面开始，也标志着物业管理进入全面启动阶段。

（2）入住管理

入住是指业主或使用人迁入生活或工作的物业，这是物业服务企业与服务对象的首次接触。为了能有一个良好的开端，物业服务企业首先要使自己的服务对象一开始就对其有个基本的认同感和满足感，因此需要做好下列工作：

1）通过宣传使业主或使用人了解和配合物业管理工作；
2）配合业主或使用人搬迁；
3）做好搬迁阶段的安全工作；
4）加强对装饰装修的管理。

（3）产权备案与档案资料的建立

产权备案是物业服务企业必须要做而且一定要做好的一项基础性工作。另外，产权备案也是建立业主或使用人档案的基础。物业服务企业还需要建立物业本身的资料，通过档案资料的建立，帮助物业服务企业顺利、有效地实施物业管理。

（4）首次业主大会的召开与业主委员会的成立

当具备一定条件后，同一个物业管理区域内的业主，应当在物业所在地的区、县人民政府房地产行政主管部门或者街道办事处、乡镇人民政府的指导下适时召开首次业主大会，制定和通过有关文件，选举产生业主委员会。

4. 物业管理的日常运作阶段

物业管理的日常运作是物业管理最主要的工作内容，一般由日常的综合服务与管理、系统的协调两个基本环节构成。

(1) 日常综合服务与管理

日常综合服务与管理是业主或使用人入住后，物业服务企业在实施物业管理中所做的各项工作。这是物业服务企业最经常、最持久、最基本的工作内容，也是其物业管理水平的集中体现。它涉及的方面很多，例如，房屋修缮管理、物业设施设备管理、环境卫生管理服务、绿化管理服务、治安管理服务、消防管理服务、车辆道路管理服务以及其他各项管理服务工作等等。

(2) 系统的协调

物业管理社会化、专业化、企业化、市场化的特征，决定了其具有特定的复杂的系统内部和外部环境条件。系统内部环境条件主要是物业服务企业与业主、业主大会、业主委员会的相互关系的协调；系统外部环境条件主要是物业服务企业与相关部门相互关系的协调，例如，街道办事处、乡镇人民政府，自来水公司、供电部门、燃气公司、通信公司等单位，劳动、工商、物价、税务、环卫、园林、房管、城管办等有关政府主管部门，此外还有居民委员会等，涉及面相当广泛。

第二节 物业管理主体

市场主体是指直接参与或直接影响市场交换的各类行为主体。物业管理的属性是经营，它所提供的商品是劳务和服务。对于物业管理市场主体而言，供给主体是物业服务企业，需求主体是业主和业主自治组织。

一、物业服务企业

(一) 物业服务企业的概念和特征

物业服务企业是依法成立、具备资质等级并具有独立企业法人资格，从事物业管理服务相关活动的经济实体。其特征可以归纳为以下四方面：

(1) 物业服务企业依法设立。物业服务企业是严格遵循法定程序设立的，并必须符合法定的条件，只有这样才能从事物业管理与服务。

(2) 物业服务企业是独立的企业法人。物业服务企业是独立核算、自主经营、自负盈亏的经济实体。

(3) 物业服务企业是服务性企业。物业服务企业的主要职能是通过对物业的管理和提供的综合服务，确保物业正常使用，为业主或物业使用人创造一个舒适、方便、安全的工作和居住环境。物业服务企业的"产品"就是劳务与服务，这种劳务与服务是有偿的和盈利性的。

(4) 物业服务企业具有一定的公共管理性质的职能。物业服务企业在向物业管理区域内业主和使用人提供管理服务的同时，还承担着该区域内公共秩序的维护、市政设施的配合管理、物业的装修管理等，其内容带有公共管理的性质。

物业服务企业按业务性质划分，一般有：管理服务型物业服务企业、管理型物业服务企业、租赁经营型物业服务企业等。

（二）物业服务企业的设立

根据《公司法》和《物业服务企业资质管理办法》的规定，物业服务企业的设立程序分为工商注册登记和资质审批两个阶段。

1. 物业服务企业的工商注册登记

根据《公司法》规定，企业设立须向工商行政管理部门进行注册登记，在领取营业执照后，方可开业。物业服务企业在办理注册登记时，应提交以下相关资料：

（1）企业名称的预先审核证明；

（2）企业地址证明；

（3）注册资本证明；

（4）股东人数和法定代表人相关材料；

（5）公司专业人员和管理人员名单；

（6）公司章程；

（7）其他应提交的审批文件或资料。

物业服务企业如果符合规定的条件，经过工商行政管理部门审核，领取了营业执照后，企业即告成立。物业服务企业在取得营业执照以后，还必须进行银行开户、公章刻制、法人代码登记和税务登记等程序后，方可进行企业的运作。

2. 物业服务企业的资质审批及管理

物业服务企业资质的审批和管理是对物业服务企业注册资本、专业和管理人员、经营规模、经营能力等方面的审批及管理。

（1）物业服务企业的资质审批

根据原建设部颁发的《物业服务企业资质管理办法》的规定，物业服务企业资质等级分为一、二、三级。国务院建设主管部门负责一级物业服务企业资质证书的颁发和管理；省、自治区人民政府建设主管部门负责二级物业服务企业资质证书的颁发和管理，直辖市人民政府房地产主管部门负责二级和三级物业服务企业资质的颁发和管理，并接受国务院建设主管部门的指导和监督；设区的市级人民政府房地产主管部门负责三级物业服务企业资质的颁发和管理，并接受省、自治区人民政府建设主管部门的指导和监督。

（2）在申报资质时需提供的资料

物业服务企业在领取营业执照之日起 30 日内，向当地的房地产主管部门申请资质。申请资质需提交如下资料：①营业执照；②企业章程；③验资证明；④企业法定代表人的身份证明；⑤物业管理专业人员的职业资格证书和劳动合同；⑥管理和技术人员的职称证书和劳动合同；⑦其他需要的资料。新设立的物业服务企业，其资质等级按最低等级核定，并设 1 年的暂定期。

（3）物业服务企业的资质管理

资质管理是房地产行政主管部门依法对物业服务企业和物业管理行业进行管理的主要内容之一。除资质审批外，资质管理还包括对已设立的物业服务企业是否遵守法律、法规，是否履行合同，以及经营管理、信用等情况进行监督检查。资质管理有利于规范物业管理行为，加强对物业管理活动的监督，维护物业管理市场秩序，提高物业服务企业的管理和服务水平。

二、业主和自治组织

（一）业主及其权利和义务

1. 业主的含义

根据《物业管理条例》的规定："业主是指房屋的所有权人。"即房屋所有权人和土地使用权人。在物业管理活动中，业主是物业服务企业所提供的物业管理服务的对象。业主可以是个人，也可以是集体或者国家；业主还可以分为单个业主和全体业主。业主基于对房屋所有权的享有从而享有对物业的相关共同事务进行管理的权利。这些权利有些由单个业主享有和行使，有些只能通过业主大会和业主委员会来实现。

2. 业主的权利

业主依法对物业自用部位享有占有、使用、经营、处置、修缮、改建等基本权利和依法使用共用设施及设备、共用部位和公共场所的权利。具体体现在下列两个方面：①对物业专有部分享有的专有所有权；②对物业共有部分享有的共有所有权。

业主参与物业管理时，要求物业服务企业依据物业服务合同提供相应的管理与服务，拥有对本物业重大管理决策的表决权和对物业服务企业提供物业管理服务的监督、建议、批评、咨询、投诉的权利。业主的权利是由法律和管理规约及物业服务合同来保障和维护的，是通过业主大会和业主委员会来实现的。根据《物业管理条例》的规定，业主在物业管理活动中，享有下列十项权利：

（1）按照物业服务合同的约定，接受物业服务企业提供的服务；

（2）提议召开业主大会会议，并就物业管理的有关事项提出建议；

（3）提出制定和修改管理规约、业主大会议事规则的建议；

（4）参加业主大会会议，行使投票权；

（5）选举业主委员会委员，并享有被选举权；

（6）监督业主委员会的工作；

（7）监督物业服务企业履行物业服务合同；

（8）对物业共用部位、共用设施设备和相关场地使用情况享有知情权和监督权；

（9）监督物业共用部位、共用设施设备专项维修资金的管理和使用；

（10）法律、法规规定的其他权利。

除了上述权利以外，业主还享有法律、法规规定的其他方面的权利。如在物业受到侵害时，有请求停止侵害、排除妨碍、消除危险、赔偿损失的权利；有对物业维护、使用等方面的规章制度、各项报告、提案进行审议的权利；有为维护业主的合法权益进行投诉和控告的权利等。

3. 业主的义务

根据《物业管理条例》的规定，业主在物业管理活动中应履行下列义务：

（1）遵守管理规约、业主大会议事规则；

（2）遵守物业管理区域内物业共用部位和共用设施设备的使用、公共秩序和环境卫生的维护等方面的规章制度；

（3）执行业主大会的决定和业主大会授权业主委员会作出的决定；

（4）按照国家有关规定缴纳专项维修资金；

（5）按时缴纳物业服务费用；

（6）法律、法规规定的其他义务。

业主的义务，要求业主的各项行为必须合法，并且以不损害公众利益和他人利益为前提。也就是说，权利与义务是对等的。业主在享有权利的同时，必须承担相应的义务。

4. 非业主使用人的权利与义务

非业主使用人，是指不拥有房屋所有权，通过租赁关系和借用关系而获得房屋使用权，并实际使用房屋的人。

业主和非业主使用人在权利上的根本区别是，非业主使用人对物业仅享有占有、使用或者一定条件下的收益权，而没有处分权。就物业管理法律关系而言，物业管理一般只涉及业主和物业服务企业之间的关系，并不涉及非物业使用人。但是，业主通过租赁合同和借用合同，把一部分权利或义务转让给了非业主使用人，只要租赁合同和借用合同是合法有效的，则非业主使用人在合同授权范围内，享有一定权利和履行一定义务，也是物业管理法律关系的主体之一，也是物业管理服务的对象。

由于非业主使用人是通过租赁合同和借用合同与业主发生关系，从而成为物业管理法律关系的主体的，因此必须在租赁合同和借用合同中阐明业主向非业主使用人转让了哪些权利、义务。

（二）业主大会

1. 业主大会的含义

业主大会是指在物业管理区域内由全体业主组成，代表和维护该区域内全体业主在物业管理活动中的合法权益的组织。

业主大会是以会议制形式对物业进行管理的群众性自治机构，是依法管理物业的权力机关。业主大会具有自治性、民主性、代表性和公益性等法律特征。

2. 业主大会的成立和首次业主大会

业主大会是在首次业主大会会议召开之日成立的。召开首次业主大会需要一定的条件，根据有关规定：第一次业主大会是在物业交付使用且入住率达到一定比例时或者首套房屋出售并交付使用之日起已满规定时间时召开。如果物业管理区域内只有一个业主，或者业主人数较少且经全体业主同意，决定不成立业主大会的，则由业主共同履行业主大会与业主委员会的职责。业主大会的成立一般需经过以下程序进行：

(1) 成立业主大会筹备组

根据原建设部《业主大会规程》规定:"业主筹备成立业主大会的,应当在物业所在地的区、县人民政府房地产行政主管部门和街道办事处(乡镇人民政府)的指导下,由业主代表、建设单位(包括公有住房出售单位)组成业主大会筹备组,负责业主大会筹备工作。"

筹备组成立后,就首次业主大会召开,应当做好下列筹备工作:

1) 确定首次业主大会会议召开的时间、地点、形式和内容;
2) 参照政府主管部门制定的示范文本,拟定《业主大会议事规则(草案)》和《管理规约(草案)》;
3) 确认业主身份,确定业主在首次业主大会会议上的投票权数;
4) 确定业主委员会委员候选人产生办法及名单;
5) 做好召开首次业主大会会议的其他准备工作。

筹备组在完成上述工作后,在首次业主大会会议召开15日前以书面形式在物业管理区域内公告上述内容。

(2) 召开首次业主大会

筹备组应当自组成之日起30日内在物业所在地的区、县人民政府房地产行政主管部门的指导下,组织业主召开首次业主大会会议,并选举产生业主委员会。

首次业主大会一般包括以下内容:

1) 由大会筹备组成员代表介绍大会筹办情况;
2) 由大会筹备组成员代表筹备组介绍业主委员会候选人情况,候选人也可以自我介绍;
3) 审议通过业主大会议事规则和管理规约;
4) 选举和产生业主委员会委员;
5) 审议和通过与物业管理相关的重大事项。

在首次业主大会上,还应听取前期物业管理单位的前期物业管理工作报告,物业服务企业还应当作物业承接验收情况的报告。业主大会可以邀请街道办事处、社区居民委员会和使用人代表列席。

3. 业主大会的职责

业主大会的职责,是法律确认的业主大会对其所辖职责范围内自治管理事务的支配权限。《物业管理条例》规定了由业主共同决定的七项事项。

(1) 制定、修改业主大会议事规则;
(2) 制定和修改管理规约;
(3) 选举业主委员会或者更换业主委员会委员;
(4) 选聘、解聘物业服务企业;
(5) 筹集和使用专项维修资金;
(6) 改建、重建建筑物及其附属设施;
(7) 有关共有和共同管理权利的其他重大事项。

4. 业主大会会议

(1) 业主大会的类型

《物业管理条例》规定，业主大会分为定期会议和临时会议。

业主大会定期会议又可以称为"例会"，是指按照业主大会议事规则的规定召开定期会议。业主大会每年至少召开一次。

业主大会临时会议，是指业主委员会在一定条件下可以召开业主临时大会，以解决物业管理中的重大问题。法律规定，有以下情况之一的，业主委员会应当及时组织召开业主大会临时会议：

1) 20%以上业主提议的；
2) 发生重大事故或者紧急事件需要及时处理的；
3) 业主大会议事规则或者管理规约规定的其他情况。

(2) 业主大会召开形式

《物业管理条例》规定："业主大会会议可以采用集体讨论的形式，也可以采用书面征求意见的形式，但应当有物业管理区域内专有部分占建筑面积过半数的业主且占总人数过半数的业主参加。"

1) 集体讨论形式。集体讨论形式就是用会议讨论的形式。这种形式的好处是，业主和业主面对面地交流思想和讨论问题，可以充分阐述自己的观点和主张，集思广益，容易形成最佳的方案。

2) 书面征求意见形式。书面征求意见形式就是用文字文书的形式，分别向业主征求意见。这种形式的好处是，它可以突破时间和空间的限制，使得由于种种原因无法来参加业主大会的业主，也能向业主大会阐述自己的观点和主张。

法律规定业主大会"应当有物业管理区域内专有部分占建筑面积过半数的业主且占总人数过半数的业主参加"，这是为了尽可能大地体现业主自治，维护大多数业主的利益。业主因故不能参加业主大会会议的，可以书面委托代理人参加。

业主大会会议应当由业主委员会作书面记录并存档，还应当以书面形式在物业管理区域内及时公告。同时，在业主大会会议召开15日前将会议通知及有关材料以书面形式在物业管理区域内公告全体业主。住宅小区的业主大会会议决议，应当同时告知相关的居民委员会。

5. 业主大会的决定

业主大会的决定集中了业主的共同意志，高度体现业主自治，对全体业主都有约束力。业主大会的决定如何形成至关重要。根据业主大会需要决定事项重要性程度不同，《物业管理条例》将其分为一般决定和重大决定，规定了不同的"通过"标准。

(1) 一般决定

一般决定即为常规性的，或非重大事项的决定。属于围绕物业展开的管理和服务的决定为常规决定。《物业管理条例》规定，"制定和修改业主大会议事规则、制定和修改管理规约、选举业主委员会或者更换业主委员会成员、选聘和解聘物业服务企业、有关共有和共同管理权利的其他重大事项"的决定为一般决定。一般决定"应当经专有部分占建筑物总面积过半数的业主且占总人数过半数的业主同意"。

(2) 重大决定

重大决定即为非常规性的决定。属于围绕物业本身养护、保值或关系到物业自身命运的决定为重大决定。《物业管理条例》规定,"筹集和使用专项维修资金;改建、重建建筑物及其附属设施"为重大决定。重大决定"应当经专有部分占建筑物总面积 2/3 以上的业主且占总人数 2/3 以上的业主同意"。

业主大会的决定一旦作出,只要符合法律法规的规定,并且遵守了管理规约和业主大会议事规则,便在物业管理区域内对全体业主产生法律效力,即使有个别业主持有不同意见,也必须执行。

(三) 业主委员会

1. 业主委员会的含义

业主委员会是业主大会的常设执行机构,它是由业主大会选举产生的。业主委员会不仅是业主参与民主管理的组织形式,也是业主实现民主管理的最基本的组织形式。业主委员会是业主大会的执行机构,其行为向业主大会负责。

为了规范业主委员会的活动,依据《业主大会规程》,业主委员会应当自选举产生之日起 30 日内,将业主大会的成立情况、业主大会议事规则、管理规约及业主委员会委员名单等材料向物业所在地的区、县人民政府房地产行政主管部门备案。

业主委员会委员应当由热心公益事业、责任心强、具有一定组织能力的业主担任。

2. 业主委员会会议

业主委员会是业主大会的执行机构,其日常工作是通过业主委员会会议来运行的。首次业主大会会议上,即选举产生业主委员会。业主委员会的运作是从首次业主委员会会议开始的。

根据《物业管理条例》和《业主大会规程》规定:业主委员会应当自选举产生之日起 3 日内召开首次业主委员会会议,推选产生业主委员会主任 1 人、副主任 1~2 人。

为了保证业主委员会活动的规范有序,《业主大会规程》对业主委员会会议的召开、业主委员会的决定和业主委员会会议的签字存档都作了具体规定:

(1) 经 1/3 以上业主委员会委员提议或者业主委员会主任认为有必要的,应当及时召开业主委员会会议;

(2) 业主委员会会议应当有过半数委员出席,作出决定必须经全体委员人数半数以上同意;

(3) 业主委员会会议应当作书面记录,由出席会议的委员签字后存档。

业主委员会的决定应当以书面形式在物业管理区域内及时公告。

3. 业主委员会的职责

业主委员会是业主大会的常设执行机构。作为法定机构,业主委员会应当履行法定职责;作为执行机构,业主委员会必须履行业主大会赋予的职责。业主委员会的职责主要有以下五项：
（1）召集业主大会会议，报告物业管理的实施情况；
（2）代表业主与业主大会选聘的物业服务企业签订物业服务合同；
（3）及时了解业主和使用人意见和建议，监督和协助物业服务企业履行物业服务合同；
（4）监督管理规约的实施；
（5）业主大会赋予的其他职责。

除了以上法定职责外，业主委员会还应当履行业主大会赋予的其他职责。如业主委员会对各类物业管理档案资料、会议记录的保管，对管理规约、业主大会议事规则修订文本的起草，对有关印章、财产的保管，对业主之间和业主与物业服务企业之间纠纷的调解等。

第三节　物业服务合同和管理规约

一、物业服务合同

（一）物业服务合同的概念

物业服务合同是指作为委托人的物业建设单位或业主、业主自治组织与作为受托人的物业服务企业就相关物业的管理服务事务确立双方权利和义务关系的协议。我国《合同法》第21章有关服务合同的规定是物业服务合同应遵循的法律。

目前我国物业服务合同分成两类：一类是由物业建设单位与物业服务企业签订的前期物业服务合同；另一类是由业主及其业主自治组织与物业服务企业签订的物业服务合同。

（二）物业服务合同的主要内容

物业服务合同一般由三部分组成：合同的部首，合同的正文，合同的结尾。为规范物业管理的行为，原建设部于2004年9月发布了《前期物业服务合同》的示范文本。前期物业服务合同和物业服务合同的主要内容包括以下部分：

1. 合同的部首

部首主要由以下部分组成：合同当事人（委托方和受托方）的名称、住址、物业的名称以及订立合同所依据的法律法规。

2. 合同的正文

正文主要包括以下内容：
（1）合同当事人与物业的基本情况；
（2）双方当事人的权利和义务；
（3）物业服务内容与服务质量要求；
（4）物业服务收费的标准和方式；
（5）物业经营管理活动的内容；
（6）物业的承接查验；

(7) 物业的使用与维护；
(8) 专项维修资金的使用与管理；
(9) 物业管理用房；
(10) 合同的期限、中止或解除的约定；
(11) 违约责任及解决纠纷的途径；
(12) 双方当事人约定的其他事项。

3. 合同的结尾

结尾主要写明合同签订的日期、地点、合同生效日期、合同的份数、开户银行及合同当事人的签名盖章。

二、管理规约

（一）管理规约概念

管理规约是指由业主大会制定，全体业主承诺，对全体业主（也包括物业使用人）具有约束力的，用以指导、规范和约束所有业主和物业使用人的行为守则。管理规约应当对有关物业的使用、维护、管理，业主的公共利益，业主应当履行的义务，违反管理规约应当承担的责任等事项依法作出约定。管理规约原称为业主公约。管理规约属于协议、合约的性质，它是物业管理中的一个重要的基础性文件。

管理规约分成两类：一类是由物业建设单位制定的临时管理规约；另一类是由业主大会制定并通过的管理规约。

（二）管理规约的特征

1. 约束力

管理规约一经制定并正式通过，要求物业管理区域内业主和使用人必须遵守，对违反管理规约的行为，经业主大会决定，业主委员会可以以违反管理规约为由，对特定的业主提起民事诉讼。

2. 明确性

管理规约是业主和使用人的行为规范，所以不论是文字语言，还是具体内容都要清楚、明确，哪些是物业使用中的禁止行为，哪些是业主和使用人应做到的行为规范等，都要具有可操作性和确定性。

3. 系统性

物业管理区域的管理规约应基本涵盖物业管理服务的全部内容，要涉及房屋及房屋设施设备的维修、养护管理，以及公共秩序维护、保绿、保洁、道路场地等管理内容，它是一个有机整体，甚至还可涉及困扰城市居民的"群居"、宠物饲养的敏感问题。

（三）管理规约制定的程序

1. 拟定讨论稿

可由业主大会筹备组（首次业主大会）讨论，参照有关管理规约示范文本拟定，或直接采用示范文本，对示范文本中空格部分进行讨论并填下适当内容后拟定。

2. 业主大会讨论通过

根据《物业管理条例》精神，制定和修改管理规约是业主大会的职责，业主大会作出制定和修改管理规约的决定，必须经物业管理区域内专有部分占建筑物总面积过半数的业主且占总人数过半数的业主投票通过。

3. 公示、分发管理规约

管理规约一经通过，可在物业管理区域内公告栏中予以公告，并分发给各个业主并执有，以便对照遵守执行。

（四）管理规约执行的几个问题

（1）管理规约经业主大会讨论通过即生效。管理规约生效，前期物业管理期间建设单位制定的临时管理规约即废止。

（2）管理规约中可约定，授权给被委托的物业服务企业做好管理规约履行的协助督促工作。

（3）管理规约中可授权物业服务企业制定下列方面的规章制度：

1）设施设备使用管理制度；
2）公共秩序维护制度；
3）环境卫生维护制度；
4）道路场地、绿化等管理制度。

（4）管理规约可约定，业主违反管理规约关于业主共同利益的约定，导致全体业主的共同利益受损的，业主委员会或受委托的物业服务企业可根据管理规约向人民法院提起诉讼。

（5）在管理规约执行中，除采用批评教育方式劝阻违反管理规约的行为外，还应对业主遵守管理规约、维护业主共同利益的行为予以表扬或表彰。

第四节 物业服务收费

一、物业服务费的概念和特征

（一）物业服务费的概念

物业服务费是指物业服务企业根据物业服务合同的约定，对房屋及配套的设施设备和相关场地进行维修、养护和管理，维护相关区域内的环境卫生和秩序等，向业主所收取的费用。物业服务费应当区分不同物业的性质和特点，分别实行政府指导价和市场调节价。

（二）物业服务收费的特征

1. 物业服务收费是物业服务企业的经营收入

物业管理服务是物业服务企业的主要经营内容，物业服务收费是物业服务企业的经营收入，是物业管理经费的长期、稳定的主要来源。物业服务企业必须依法进行工商登记，取得物业管理服务经营项目，才能接受业主的委托，开展物业维修、养护、管理等活动，才能合理收取服务费。

2. 物业服务收费必须签订物业服务合同

只有业主和物业服务企业即被服务和服务的双方签订规范的物业服务合同，明确双方权利和义务，物业服务企业提供物业管理服务后，才能收取物业服务费用。

3. 服务与被服务双方的权利和义务是对等的

这种对等可主要理解为，按约定提供有质有量的服务是物业服务企业的义务，而按约定支付物业服务费是业主应尽的义务。

二、物业服务收费的依据

1. 物业服务收费必须符合法律法规的规定

国家发展和改革委员会、原建设部于2003年11月制定了《物业服务收费管理办法》，并于2004年1月1日起执行。这是一部物业服务收费的部委级行政规章，它明确了物业服务收费应区分不同物业的性质和特点分别实行政府指导价和市场调节价。物业服务收费实行政府指导价的，有定价权限的人民政府价格主管部门应会同房地产行政主管部门根据物业管理服务等级标准因素，制定相应的基准价及其浮动幅度，并定期公布。

2. 物业服务收费要根据物业服务合同的约定

实行市场调节价的物业服务收费，由业主与物业服务企业在物业服务合同中加以约定。在物业服务合同中要约定物业管理内容、服务标准及与之相适应的收费标准，以及计费方式及计费起始时间等内容。合同一经约定，双方都要全面履行。

根据业主需求，物业服务企业提供物业服务合同之外的特约服务和代办性服务的，也要进行口头委托或采用书面委托形式，一般来说，也应签订委托协议，约定服务项目、内容、要求与收费标准等。

三、物业服务收费的原则

1. 合理原则

物业服务收费水平应当与我国经济发展状况和群众现实生活水平协调一致。合理首先表现为业主与物业服务企业双方是在通过自愿、平等的协商的基础上达成一致的；其次体现在必须符合价格政策的规定；最后体现在收费标准应采用成本构成法，即物业服务费由服务成本、利润及税金构成。

2. 公开原则

物业服务企业应按照规定实行明码标价，在物业管理区域内的显著位置，将服务内容、服务标准以及收费项目、收费标准等有关情况进行公示。

3. 费用与服务水平相适应原则

这一原则也叫质价相符原则，它是合理原则的深化。物业服务收费要做到质价相符，要做大量细致的工作，在调查研究的基础上制定和实施物业服务分等定价的规范、规定。2004年1月，中国物业管理协会制定了《普通住宅小区物业管理服务等级标准》（试行），将住宅小区物业服务按基本要求、房屋管理、公用设施设备维修养护、协助维护公共秩序、保洁服务、绿化养护六大项主要内容，由高到低设定一级、二级、三级三个服务等级，列出各项明细条目内容，为分等定价打下了一定的基础。

四、物业服务收费的形式

《物业管理收费管理办法》第九条规定：业主与物业服务企业可以采取包干制或者酬金制等形式约定物业服务费用。

（一）包干制收费形式

1. 包干制收费形式的概念和物业服务费的构成

包干制是指由业主向物业服务企业支付固定物业服务费用，盈余或亏损均由物业服务企业享有或承担的物业服务计费方式。

包干制的物业服务费用的构成包括九项服务成本（包括人员费、设施设备运行维护费、清洁卫生费用、绿化养护费用、秩序维护费用、办公费用、固定资产折旧费用、保险费用和经业主同意的其他费用）、法定税费和物业服务企业的利润。其中物业服务企业利润的基数为物业管理人员工资加上企业办公费和折旧费之和构成，而物业服务企业法定税费的基数是企业利润。

2. 包干制物业服务费的特点

包干制是目前我国住宅物业服务收费普遍采用的形式。包干制收费形式下，业主按照物业服务合同支付固定的物业服务费用后，物业服务企业必须按照物业服务合同要求和标准完成物业管理服务。也就是说，物业服务企业的盈亏自负，无论收费率高低或物价波动，物业服务企业都必须按照合同约定的服务标准提供相应服务。包干制收费形式比较简洁，但交易透明度不高。

（二）酬金制收费形式

1. 酬金制收费形式的概念和物业服务费的构成

酬金制是指在预收的物业服务资金中按约定比例或者约定数额提取酬金支付给物业服务企业，其余全部用于物业服务合同约定的支出，结余或者不足均由业主享有或者承担的物业服务计费方式。实行物业服务酬金制的，预收的物业服务资金包括物业服务支出和物业服务企业的酬金。

2. 酬金制物业服务费用的特点

酬金制是目前我国在非住宅物业管理服务项目中较多采用的收费形式。酬金制物业服务费用实际上是预收的物业服务资金，其中酬金部分除按约定比例或约定数额由业主向物业服务企业支付足额酬金之外，全部用于物业服务合同约定的管理服务支出，如果结余退还业主，如不够由业主补足。对物业服务企业来说，预收的物业服务资金中物业服务成本属于代管性质，其财权仍属缴纳的业主所有，物业服务企业不得将其用于物业服务合同约定以外的支出。

3. 酬金制形式下对物业服务企业的要求

根据《物业服务收费管理办法》规定，实行物业服务收费酬金制方式的物业服务企业，应当履行以下义务：

（1）物业服务企业应当向业主大会或全体业主公布物业服务资金年度预决算，并每年不少于一次公布物业服务资金的收支情况。

（2）业主、业主大会或业主委员会对物业服务资金年度预决算和物业服务资金的收支情况提出质询时，物业服务企业应及时答复。

（3）物业服务企业应配合业主大会，按照服务合同约定，聘请有资质的专业中介机构对物业服务资金年度预决算和物业服务资金的收支情况进行审计。审计要请有审计专业资质的会计师事务所进行。

五、物业服务费用的缴纳

（1）物业服务费的缴纳主体是业主，业主应根据物业服务合同的约定缴纳物业服务费用。业主是物业的所有权人，在物业管理活动中，物业服务企业是受业主的委托，对业主的物业进行管理，为业主提供服务的；业主作为服务的需求者，理所当然必须支付物业服务费。在现实生活中，当业主将其物业出租给承租人使用时，可以根据租赁合同的约定，由物业使用人缴纳物业服务费。

（2）纳入物业管理范围的已竣工但尚未出售，或者因开发建设单位原因未按时交给物业买受人的物业，物业服务费用或物业服务资金由开发建设单位全额缴纳。因为已竣工没有出售物业的产权仍然属于开发建设单位，作为产权人应有义务缴纳物业服务费；对于没有交付给物业买受人的物业而言，物业的实际占有人还是开发建设单位，物业的产权还没有转移给买受人，买受人也没有享受到物业服务。

（3）物业管理区域内，供水、供电、供气、供热、通信、有线电视等单位应向最终用户收取有关费用。物业服务企业接受委托代办上述费用的，应当办理委托协议手续。可向委托单位收取手续费，不能向业主收取手续费等额外费用。

六、物业管理服务其他收费

以业养业、以副补正是物业服务企业经营发展的必由之路。物业服务企业的物业管理收入除物业服务费之外，还包括公众性代办收入和物业大修收入；除物业服务管理收入之外，物业服务企业还应拓展经营项目，根据企业人力、物力、财力开展多种经营，走以业养业的经营之路。

1. 公众性代办收入

公众性代办是指受业主或使用人委托，代购代订车船票、飞机票，代办学龄儿童晚托班，代理邮政业务，代请家教、保姆，代办房屋出租等。

2. 特约服务收入

在合法前提下，受业主或使用人委托，物业服务企业为满足业主、使用人个别要求而提供服务。如接送孩子入学、入托，代购物品，为业主打扫卫生等。

3. 物业经营收入

物业经营收入包括两部分，一部分是物业服务企业在小区内利用企业产权房或租用房屋场地开展多种经营的收入，如社区便民店、饮食店、社区文化场所等经营收入；另一部分是业主提供的公建配套的管理费收入，如小区游泳池、球场等收入，也包括受业主委托利用场地、公共设施停车管理服务、设置广告管理服务收入等。

4. 其他业务收入

其他业务收入是指物业服务企业从事主营业务外的其他业务服务的收入，如物业服务企业购置或租赁商铺，进行商业经营的收入。

物业管理服务收入是一项复杂的工作，有待业主和物业服务企业不断在实践中总结经验，也有待于有关行政管理部门加强监管，使物业管理服务走入正常市场轨道。

复习思考题

1. 什么是物业和物业管理？
2. 简述物业管理的基本特征。
3. 物业管理包括哪些内容？有哪些主要环节？
4. 简述物业服务企业设立的两个阶段。
5. 业主一般有哪些权利和义务？
6. 简述《物业管理条例》规定的由业主共同决定的事项。
7. 物业服务合同有哪几种类型？其主要内容是什么？
8. 简述管理规约制定的程序。
9. 什么是物业服务费？物业服务费有哪些特征？
10. 简述物业服务收费的形式和各自的特点。

第十二章
房地产纠纷处理制度

随着房地产产业的快速发展，房地产已经成为社会组织和个人财产权利的重要内容之一。在现实生活中，一方面，国家出台了大量房地产的法律法规；另一方面，在房地产的开发、经营、交易、管理过程中出现了大量权利纠纷。正确处理房地产纠纷将有利于房地产业的健康发展。房地产纠纷处理制度是房地产法律制度的重要组成部分，也是维护房地产权利人合法权益的保障。本章主要介绍房地产纠纷的特征和处理原则，以及房地产纠纷处理的方式和途径等内容。

第一节　房地产纠纷概述

一、房地产纠纷的概念

房地产是财产的重要组成部分。在我国，随着社会主义市场经济深入发展，房地产所具有的价值日益充分显现。特别是房地产的增值和公民、法人以及各种社会组织法律意识的增强，房地产恢复了其应有的地位和作用。房地产在社会经济生活中的作用日益重要。随着整个社会的房地产商品意识的提高，伴之而来的房地产纠纷也日益增多。

纠纷一般是指争执的事情。它存在于社会生产与生活的各个领域，只要有人的存在，人与人之间必然会产生争执。房地产纠纷是指公民之间、法人之间、公民与法人之间等，因房地产所有权、使用权、买卖、租赁、抵押、转让、交换以及与房地产行政管理部门在管理过程中发生的争执。房地产纠纷一般包括两个方面：①因房地产的权益归属问题而发生的争执；②因房地产所有权、使用权以及他项权利在行使过程中而发生的争执,如房屋转让、租赁、抵押、交换等纠纷。社会生活中的房地产纠纷是复杂多样的,既有历史遗留下来的房地产纠纷,又有在改革开放过程中产生的新类型的房地产纠纷。这些纠纷涉及面广,情况不一,复杂程度也不同。因此,在处理房地产纠纷争执时,应查清事实,分清是非,以事实为依据,以法律为准绳,客观、公平、合理地解决。

房地产纠纷一般可分为三大类:①发生在平等民事主体之间(即公民之间、法人之间、公民与法人之间等)的民事纠纷;②发生在行政管理机关在行使房地产管理职权过程中的行政纠纷,一般表现为行政管理机关和与房地产相关的自然人、法人以及各种社会组织之间的纠纷;③房地产纠纷当事人的行为触犯刑事法律而引起的刑事纠纷。前两种纠纷,特别是第一种纠纷,在房地产开发、经营、交易、管理等环节中不仅数量大,而且占主导地位。

二、房地产纠纷的特征

1. 纠纷主体具有多样性

房地产纠纷主体,不仅涉及各种类型的自然人、法人以及各种社会组织,还涉及国家行政机关。不仅在自然人之间、法人之间、各种社会组织之间可能发生纠纷,还可能是自然人、法人以及各种社会组织与政府房地产主管部门以及其他主管部门之间发生的纠纷,如与规划部门、建设主管部门、市政管理部门、土地管理部门、房地产管理部门直至当地人民政府等发生的纠纷。有的一桩房地产纠纷就涉及几个家庭、几代人。

2. 纠纷客体具有特定性

大量的房地产纠纷是在房地产所有权和使用权以及他项权利的行使过程中发生的问题。如共有房地产中的共有人之间就房地产转让、房地产抵押、房屋出租或由赠与等民事行为所产生的纠纷;又如房地产开发过程中参建、联建所产生的房地产权益纠纷等。

3. 纠纷内容具有复杂性

首先,房地产纠纷涉及民事纠纷、行政纠纷,由此所承担的责任有民事责任、行政责任,甚至会有刑事责任;其次,有的房地产纠纷涉及产权产籍,特别是牵涉到历史遗留问题,因年代久远、权属更迭等原因致使取证困难;最后,有的房地产纠纷涉及房屋质量认定、价格评估、面积测算等,需要专业人员的鉴定或参与,具有较强的专业性和技术性。

4. 纠纷处理具有难度性

房地产纠纷涉及房地产的标的比较大,往往牵涉利害关系当事人的切身利益,因而调解难度大。从处理房地产纠纷的实践分析,房地产纠纷的解决通过房地产仲裁、诉讼等途径的不在少数。特别是近年来房地产纠纷出现的许多新问题、新情况更增加了房地产纠纷解决的难度。可见,房地产纠纷案件的调解难度很大,政策性也很强。

三、房地产纠纷的类型

房地产开发、经营、管理是一项由众多主体参加的涉及多项内容的系统活动，其纠纷具有为多样性、特定性、复杂性、难度性等特征，因此房地产纠纷的类型有多种，一般涉及以下几个方面：

1. 房地产权属纠纷

房地产权属纠纷是指涉及房地产的所有权或使用权的纠纷。一般而言，房地产纠纷都直接或间接地涉及产权问题。房地产的所有权归属问题是一切房屋纠纷的核心。所以，明确或确认产权是正确处理各类房地产纠纷的关键。

2. 房地产转让纠纷

房地产转让纠纷是指涉及房地产权利人通过各种方式转移房地产过程中所发生的纠纷。由于房地产转让方式的多样性，由此产生的纠纷纷繁复杂、广泛众多，有关这类纠纷的投诉较多，且有上升的趋势。它是当前房地产行政管理部门非常关注的问题之一。

3. 房屋租赁纠纷

房屋租赁纠纷是指出租方和承租方关于房屋租赁中权利与义务发生的纠纷。房屋租赁纠纷多数涉及租赁房屋的用途、租金、房屋维修以及公房承租权等方面的法律问题。如房地产开发公司擅自将属于业主的共用部位、共用设施设备出租或借给其他人；物业服务企业未经业主的同意，擅自将业主未入住的房屋出租给其他人使用；租赁双方对租赁合同约定的有关条款是否履行的事宜；未经同意将房屋转租或转借情况等。

4. 房地产抵押纠纷

房地产抵押纠纷是指以房地产作抵押担保债权的实现过程中产生的纠纷。随着房地产金融信用的进一步发展，房地产抵押也已是现实生活中的常见现象，为此也随之带来一系列的纠纷。

5. 房地产开发纠纷

房地产开发纠纷是指房地产开发公司在房地产开发中与相关企业（如建筑企业、设计单位、动拆迁单位等）和政府主管部门（如规划部门、土地管理部门、市政管理部门、房地产管理部门等）以及供水、供电、供暖、供气、通信、交通等单位之间因房地产开发所引起的纠纷。主要指在房地产用地、拆迁、工程建设、工程监理、竣工验收等方面的纠纷。

6. 房地产经营纠纷

房地产经营纠纷是指房地产开发公司与相关企业（房地产销售代理企业、装饰装修企业、房地产中介服务企业等）和业主以及房地产管理部门之间因房地产经营管理所引起的纠纷。主要指房地产销售、销售代理、售后服务等纠纷。

7. 房地产行政纠纷

房地产行政纠纷是指因公民、法人或者其他组织对房地产行政管理机关处理决定不服而发生的纠纷。这类纠纷以诉讼方式解决，就是"民"告"官"的行政案件纠纷。

8. 房地产相邻关系纠纷

房地产相邻关系纠纷是指由相邻房地产的所有人或使用人因通行、排水、采光、空间延伸、管线设置等问题引起的纠纷。

9. 物业管理纠纷

物业管理纠纷是指在物业使用、维修、管理中各物业管理主体之间所发生的争执。物业管理纠纷主要有：前期物业管理的纠纷，物业使用中的纠纷，物业维修的纠纷，物业管理服务的纠纷，物业服务收费的纠纷，物业服务企业与各管理部门、服务部门之间的纠纷，公有房屋管理纠纷等。

此外，还有房产继承纠纷，房产分户、宅基地使用权纠纷等其他方面的纠纷。

四、房地产纠纷处理的原则

在一般情况下，发生房地产纠纷时处理的原则是：有约定的按约定，无约定的按法律规定。按法律规定处理房地产纠纷，应该体现的基本原则是：以事实为依据，以法律为准绳。以事实为依据，就是在处理房地产纠纷时只能以客观事实作为依据，不能以主观的想象、推测或者想当然为依据；以法律为准绳，就是在处理房地产纠纷时，必须建立在产生纠纷的事实的基础上，以国家的法律为标准，对纠纷作出正确的处理。其中证明事实是关键，正确适用法律是结果，二者不可偏废。

第二节 房地产行政复议和行政诉讼

房地产行政复议是国家房地产行政机关审查行政决定或行政处罚是否合法和适当的一种行政监督，是有复议权的行政机关对复议申请进行审查和裁定的行政行为。房地产行政诉讼是人民法院通过审理行政案件，对房地产管理机关及其工作人员的行政行为实施监督的一种制度。

一、房地产行政复议

（一）房地产行政复议的概念

房地产行政复议是行政相对人认为行政主体的具体行政行为侵犯其合法权益，依法向行政复议机关提出重新审定该具体行政行为的申请，行政复议机关依法对被申请的具体行政行为进行合法性、适当性审查，并作出复议决定的一种法律制度。行政复议机关通过行政复议，对下级房地产管理机关所作的行政处罚或行政处理进行复查，维持正确合法的行政决定，纠正或撤销不合法、不适当的行政决定，这种复查的过程，就是实施监督的过程。这样做，有利于房地产管理机关依法行政，正确贯彻国家的房地产政策，正确实施房地产法律、法规，做好房地产开发、交易、使用、管理等工作。

（二）房地产行政复议的范围

根据《中华人民共和国行政复议法》（以下简称《行政复议法》）第六条规定，有下列情形之一的，行政相对人可以提出行政复议的申请：

（1）对行政机关作出的警告、罚款、没收违法所得、没收非法财物、责令停产停业、暂扣或者吊销许可证、暂扣或者吊销执照、行政拘留等行政处罚决定不服的；

（2）对行政机关作出的限制人身自由或者查封、扣押、冻结财产等行政强制措施决定不服的；

（3）对行政机关作出的有关许可证、执照、资质证、资格证等证书变更、中止、撤销的决定不服的；

（4）对行政机关作出的关于确认土地、矿藏、水流、森林、山岭、草原、荒地、滩涂、海域等自然资源的所有权或者使用权的决定不服的；

（5）认为行政机关侵犯合法的经营自主权的；

（6）认为行政机关变更或者废止农业承包合同，侵犯其合法权益的；

（7）认为行政机关违法集资、征收财物、摊派费用或者违法要求履行其他义务的；

（8）认为符合法定条件，申请行政机关颁发许可证、执照、资质证、资格证等证书，或者申请行政机关审批、登记有关事项，行政机关没有依法办理的；

（9）申请行政机关履行保护人身权利、财产权利、受教育权利的法定职责，行政机关没有依法履行的；

（10）申请行政机关依法发放抚恤金、社会保险金或者最低生活保障费，行政机关没有依法发放的；

（11）认为行政机关的其他具体行政行为侵犯其合法权益的。

此外，房地产行政复议机关还可受理法律、法规、规章规定可以申请复议的房地产行政案件。但是，对房地产民事纠纷的仲裁或处理不服的，不得申请行政复议。

（三）房地产行政复议的管辖

行政复议的管辖即行政相对人对具体行政行为不服应向哪个行政复议机关提出申请，并由其受理和审查。

（1）对县级以上地方各级人民政府工作部门的具体行政行为不服的，由申请人选择，可以向该部门的本级人民政府申请行政复议，也可以向上一级主管部门申请行政复议。

（2）对地方各级人民政府的具体行政行为不服的，向上一级地方人民政府申请行政复议。

对省、自治区人民政府依法设立的派出机关所属的县级地方人民政府的具体行政行为不服的，向该派出机关申请行政复议。

（3）对国务院部门或者省、自治区、直辖市人民政府的具体行政行为不服的，向作出该具体行政行为的国务院部门或者省、自治区、直辖市人民政府申请行政复议。对行政复议决定不服的，可以向人民法院提起行政诉讼；也可以向国务院申请裁决，国务院依照《行政复议法》的规定作出最终裁决。

申请人申请行政复议，行政复议机关已经依法受理的；或者法律、法规规定应当先向行政复议机关申请行政复议的，在法定行政复议的期限内不得向人民法院提起诉讼。

申请人向人民法院提起行政诉讼，人民法院已经依法受理的，不得申请行政复议。

（四）房地产行政复议的申请、受理、审理和决定

（1）申请

申请人应自知道该具体行政行为侵犯其合法权益之日起60日内提出行政复议申请。但是法律规定的申请期限超过60日的除外。因不可抗力或者其他正当理由耽误法定申请期限的，申请期限自障碍消除之日起继续计算。

申请的形式：申请人申请行政复议一般采用书面形式，也可以采用口头形式。

（2）受理

行政复议机关收到行政复议申请后，应当在5日内进行审查，对不符合《行政复议法》规定的行政复议申请，决定不予受理，并书面告知申请人，对符合《行政复议法》规定，但是不属于本机关受理的行政复议申请，应当告知申请人向有关行政复议机关提出。

（3）审理

行政复议机关应当自行政复议申请受理之日起7日内，将行政复议申请书副本或行政复议申请笔录复印件发送到被申请人。被申请人自收到之日起10日内提出书面答复，并提交当初作出具体行政行为的证据、依据和其他有关材料。为防止行政主体违反"先取证后决定"的行政程序，在行政复议过程中，被申请人不得自行向申请人和其他有关组织或个人收集证据。

对申请人在申请行政复议时，一并提出的对有关行政规定的审查申请，行政复议机关有权处理的应当在30日内依法处理；无权处理的应在7日内转有权处理的行政机关依法处理，有权处理的行政机关应当在60日内依法处理。处理期间，中止行政复议程序。

行政复议期间行政行为不停止执行，但有下列情形的除外：
1) 被申请人认为需要停止执行的；
2) 行政复议机关认为需要停止执行的；
3) 申请人申请停止执行，行政复议机关认为其要求合理，决定停止执行的；
4) 法律规定停止执行的。

（4）决定

行政复议机关经过审理后，根据具体情况，可以作出以下决定：

1) 具体行政行为认定事实清楚，证据确凿，适用依据正确，程序合法，内容适当，应作出维持具体行政行为决定。

2）被申请人不履行法定职责，应作出限期履行决定。

3）具体行政行为主要事实不清、证据不足的，适用依据错误的，违反法定程序的，超越或滥用职权的，应作出撤销决定、变更决定或确认违法决定。

4）被申请的具体行政行为侵犯申请人的合法权益造成损害，申请人据此请求赔偿的，行政复议机关在作出撤销决定、变更决定或确认违法决定的同时，应当责令被申请人依法赔偿申请人的损失。申请人没有提出行政赔偿请求的，行政复议机关在作出撤销决定、变更决定或确认违法决定时，应当责令被申请人返还申请人财产，解除对财产的查封、扣押、冻结措施，或者赔偿相应的价款。

行政复议机关应当在自受理行政复议申请之日起60日内作出行政复议决定。对情况复杂，不能在规定期限内作出行政复议决定的，经行政复议机关负责人批准可以适当延长，并告知申请人和被申请人，但延长期限最多不得超过30日。

二、房地产行政诉讼

（一）房地产行政诉讼的概念

房地产行政诉讼是指公民、法人和其他组织对国家行政机关就有关当事人的房地产管理所作出的具体行政行为不服，依法向人民法院提起诉讼，人民法院在当事人以及其他诉讼参与人的参与下，对具体行政行为的合法性进行审查并作出裁决的活动。因房地产纠纷提起的行政诉讼，由房地产所在地法院管辖。我国1990年10月1日起实施的《中华人民共和国行政诉讼法》（以下简称《行政诉讼法》）是审理房地产行政诉讼案件的程序法，是诉讼活动的准则，它具有以下特点：

（1）被告必须是国家行政机关，即行政主体。不是以国家行政机关作为被告的诉讼不是房地产行政诉讼。

（2）房地产行政诉讼是针对行政机关和行政机关工作人员作出的有关房地产内容的具体行政行为而提起的诉讼。也就是说必须是因公民、法人或者其他组织，认为行政机关和行政机关工作人员的具体行政行为侵犯其合法权益而提起的。

（3）房地产行政诉讼中的原告是公民、法人或者其他组织，是相对于房地产行政机关而言的，因此称为行政相对人。这些相对人单方认为行政机关的具体行政行为侵犯其合法权益，就可以提起房地产行政诉讼。

（4）房地产行政诉讼必须是向人民法院提起，由人民法院受理才能成立。

（二）房地产行政诉讼的特别原则

房地产行政诉讼是行政诉讼的一部分，在行政诉讼中应当遵循的基本原则，在房地产行政诉讼中同样应当遵守。但是，由于房地产自身特点决定了房地产行政诉讼的特别原则：

1. 对公民起诉权给予充分保障的原则

在房地产行政诉讼中，只有公民、法人或者其他组织享有起诉权，这是房地产行政诉讼中的原告；作出具体行政行为的行政机关无权提起行政诉讼，只能是房地产行政诉讼中的被告。行政机关只有上诉权，没有反诉权。

2. 被告负有举证责任原则

在房地产行政诉讼中,行政机关负有主要举证责任。应当提供作出该具体行政行为的证据和所依据的规范性文件。在一般情况下,房地产具体行政行为的作出是被告单方面意思表示,因此应当有事实证据和法律依据。

3. 诉讼期间原行政行为不停止执行的原则

行政机关作出的具体行政行为被提起诉讼后,该具体行政行为不停止执行。这是为了保障国家行政管理的权威性和连续性,不因提起诉讼而中断或贻误,而使国家和公众利益受到损失。《行政诉讼法》也规定了诉讼期间只有在以下三种情况下,才能停止具体行政行为的执行:

(1) 被告认为需要停止执行的;

(2) 原告申请停止执行,人民法院认为该具体行政行为的执行会造成难以弥补的损失,并且停止执行不损害社会公共利益,裁定停止执行的;

(3) 法律、法规规定停止执行的。

4. 不得调解原则

房地产行政诉讼,不得采用调解作为审理程序或结案方式,应以判决方式解决房地产纠纷案件。

5. 审查具体行政行为的合法性原则

《行政诉讼法》规定:"人民法院审理行政案件,对具体行政行为是否合法进行审查。"这一原则完全适用于房地产纠纷的行政诉讼。

(三) 行政诉讼的受案范围

房地产行政诉讼案件的受案范围是指哪些房地产行政案件由法院受理并负责解决。与刑事案件、民事案件统一由人民法院管理不同,房地产行政案件只有一部分由人民法院受理并负责解决。根据《行政诉讼法》的规定,房地产行政诉讼的受案范围主要有:

(1) 对罚款、吊销许可证和执照、责令停产停业、没收房地产等行政处罚不服的。

(2) 认为房地产行政管理机关侵犯法律规定的房地产企业经营自主权的。

(3) 认为符合条件申请房地产行政管理机关颁发产权证、许可证和执照,房地产行政机关拒绝颁发或不予答复的。

(4) 申请房地产行政管理机关履行保护人身权、财产权的法定职责,房地产行政管理机关拒绝履行或不予答复的。

(5) 法律、法规规定可以提起诉讼的其他行政案件。

(四) 行政诉讼的第一审程序

房地产行政诉讼的第一审程序主要包括:起诉与受理、开庭审理、判决或裁定等。

1. 起诉与受理

起诉是指公民、法人或者其他组织认为房地产行政管理机关的具体行政行为侵犯其合法权益,依法请求人民法院行使国家审判权给予司法保护的诉讼行为。

（1）起诉的条件

根据《行政诉讼法》的规定，提起房地产行政诉讼必须具备以下条件：

1）原告必须是认为具体行政行为侵犯其合法权益的公民、法人或者其他组织；

2）有明确的被告；

3）有具体的诉讼请求和事实根据；

4）属于人民法院受案范围和受诉人民法院管辖。

起诉必须同时具备以上四个法定条件，缺一不可，否则，起诉不能成立。

（2）起诉的方式

起诉应以书面形式进行。原告起诉时，已委托他人代为诉讼的，应当将授权委托书随诉状一同递交人民法院。

（3）起诉的期限

房地产行政诉讼期限是指房地产管理机关的行政相对人（公民、法人或其他组织）不服房地产管理机关的具体行政行为，向人民法院提起行政诉讼的法定期限。当事人只有在法定期限内行使自己的权利，才能得到法律的保护，否则，当事人便丧失了向法院提起行政诉讼的权利。

1）直接向人民法院起诉的期限。《行政诉讼法》规定："公民、法人或者其他组织直接向人民法院提起诉讼的，应当在知道作出具体行政行为之日起3个月内提出。"但是，这一诉讼期限的规定并不完全适宜于房地产管理中的行政诉讼。《行政诉讼法》还规定："直接提起诉讼的一般期限，法律另有规定的除外。"房地产案件诉讼的期限除适用于行政诉讼的一般期限规定外，对法律另有规定的，适用法律规定。如依据《土地管理法》的规定："当事人对有关人民政府的处理决定不服的，可以自接到处理决定通知之日起三十日内，向人民法院起诉。"另外《土地管理法》还规定："当事人对行政处罚决定不服的，可以在接到处罚决定通知书之日起15日内向人民法院起诉。"房地产案件诉讼的期限应该适用《土地管理法》中关于期限的规定，即分别为15天和30天。

2）不服行政复议提起诉讼的期限。《行政诉讼法》和《行政复议条例》都规定："申请人不服复议决定的，可以在收到复议决定书之日起15日内向人民法院提起诉讼。法律法规另有规定的除外。"另外，根据《行政诉讼法》的规定："复议机关应当自收到复议申请书之日起两个月内对复议申请作出决定，复议机关逾期不作决定的，申请人可以在复议期满之日起15日内向人民法院提起诉讼。"不服行政复议提起的房地产行政诉讼的期限一般为15日。

（4）受理

人民法院收到原告的房地产行政纠纷案件起诉状后，应当认真进行审查，以决定是否受理。法院应当在7日内立案或作出裁定不予受理。原告对不予受理的裁定不服的，可以提出上诉。

2. 开庭审理

开庭审理是要核实证据，查明事实，分清是非，解决纠纷。因此，开庭审理是行政诉讼的重要阶段。房地产行政诉讼案件一般以公开审理为原则,经过开庭准备、法庭调查、法庭辩论、合议庭评议四种程序后,能够当庭宣判的,当庭宣判;不能当庭宣判的,可以定期宣判。

3. 判决或裁定

(1) 判决

判决是人民法院在审理房地产行政案件终结后,根据事实和法律,以国家审判机关的名义,就房地产行政案件作出的处理决定。

根据《行政诉讼法》的规定,第一审人民法院可以作出以下判决:①维持判决;②撤销判决;③履行判决;④变更判决;⑤赔偿判决。

(2) 裁定

裁定是指人民法院对案件审理过程所发生的程序问题作出的处理决定。

对一审法院判决不服的,行政诉讼当事人自一审判决书送达之日起15日内提起上诉;对一审裁定不服的,行政诉讼当事人自一审裁定书送达之日起10日内提起上诉。

(五) 行政诉讼的第二审程序

房地产纠纷行政诉讼的第二审程序,是指人民法院根据房地产纠纷行政诉讼当事人的上诉,对下级人民法院尚未发生法律效力的房地产纠纷行政诉讼的判决、裁定进行审理的程序。

1. 上诉

上诉是指当事人不服第一审人民法院对房地产行政案件作出的判决、裁定,在法定期限内请求上级人民法院对第一审的判决、裁定进行审理,并要求撤销或变更原判决、裁定的诉讼行为。

2. 上诉的受理

当事人依法提起上诉,第二审人民法院接到上诉状后,经认真审理认为符合上诉条件的,应立案受理。

3. 上诉案件的审理

(1) 审理范围

第二审人民法院对上诉案件的审理,必须全面审查第一审法院所认定的事实是否清楚,适用法律、法规是否正确,有无违反法定程序,不受上诉范围的限制。

(2) 审理方式

根据《行政诉讼法》的规定,第二审人民法院审理上诉案件可以开庭审理,也可以书面审理。书面审理的适用条件是上诉案件事实清楚。

(3) 审理期限

《行政诉讼法》规定,人民法院审理对判决的上诉案件,应当在第二审立案之日起两个月内审结。

4. 宣判

第二审法院宣告判决,可以自行宣判,也可以委托原审法院或者当事人所在地人民法院代行宣判。

5. 上诉案件的裁判

《行政诉讼法》规定，第二审法院对房地产行政纠纷上诉案件，经过审理，按下列情形分别处理：维持原判、依法改判、撤销原判、发回重审。

第三节 房地产纠纷的仲裁和民事诉讼

一、房地产纠纷的仲裁

（一）房地产纠纷仲裁的概念

仲裁是指争议双方在争议发生前或争议发生后达成协议，自愿将争议提请无直接利害关系的第三者作出裁决，双方有义务执行的一种解决争议的办法。

房地产纠纷仲裁是当公民之间、法人之间、公民与法人之间，在房地产所有权、使用权、买卖、租赁和拆迁等方面发生纠纷，经过协商不能妥善解决时，提请仲裁机构依照国家法律、法规和地方性行政规章、规定作出仲裁的活动。它是一种准司法性的专业化仲裁，既非司法行为，又有部分司法行为的效力；它既区别于人民法院对房地产纠纷的审判活动，也区别于房地产行政管理机关的管理活动。房地产纠纷仲裁在机构设置、活动程序以及行为效力上都具有准司法性。房地产纠纷仲裁是解决民事权益争议的一种方式。仲裁一般具有以下特征：

（1）仲裁的发生是以房地产纠纷当事人自愿为前提的；

（2）仲裁的客体是当事人之间发生的一定范围的争议；

（3）仲裁须有三方活动主体；

（4）仲裁裁决具有强制性。当事人选择用仲裁方式解决争议，仲裁裁决即有法律效力，双方当事人都应自觉履行，否则可以向法院申请强制执行。

（二）房地产纠纷仲裁的原则

房地产纠纷仲裁应遵循的原则主要有以下七项：

1. 自愿原则

在房地产纠纷发生后，双方当事人是否申请仲裁，以及在仲裁过程中当事人是否同意达成调解，完全出自于当事人自己的意愿，别人无法强迫。

2. 先行调解原则

仲裁机关在仲裁活动中先行调解，是我国仲裁制度的一大特点。

3. 一次裁决原则

仲裁机构在处理房地产纠纷案件时，实行一次裁决的制度。所谓一次裁决，就是指仲裁机构对纠纷依法裁决后，当事人不能就同一纠纷再申请仲裁或向法院起诉。

4. 以事实为根据，以法律为准绳原则

对房地产纠纷进行仲裁，是为了通过解决实体权利义务的争议，贯彻国家关于房地产管理的法律、法规及政策规定，保护当事人的合法权利。

5. 当事人权利平等原则

当事人权利平等原则包含着两层含义，一是在仲裁过程中双方当事人处于同等的地位；二是当事人在适用法律上一律平等。

6. 回避原则

所谓回避是指房地产纠纷仲裁庭组成人员中有不应参与案件仲裁情况的，应按规定退出仲裁庭。

7. 辩论原则

它是指在房地产纠纷仲裁中，双方当事人在仲裁机构的主持下，对于发生争议的事实各抒己见，提出各自的理由和主张，进行反驳和答辩。

（三）仲裁协议

仲裁协议是指双方当事人自愿将他们之间已经发生的或将来可能发生的依法可以仲裁解决的房地产纠纷提交仲裁机构进行裁决的共同意思表示。

1. 仲裁协议是仲裁机构受理当事人争议的重要依据

仲裁协议应该明确、具体。仲裁协议一般应包括以下的内容：

（1）请求仲裁的意思表示。即双方当事人在发生纠纷时要提请仲裁的表示。

（2）请求仲裁事项。是指提请仲裁的纠纷范围，即请求"仲裁什么"。仲裁事项必须明确约定，不可疏漏也不能超出法律规定的仲裁范围，否则无效。

（3）选定的仲裁委员会。即解决在哪里仲裁的问题。根据《中华人民共和国仲裁法》的规定，我国大中城市，即直辖市、省和自治区人民政府所在地，以及有建立仲裁机构需要的其他设区的市，都将设有仲裁委员会，仲裁委员会设有级别管辖和地域管辖，只要当事人双方合意，可以任意选定一个仲裁委员会，为已经发生或者将来可能发生的争议进行仲裁。

2. 仲裁协议是双方当事人将其争议提交仲裁解决的共同意思表示

该协议的成立将对双方当事人产生以下法律效力。

（1）对仲裁协议范围内的仲裁事项，双方当事人只能通过仲裁解决已经发生的争议或将来可能发生的争议。即如果发生仲裁范围内的争议，任何一方当事人都有权向有关仲裁机构提出仲裁申请。

（2）对任何提交仲裁的超出仲裁事项以外的争议，对方当事人有权决定是否承认和参加该项仲裁。如果该当事人决定不承认该事项仲裁，则有权对该事项的受理仲裁机构提出异议。

（3）如果一方当事人将仲裁事项向法院提起诉讼，另一方当事人有权依据仲裁协议，要求法院停止诉讼程序，将争议交还仲裁机构。

（4）双方当事人同意仲裁解决争议，即承认了仲裁裁决对双方的法律约束力，他们有义务履行仲裁裁决，除非该裁决被法院裁定撤销或不予执行。

（四）人民法院对仲裁的支持和监督

对依法设立的仲裁机构的裁决，如一方当事人不履行，另一方当事人申请执行时，受申请的人民法院应当执行，不可无故推脱。人民法院对申请执行的裁决是有审查和不予执行的权利的。一般情况下人民法院不主动进行审查。如果被申请执行的当事人提出证据证明仲裁裁决错误，法院审查核实；如没有提出问题，法院就不必全面审查。

当事人向人民法院申请执行仲裁裁决应在执行期限内提出。根据《中华人民共和国民事诉讼法》（以下简称《民事诉讼法》）规定，申请执行的期限，双方或有一方当事人是公民的为1年；双方是法人或者其他组织的为6个月。如果当事人未在期限内申请执行，法院将不再受理当事人的执行申请。

二、房地产民事诉讼

（一）房地产民事诉讼的概念

房地产民事诉讼是指人民法院在房地产纠纷当事人和其他诉讼参与人的共同参加下，依照法定程序审理房地产民事纠纷案件过程中所进行的各种诉讼活动，以及通过这些活动所形成的各种诉讼法律关系的总称。

房地产纠纷诉讼是为了解决公民之间、法人之间或者其他组织之间以及它们相互之间的财产关系所引起的争议。因此，对房地产纠纷案件的审理要依据《民事诉讼法》所规定的程序进行。诉讼程序是诉讼法规定的司法机关在当事人和其他诉讼参与人的参加下，进行诉讼活动的法定程序。

（二）适用范围和基本原则

根据《民事诉讼法》的规定，民事诉讼的适用范围是公民之间、法人之间、其他组织之间，以及这些平等的民事主体相互之间，因财产关系和人身关系向人民法院提起的民事诉讼。

我国民事诉讼的基本原则包括以下方面：

1. 当事人诉讼权利平等原则

我国《民事诉讼法》第八条规定："民事诉讼当事人有平等的诉讼权利。人民法院审理民事案件，应当保障和便利当事人行使诉讼权利，对当事人在适用法律上一律平等。"

2. 调解原则

人民法院审理民事案件，对于能够调解的案件，应采用调解方式结案；调解应当自愿、合法；调解贯穿于审判过程的始终；对于调解不成的，不能只调不决，应及时判决。

3. 辩论原则

辩论原则是指双方当事人可以采取书面或口头的形式，提出有利于自己的事实和理由，相互辩驳，以维护自己的民事实体权利的原则。该原则是民诉活动的一项重要民主原则。

4. 处分原则

《民事诉讼法》第十三条规定："当事人有权在法律规定的范围内处分自己的民事权利和诉讼权利。"根据这一原则，当事人对自己享有的民事权利和诉讼权利，可以行使，也可以放弃；诉讼当事人可以委托代理人，也可以不委托代理人；可以对法院的判决提出上诉，也可以不上诉。但当事人在处分这些权利时，不能违背法律的规定。

5. 人民检察院对民事审判活动实行法律监督

《民事诉讼法》第十四条规定:"人民检察院有权对民事审判活动实行法律监督。"根据这一规定,人民检察院有权对民事审判活动进行监督。其监督的方式是,对法院已经生效的判决、裁定,如有认定事实的主要证据不足的、适用法律有错误的等情况,按审判监督程序提出抗诉。

6. 支持起诉的原则

《民事诉讼法》第十五条规定:"机关、社会团体、企业事业单位对损害国家、集体或者个人民事权益的行为,可以支持受损害的单位或者个人向人民法院起诉。"根据这一规定,国家、社会团体、企事业单位都可以支持起诉,但个人无权支持起诉。

(三)房地产民事诉讼的管辖

当事人因房地产权益与他人发生纠纷时,如果需要向人民法院提起民事诉讼的,应当向房地产所在地的人民法院起诉。根据《民事诉讼法》关于管辖的规定,对公民、法人或者其他组织提起的民事诉讼,由被告住所地人民法院管辖;因合同纠纷提起的诉讼,由被告住所地或者合同履行地人民法院管辖;因侵权行为提起的诉讼,由侵权行为地或者被告住所地人民法院管辖。同时,我国《民事诉讼法》还规定:"因不动产纠纷提起的诉讼,由不动产所在地人民法院管辖。"因不动产提起的诉讼,通常是不动产权益人为了维护其财产权益而提起的诉讼。

房地产诉讼,在民事诉讼的案件管辖中属于专属管辖。专属管辖是一种特殊的地域管辖。其特殊性表现为凡属专属管辖的诉讼,既不允许其他同级人民法院争相管辖,也不能由当事人协议选择管辖,只能由法律规定的法院管辖。

(四)房地产民事诉讼的第一审程序

诉讼程序是诉讼法规定的司法机关在当事人和其他诉讼参与人的参加下,进行诉讼活动的法定程序。房地产纠纷案件的审理要依据《民事诉讼法》规定的程序进行。房地产纠纷诉讼的基本程序是:

1. 起诉和受理

(1)起诉

起诉是当事人为了维护自己的合法权益,以自己的名义请求法院通过审判予以法律保护的一种诉讼活动。

1)起诉的条件。起诉的条件为:①原告必须合格;②有明确的被告;③有具体的诉讼请求和事实、理由;④属于法院受理民事诉讼的范围和受诉人民法院管辖。

起诉必须同时具备以上四个法定条件,缺一不可,否则,起诉不能成立。

2)起诉的方式。起诉有书面起诉和口头起诉两种方式。需要特别说明的是,依照《民事诉讼法》的规定,书面起诉是原则,口头起诉是例外,只有在特殊情况下才允许原告口头起诉。

(2)受理

受理是指法院对当事人的起诉经审查后,认为符合法定条件,决定立案审理,从而引起诉讼程序开始的诉讼行为。民事案件只有通过起诉和受理,诉讼程序才能开始。

法院除了进行诉讼时效的审查外,还要审查是否符合起诉条件,对符合起诉条件的房地产案件,应在7日内立案受理,并通知当事人;对不符合起诉条件的,或超过诉讼时效期间的房地产纠纷的案件,应当在7日内裁定不予受理。

2. 开庭审理

开庭审理是指法院在当事人及其他诉讼参与人的参加下,依照法定形式程序,在法庭上对房地产案件进行实体审理的诉讼活动过程。开庭审理的目的是核实证据、查明事实、分清是非、解决纠纷。因此,开庭审理是民事诉讼的重要阶段。包括以下阶段:审理阶段、法庭调查阶段、法庭辩论阶段、法庭调解阶段、合议庭评议阶段以及宣判。人民法院对于房地产纠纷案件,无论是公开审理还是不公开审理,在宣告判决时一律公开进行。当庭宣判的,应当在10日内发送判决书;定期宣判的,宣判后立即发给判决书。宣告判决时,人民法院必须告知当事人上诉权利、上诉期限和上诉的法院。

(五) 房地产民事诉讼的第二审程序

第二审程序是指人民法院根据当事人的上诉,对下一级人民法院未发生法律效力的判决和裁定进行审理和裁判的程序。

房地产纠纷民事诉讼的第二审程序,是因为当事人不服第一审人民法院的房地产诉讼的判决、裁定提起上诉而进行的程序。房地产纠纷民事诉讼的第二审程序,又被称为房地产纠纷民事诉讼的上诉审理程序。

1. 上诉的提起

上诉是指当事人不服第一审人民法院对房地产民事案件作出的判决、裁定,在法定期限内请求上级人民法院对第一审的判决、裁定进行审理,并要求撤销或变更原判决、裁定的诉讼行为。

2. 上诉的受理

当事人依法提起上诉,第二审人民法院接到上诉状后,经认真审查,认为符合上诉条件的,应立案受理。

3. 上诉案件的审理

(1) 审理范围

根据《民事诉讼法》的规定,第二审人民法院应对上诉请求的有关事实和理由进行审理。如果发现在上诉请求以外,原裁判确有错误的,也应予以纠正。

(2) 审理方式

《民事诉讼法》规定,第二审人民法院审理上诉案件以开庭审理为原则。

(3) 审理地点

第二审人民法院审理上诉案件,可以在本院进行,也可以在案件发生地或原审人民法院所在地进行。

(4) 审理期限

《民事诉讼法》规定,人民法院审理对判决的上诉案件,应当在二审立案之日起3个月内审结。有特殊情况需要延长的，由本院院长批准。人民法院审理对裁定的上诉案件，应当在第二审立案之日起30日内作出终审裁定。

（5）宣判

第二审人民法院宣告判决，可以自行宣判，也可以委托原审人民法院或者当事人所在地人民法院代行宣判。

4. 上诉案件的裁判

第二审人民法院对房地产纠纷上诉案件，经过审理，按下列情形分别处理：维持原判决、依法改判、发回重审。

复习思考题

1. 房地产纠纷有哪些特征？一般包括哪些类型？
2. 什么是房地产行政复议？
3. 简述房地产行政复议的管辖。
4. 什么是房地产行政诉讼？房地产行政诉讼有哪些特别原则？
5. 什么是房地产纠纷仲裁？
6. 房地产仲裁活动应遵循哪些基本原则？
7. 什么是房地产民事诉讼？
8. 简述民事诉讼的基本原则。
9. 简述房地产民事诉讼第一审程序。

参考法律法规

1 《中华人民共和国城市房地产管理法》
2 《中华人民共和国土地管理法》
3 《中华人民共和国城乡规划法》
4 《中华人民共和国民法通则》
5 《中华人民共和国合同法》
6 《中华人民共和国物权法》
7 《中华人民共和国担保法》
8 《中华人民共和国城镇国有土地使用权出让和转让暂行条例》
9 《城市房地产开发经营管理条例》
10 《城市房屋拆迁管理条例》
11 《物业管理条例》
12 《城市房地产转让管理规定》
13 《商品房销售管理办法》
14 《城市商品房预售管理办法》
15 《城市房地产抵押管理办法》
16 《城市房屋租赁管理办法》
17 《城市房地产中介服务管理规定》
18 《城市房屋权属登记管理办法》
19 《城市国有土地使用权出让转让规划管理办法》
20 《协议出让国有土地使用权规定》
21 《招标拍卖挂牌出让国有土地使用权规定》
22 《划拨土地使用权管理暂行办法》
23 《房地产开发企业资质管理规定（2000）》
24 《物业服务收费管理办法》

参考文献

[1] 中国房地产估价师与房地产经纪人学会. 房地产基本制度与政策. 北京：中国建筑工业出版社，2008.
[2] 上海市房地产经纪行业协会. 房地产基础知识. 上海：2008.
[3] 邓青. 房地产法律法规. 北京：电子工业出版社，2007.
[4] 王照雯，寿金宝. 房地产法规. 北京：机械工业出版社，2007.
[5] 谢成巍. 房地产法. 北京：化学工业出版社，2006.
[6] 韩强，李冠东. 房地产法规实用教程. 上海：上海教育出版社，1998.
[7] 毛佳樑. 住宅建设项目管理实务教程. 上海：上海社会科学院出版社，2002.
[8] 高富平，黄武双. 房地产法新论. 北京：中国法制出版社，2002.
[9] 徐占发. 建设法规与案例分析. 北京：机械工业出版社，2007.
[10] 王锡财. 房地产纠纷. 北京：中国民主法制出版社，2006.
[11] 郭明瑞. 民法学. 北京：北京大学出版社，2006（第19次印刷）.
[12] 刘金祥，唐荣智. 案例教学. 合同法. 上海：立信会计出版社，2002.
[13] 王轶. 物权法解读与应用. 北京：人民学出版社，2007.
[14] 滕永健. 物业管理实务. 上海：华东师范大学出版社，2009.
[15] 李冠东. 物业管理法律法规. 上海：华东师范大学出版社，2008.
[16] 王跃国. 房地产法规与案例分析. 北京：机械工业出版社，2008.

尊敬的读者：

感谢您选购我社图书！建工版图书按图书销售分类在卖场上架，共设22个一级分类及43个二级分类，根据图书销售分类选购建筑类图书会节省您的大量时间。现将建工版图书销售分类及与我社联系方式介绍给您，欢迎随时与我们联系。

★ 建工版图书销售分类表（详见下表）。

★ 欢迎登陆中国建筑工业出版社网站www.cabp.com.cn，本网站为您提供建工版图书信息查询，网上留言、购书服务，并邀请您加入网上读者俱乐部。

★ 中国建筑工业出版社总编室　　电　话：010—58337016
　　　　　　　　　　　　　　　　传　真：010—68321361

★ 中国建筑工业出版社发行部　　电　话：010—58337346
　　　　　　　　　　　　　　　　传　真：010—68325420
　　　　　　　　　　　　　　　　E-mail：hbw@cabp.com.cn

建工版图书销售分类表

一级分类名称（代码）	二级分类名称（代码）	一级分类名称（代码）	二级分类名称（代码）
建筑学（A）	建筑历史与理论（A10）	园林景观（G）	园林史与园林景观理论（G10）
	建筑设计（A20）		园林景观规划与设计（G20）
	建筑技术（A30）		环境艺术设计（G30）
	建筑表现·建筑制图（A40）		园林景观施工（G40）
	建筑艺术（A50）		园林植物与应用（G50）
建筑设备·建筑材料（F）	暖通空调（F10）	城乡建设·市政工程·环境工程（B）	城镇与乡（村）建设（B10）
	建筑给水排水（F20）		道路桥梁工程（B20）
	建筑电气与建筑智能化技术（F30）		市政给水排水工程（B30）
	建筑节能·建筑防火（F40）		市政供热、供燃气工程（B40）
	建筑材料（F50）		环境工程（B50）
城市规划·城市设计（P）	城市史与城市规划理论（P10）	建筑结构与岩土工程（S）	建筑结构（S10）
	城市规划与城市设计（P20）		岩土工程（S20）
室内设计·装饰装修（D）	室内设计与表现（D10）	建筑施工·设备安装技术（C）	施工技术（C10）
	家具与装饰（D20）		设备安装技术（C20）
	装修材料与施工（D30）		工程质量与安全（C30）
建筑工程经济与管理（M）	施工管理（M10）	房地产开发管理（E）	房地产开发与经营（E10）
	工程管理（M20）		物业管理（E20）
	工程监理（M30）	辞典·连续出版物（Z）	辞典（Z10）
	工程经济与造价（M40）		连续出版物（Z20）
艺术·设计（K）	艺术（K10）	旅游·其他（Q）	旅游（Q10）
	工业设计（K20）		其他（Q20）
	平面设计（K30）	土木建筑计算机应用系列（J）	
执业资格考试用书（R）		法律法规与标准规范单行本（T）	
高校教材（V）		法律法规与标准规范汇编/大全（U）	
高职高专教材（X）		培训教材（Y）	
中职中专教材（W）		电子出版物（H）	

注：建工版图书销售分类已标注于图书封底。